U0750676

朴城君 著

大 邦 之 间

妙香国的观世音图像志

暨南大学出版社
JINAN UNIVERSITY PRESS

中国·广州

图书在版编目（CIP）数据

大邦之间：妙香国的观世音图像志 / 朴城君著. —广州：暨南大学出版社，2017.7
ISBN 978 - 7 - 5668 - 2190 - 4

Ⅰ. ①大… Ⅱ. ①朴… Ⅲ. ①南诏—观音—造像—介绍 ②大理（古族名）—观音—造像—介绍 Ⅳ. ①K879.3

中国版本图书馆 CIP 数据核字（2017）第 212530 号

大邦之间：妙香国的观世音图像志
DABANG ZHIJIAN：MIAOXIANGGUO DE GUANSHIYING TUXIANG ZHI
著　者：朴城君

- -

出　版　人：徐义雄
策划编辑：古碧卡
责任编辑：刘慧玲　刘　亮
责任校对：邓丽藤
责任印制：汤慧君　周一丹

出版发行：暨南大学出版社（510630）
电　　话：总编室（8620）85221601
　　　　　营销部（8620）85225284　85228291　85228292（邮购）
传　　真：（8620）85221583（办公室）　85223774（营销部）
网　　址：http：//www.jnupress.com
排　　版：广州市天河星辰文化发展部照排中心
印　　刷：广州市穗彩印务有限公司
开　　本：787mm×960mm　1/16
印　　张：14.5
字　　数：210 千
版　　次：2017 年 7 月第 1 版
印　　次：2017 年 7 月第 1 次
定　　价：45.00 元

（暨大版图书如有印装质量问题，请与出版社总编室联系调换）

自 序

佛教在南诏大理国时期的各种宗教信仰中占有举足轻重的地位，它对南诏大理国社会生活各个层面的影响，较诸其他宗教深远许多。文献上说苍山与洱海是"佛教之齐鲁"，以此来形容南诏大理国时期佛教文化浸淫之盛。南诏大理国的许多别称，也与佛教渊源极深。南诏大理国往往被称为"鹤拓""妙香国"。"鹤拓"是"乾陀罗"（Ganhalaraj）的音译，据《一切经音义》释，"乾陀"是香，"罗"是遍地，意为这里生长着有香气的花草，因此南诏大理国又被称为"香遍国"。很显然，南诏大理国被称为"鹤拓""妙香国"，是"乾陀罗"之名移植到洱海地区被梵化的结果。"妙香国"，就是佛国之义。《白古通》云："苍、洱之间，妙香城也。"① "《白古通》载释迦佛在西洱证如来位，即梵经谓灵鹫山为释迦说《法华经》处。"② "迦叶尊者繇大理点苍山入鸡足。"③ "大理古泽国，又名灵鹫山，又名妙香城，又名叶榆池。"④

如此，大理就是妙香城。释迦佛涅槃后，其大弟子迦叶由点苍山入鸡足，持衣钵待弥勒下世，叶榆池指西洱河，即成为释迦证悟如来位的恒河。伯希和说："越南半岛（即印度支那半岛）印度化（佛教化）之民族，咸有在其地建设一新印度之习惯，曾将印度地名移植于其国内，有时将本地之名梵化，有时竟以印度之名名之。"⑤ 可见云南在南诏大理国时期佛化的深切。云南洱海、滇池地

---

① 李元阳：《大理府志》卷二，大理州文化局翻印本，1983 年，第 58 页。
② 李元阳：《大理府志》卷二，大理州文化局翻印本，1983 年，第 88 页。
③ 范承勋：《鸡足山志》卷七，康熙刻本，北京图书馆，1988 年，第 5 页。
④ 范承勋：《鸡足山志》卷七，康熙刻本，北京图书馆，1988 年，第 5 页。
⑤ 伯希和著，冯承钧译：《交广印度两道考》"云南之梵名"，中华书局，1955 年，第 22 页。

区浮屠遍地，成为名副其实的"南天佛国"。而观世音在南诏大理国时期成为最主要的神祇，观世音信仰和密教成为南诏大理国时期佛教信仰的中心，观世音的地位甚至高于释教本师释迦牟尼佛，这是一个奇特的文化现象。南诏大理国的佛教信仰以密教为主，衍生成独有的阿吒力教，还有"释儒"等身份特殊的僧人。王、相、巫、民信奉佛教的阶序性、本土性、杂糅性无疑对佛教造像产生了深刻的影响。考察这种迥异于内地，区别于印度、中南半岛的带有强烈民间信仰色彩的佛教艺术造像，尤其是占有显著地位的观音造像，无疑会为此领域研究带来启迪。

本书拟以妙香国的观音造像为主要考察对象，旨在探求观音造像在其时其地的流衍，并试对一些妙香国独具的文化现象进行分析研讨，研究的限定时段大致为南诏大理国时期。南诏大理可分为两个迥然相异的文化时空：前者游离回旋于唐朝与吐蕃这两个大邦之间，连年杀伐征战四处掳掠，开疆拓土大兴土木，所以对外交流频繁错综，佛教造像面目自然更迭多变并注重佛教神祇的护佑息灾功用；后者示好于宋朝，屡屡愿为臣属，国泰民安，室室奉佛，王、相亦接连避位为僧，所以大理国与宋朝的关系、大理国的实际管理者和扮演中原居士身份的权相高氏一门自然成为考察的主线。那么本书拟于以下几个方面进行掘进：云南观音造像的整体风格与独到面目；建国梵僧观世音的由来及其流布情况，试析在各地的梵僧造像中梵僧的真实面目；最具云南艺术特色的阿嵯耶观音的特殊造像样式、流行的因由以及南诏王室推崇的原因；在东南亚观音佛王视角下，阿嵯耶观音造像的再考察；南诏大理国时期，蜀地造像对大理国的示范作用；此外，权相高氏一门的运作也是本书的一个论述重心，希望借此开拓解读大理佛教造像的另一通道。

虽然南诏大理国相对中原而言地处边陲，但如果把苍洱地区置于更加广阔的文化时空中，其与中原、印度、吐蕃、蜀地等地的战争、商贸和结盟等活动，带动了长期而缓慢的文化交流，使得这一区域更如同一个文化汇集的"标本"。观世音信仰成为此地王权建构的资源，也是维系王室与地方社会的重要媒介，更是地方社会内在认同的一种文化指标，对观音造像的解读则不得不考虑这些社会文化动因。

日前，由于对《南诏图传》《宋时大理国描工张胜温梵像卷》研究的深入、《凤仪北汤天古本》等佛教写经的不断出土问世，以及巍山垅于图山佛教石刻造像、崇圣寺千寻塔与弘圣寺塔塔藏文物、火葬墓等一系列考古发现，加之对剑川石钟山石窟、佛教典籍、南诏太和城等遗址的发掘、对大理国经幢等石刻艺术研究的深入，使得南诏大理国历史文化和造像艺术的研究取得了阶段性的进展，也为观音造像的研究提供了更为丰厚的学术资源。

目　录

自　序 …………………………………………………………… 1

引言：仿天竺的"妙香国" …………………………………… 1

一、学术史回溯 ……………………………………………… 1

二、研究思路和叙述程序 …………………………………… 5

第一章　梵僧：从"乞地传说"到"建国圣源" …………… 8

一、梵僧显化的垂迹萍踪 …………………………………… 8

二、王室与村社：梵僧造像的分向流衍 …………………… 19

三、《南诏图传》中关于梵僧的几个疑点辨析 …………… 35

四、聚焦剑川：梵僧的虚实与石钟山石窟的异域信息 …… 47

第二章　阿嵯耶观音：标准像与王室意志的标举 ………… 61

一、"阿嵯耶"观音的称谓与传入 ………………………… 61

二、"混血的艺术"：阿嵯耶观音与东南亚渊源再探讨 …… 65

三、"嵯耶""摩诃罗嵯耶"与阿嵯耶观音 ……………… 79

四、经略西南边远诸国 …………………………………… 97

五、小结 …………………………………………………… 103

第三章　"易长真身"：观音佛王信仰视角下的观音造像 ……… 106

一、观音佛王信仰：一个问题的提出 …………………… 106

二、"内道场"崇圣寺的易长观音造像 ………………… 110

三、王者造像——佛王信仰的一个解读 ………………… 123

第四章　大圣慈寺的余温：后理国观音造像的汉系特征 ……… 130

一、由《梵像卷》观音造像看大理国信仰结构 ………… 131

二、巍山：从早期观音造像看由来已久的中土文化浸染…… 140

三、成都大圣慈寺的余温：蜀地对大理观音造像的示范效应

………………………………………………………… 150

四、祥云水目山禅系的崛起与大理国佛教造像汉系特征 …… 168

五、权相高氏当国下的大理国历史景深 ……………… 184

六、小结 …………………………………………… 196

附　录 …………………………………………… 200

图版说明与目录 ………………………………… 205

参考文献 ………………………………………… 211

后　记 …………………………………………… 221

引言：仿天竺的"妙香国"

一、学术史回溯

由于汉文史籍关于南诏大理国的记载语焉不详，而作为主要民族的白族民间流传的典籍在明代沐英、蓝玉、傅友德入滇后几乎焚毁殆尽，"自傅、蓝、沐三将军临之以武，青元之遗黎而荡涤之，不以为光复旧物，而以手破天荒，在官之典籍，在野之简编，悉付之一炬"①，在文献典籍、考古材料相对不足的情况下，对大理国史和佛教艺术的研究一直较为迟缓滞后。而且对西南边陲云南特有的民族、语言等沟通的乏力屏蔽了很多人对其关注的热情与探求的动力，所以一直颇逊色于对北方敦煌的研究，显得较为粗糙单薄，研究力度和水准尚待提升。草略爬梳一下，南诏大理的佛教艺术研究（包括观音造像研究）大致经历了以下研究轨迹：

（1）对南诏大理国佛教艺术的研究发轫于二十世纪三四十年代的海外，得益于中国台湾、欧美一些学者的先行引领，这种先导作用的辐射力量直至今日仍在波及扩散，使后继者难以回避。这一时期的研究多集中于对云南佛教艺术中具有典型意义的图式、造像的关注上，如《南诏图传》和《宋时大理国描工张胜温画梵像卷》（简称《梵像卷》）等代表性图卷；还有诸如阿嵯耶观音、大黑天神等独特神祇造像的考释等，带动着云南佛教史的研究。这一时期属于图像推介、发布和命名考释、断代等研究的奠基阶段。

美国 Helen B. Chapin 博士在 1944 年出版的《亚洲研究季刊》

---

① 师范纂：《滇系》"典故系"，成文出版社，1968 年。

上撰文介绍《南诏图传》，首次发表了该画卷的全部照片[①]，为造型独特的南诏大理阿嵯耶观音像研究之滥觞。Chapin 博士根据她在美国所见的云南观音像，从图像学的角度提出云南观音像与印度有渊源。中国台北"故宫博物院"的李霖灿先生也是敏锐的先行者之一[②]，他对南诏国史进行了初步考证，揭示了《梵像卷》在中国绘画史及云南宗教研究方面的主要价值。1967 年刊行的《南诏大理国新资料的综合研究》，是李霖灿先生研究《梵像卷》及滇地相关佛教文物集大成之作，并且以黑白图版首次披露了《梵像卷》的全部资料。此书考订审慎、资料详尽，学术价值很高，是一部征引率很高的权威性著述。其后，李霖灿发表了《大理国梵像卷的新资料——〈法界源流图〉的发现》《大理梵像卷和法界源流——文殊问疾图的比较研究》《黎明的法界源流图》等，在资料发布及全面追踪研究上成为开拓者和奠基人。1948 年，云南学者徐嘉瑞《大理古代文化史稿》首次在国内介绍《南诏图传》并附图片，但囿于条件，图传的尺寸、详情、下落均不明，附图次序也有所颠倒。1951 年，宋伯胤先生受国家文物局委托去剑川考察，撰写并出版了《剑川石窟》一书，拉开了此研究的序幕，剑川石窟等云南的佛教艺术渐渐开始进入学者们的学术视域并不断引起重视。

（2）直到 20 世纪 80 年代，对南诏大理国佛教艺术的研究才有了真正的起色与突破，形成了研究的系列化和集群化，关注的学者大大增多，研究视野不断拓展并逐渐向纵深精微层面推进，而佛教的传播路线和佛像风格形成的相关因素成为这一时期研究的一大主

---

① Helen B. Chapin 博士在《哈佛亚洲研究》第 8 卷第 2 号发表《云南的观音像》，1944 年；收录于查尔斯·巴克斯所著，林超民译的《南诏国与唐代的西南边疆》（云南人民出版社，1988 年）。

② 李霖灿先生早于 1939 年 12 月就赴云南剑川，对石宝山石刻进行了为期一周的考察，次年 1 月 17 日写成《剑川石宝山石刻考察记》，但未刊行。20 年后，李霖灿在中国台北"故宫博物院"见到《梵像卷》，在 1960 年 5 月 23 日撰就《大理国梵像卷和云南剑川石刻——故宫读画札记之三》，以利贞皇帝与剑川石窟《南诏第五代国王阁罗凤出巡图》（今编 2 号窟）的南诏王冠饰进行比较研究，进一步考订了《梵像卷》的成画年代在宋孝宗乾道八年（1172 年）。

项。代表者如中国台北"故宫博物院"的李玉珉研究员，她相继发表系列论文，[①] 在对南诏大理国的佛教图像考释、义理、艺术遗存等研究上，尤其是针对《梵像卷》的研究上多有建树，成为继李霖灿先生之后的又一方重镇。新加坡国立大学古正美教授在对印度南部和东南亚密教观音佛王传统或信仰进行多年的研究之后，认为南诏大理国，包括唐武则天时期的佛教信仰，也具有佛王传统的特点。[②] 泰国学者 Nandana Chutiwongs 在 the Iconography of Avalokitesvara in Mainland Southeast Asia 中，对东南亚地区的观音造像作了详细的分析、比较；美国学者 Daviol Snellgroved 的 the Image of the Buddha 详述了佛像从印度如何兴起、发展、如何向亚洲地区传播及其在传播中的转变、演变过程。书中特别谈到观音像在整个东南亚地区的传播并通过东南亚远传云南。在 the Aavalokitesvara of Yunnan and Some South Bast Asian Connections 中，英国 John Guy 专门分析了云南观音像与东南亚观音像之间的联系，说明南诏与东南亚之间有着密切的关系。美国人 Angela Falco Howard 在《南诏国的鎏金铜观音：西南连疆的混血艺术》中，认为缅甸、泰国、越南对阿嵯耶观音像有影响，称其为"西南边疆的混血艺术"。日本学者镰田茂雄在《南诏国的佛教——中印佛教文化的融合》中谈到，南诏国的佛教艺术与泰国、印度尼西亚半岛的佛教艺术相关。

中国大陆学者起步较晚，于二十世纪八九十年代才开始涉猎其中，如方国瑜《云南史料目录概说》中的《南诏史画卷》和《张胜温〈梵画长卷〉》、邱宣充《〈张胜温图卷〉及其摹本研究》、汪宁生《南诏中兴二年画卷考释》、杨晓东《张胜温〈梵像卷〉述

---

① 如《梵像卷中几尊密教观音之我见》《张胜温梵像卷药师琉璃光佛会与十二大愿之研究》《梵像卷释迦佛会、罗汉及祖师像之研究》《张胜温梵像卷之观音研究》《南诏大理佛教雕刻初探》《南诏大理大黑天图像研究》《南诏佛教考》《石钟山石窟与梵像卷杂考》《〈梵像卷〉作者与年代考》等。

② 古正美的《东南亚的"天王传统"与后赵时代的"天王传统"》《从南天乌茶王进献的〈华严经〉说起——南天及南海的〈华严经〉佛王传统与密教观音佛王传统》《武则天的〈华严经〉佛王传统与佛王形象》《南诏、大理的佛教建国信仰》等一系列文章对南诏国的佛王信仰作了更加深入的思考和解释。

考》、温玉成《〈南诏图传〉文字卷考释——南诏国宗教史上的几个问题》、侯冲《南诏大理汉传佛教绘画艺术——张胜温〈梵像卷〉研究》和《大理国对南诏国宗教的认同——石钟山石窟与〈南诏图传〉和张胜温绘〈梵像卷〉的比较研究》等，研究有不断升温趋势。南诏大理阿嵯耶观音造型独特，长期以来受到中外学者的普遍关注。云南学者对阿嵯耶观音的研究一直都积极地推进。他们多据云南地方历史文献抒发己见，先后出版、发表了一些相关的专著和文章，如侯冲《白族心史——〈白古通记〉研究》和《南诏观音佛王信仰的确立及其影响》、李昆声《云南艺术史》、肖明华《所见两尊观音造像与唐宋南诏大理国的佛教》、李东红《大理地区男性观音造像的演变——兼论佛教密宗的白族化过程》、张楠《云南观音考释》等，尤其是侯冲先生从北汤天新发现的一大批经卷入手，在南诏大理的佛教信仰及相关造像艺术，如阿吒力教、"滇密"有无、造像的命名辨识等问题上卓有新识。

（3）进入 21 世纪，南诏大理的佛教美术研究出现协同趋势，除了历史、文化、宗教研究的渗入外，经济、人口、科技、教育、语言、文字等也渐渐被纳入，使得此项研究日渐厚重丰满。在云南剑川和大理分别召开了以剑川石钟山石窟和南诏大理历史文化为主题的国际学术研讨会（2001 年和 2002 年），南诏大理佛教艺术的影响不断扩大。刘长久《南诏和大理国宗教艺术》、侯冲《南诏大理国佛教新资料初探》、连瑞枝《王权、系谱与婚姻——从云南洱海地区佛教传说的结构谈名家的形成》、罗炤《大理崇圣寺千寻塔与建极大钟之密教图像——兼谈〈南诏图传〉对历史的篡改》和《隋唐"神僧"与〈南诏图传〉的梵僧——再谈〈南诏图传〉对历史的伪造与篡改》、傅云仙博士论文《阿嵯耶观音造像研究》（现已出版专著《阿嵯耶观音》）、段玉明《大理国史》等相继撰就，学者们不断找寻新方法，拓宽新视野，把研究引向深入。

二、研究思路和叙述程序

隋唐时期中原、西北等地流传关于"神僧"、"神尼"、智仙、僧伽、万回等佛教僧侣的神术异能的传说和记载；同样，宋朝时期江淮、西蜀等地亦流传泗州僧伽大圣、宝志和尚等信仰与造像。①这些传说，几经缁侣流俗的附会作用，在俗众渴盼神迹的心理企求下，完成了僧、佛（菩萨）的同体互变，成为民间信仰的主要内容。延续着同一心理模式，南诏大理亦同样流传有关梵僧建国、梵僧服罗刹等神异传说。梵僧何以成为南诏建国神祇，又如何与观世音菩萨画上等号；梵僧形象的流布特点和流衍境遇，尤其是在王室和村社间有着怎样的巨大分野；梵僧虚耶、实耶等，这些都是笔者感兴趣的问题。所以，本书的论述从王室主持绘制的《南诏图传》中建国梵僧开始。这一线索一直延展到元明时期，在中央集权的强力干预下，原有的宗教版图和神祇信仰秩序被打破，而顽固的梵僧信仰渐渐被挤迫到民间村社，一跃成为云南特有的本主信仰，梵僧改头换面，成为慈善祥和、为民众所喜闻乐见的长者形象。这一部分的论述侧重植根于云南本土的历史文化，通过梵僧形象的迁徙，挖掘云南异于其他地区的文化特色。

梵僧作为来自天竺、代表着正宗法源的佛教神祇，必然会受到南诏王室的青睐，民间对"托言天竺"的外来僧侣非常推崇热捧。所以梵僧成为云南特有的阿嵯耶观音的化现。阿嵯耶观音，堪称云南佛教造像的标志。宽肩细腰的独特造型，使得对其造像样式来源问题的讨论众说纷纭。目前学界基本达成共识，即这种样式的观音造像来自东南亚（中南半岛），笔者对此进行了再考证，发现其与

---

① 详见罗世平：《敦煌泗州僧伽经像与泗州和尚信仰》，北京图书馆敦煌吐鲁番学资料中心，台北《南海》杂志社合编：《敦煌吐鲁番学研究论集》，书目文献出版社，1994年，第124－135页；罗炤：《隋唐"神僧"与〈南诏图传〉的梵僧——再谈〈南诏图传〉对历史的伪造与篡改》，中山大学艺术史研究中心编：《艺术史研究》（第7辑），中山大学出版社，2005年，第387－402页；等等。

泰北、占婆等地的佛教造像尤有因缘。这种带有组合、拼装痕迹的造像样式被称为"混血艺术"，其具体来源也许永远是学界悬疑。随之而来的一个疑惑就是：其流行的原因。南诏王室，尤其是南诏王隆舜的推动作用浮出水面。隆舜处于南诏王室的衰落期，其子舜化贞即失国。持续经年的征战杀伐使得南诏有如强弩之末，难以继起。但是与唐交恶的南诏志求独高，渴望学习并且试图摆脱掉唐——这一大邦的文化印痕和身影。祭起来自东南亚的阿嵯耶观音这个偶像，即为南诏文化独立的一项举措。隆舜改国号为"大封民国"，自号"摩诃罗嵯耶"；不愿为唐臣属，而愿为兄弟或者"甥舅"等，使得阿嵯耶观音造像成为南诏王室所掌控的、代表王室意志标举的一个象征。在东南亚这个更为广阔的文化板块中，共通的佛王信仰成为解读阿嵯耶观音造像的又一角度，而大理崇圣寺三塔出土的易长观音、灌顶仪轨、王者造像等都是这一视角下的诠释和补充。

南诏大理国间有佛教信仰的认同观念。大理国的教养阶层更像东晋时期的门阀贵族，长期以来维持着他们既有的高贵身份，而高氏相国一门政治经济势力雄厚，不断透过兴建佛寺、供养僧侣，以作为对宗教的回馈和地方教化的基础，对外界施加影响。高氏后裔在"八府"所扮演的角色，使得佛教与统治阶层结合成为一种具体的权利性行为。那么，我们今天视之为"佛教艺术"的艺术品，包括塔藏文物，实则为当时他们的生活用品和顶礼膜拜、观想的对象而已。如何使佛教艺术品和人群发生一种亲密的内在关联，高氏一门在里面充当什么角色，大理国后期佛教造像风格有哪些转进，研究这些成为本书写作的一个重要初衷。

大理国与宋朝长期的隔离关系，使得其历史节奏与中原并非同步。当理学已然成为宋朝的官方主流意识时，大理依然保持着对佛教修持与教化的强烈认同。高氏一门苦于宋朝对西南"守内虚外"消极的收缩政策，但又极力示好于宋朝，是乐于与中央王朝保持亲近关系的一股势力。那么后理国佛教艺术在中国和印度两大文化体系中所处的位置实则与高氏一门有着紧密的关联。如 12 世纪中叶修建大理崇圣寺三塔之一的千寻塔，相国高贞寿即为大施主主持了修缮。而且举凡佛寺、佛寺的土地，有关佛寺的佛像、经典、法器以及僧侣日常所需物质等，也多为高氏捐置。如赵州水目山至少有两位高氏禅宗修持的宗师，分别被奉为水目山禅宗一系开山的二祖、三祖并继承了源于中原禅宗世系的修行道场，因而其佛教艺术必然带有深刻的汉地痕迹。这里，宗教实践不尽是为了某些特定的功能而产生的，高氏的身份决定了他们信奉的模式。所以不难理解在大理境内有着截然不同的汉地显宗和密教，不同形式风格的寺院和石窟造像，如安宁市就有明显汉化特征的法华寺石窟造像。这为我们进一步解读一个区域性佛教艺术风格提供了有效依据。① 在各种线索中，对后理国的汉系造像特征的描述占据本书的很大篇幅，中原的示范效应对仰慕中土文化的大理国的巨大影响不言而喻。

因为涉猎的线索、关系很多，也为了行文流畅，所以本书主要选择梵僧（云南本土）、阿嵯耶观音（与东南亚关系）、成都大圣慈寺为代表的汉系影响（与中原、蜀地关系的一个表征）这三大文化背景来阐述。

叙述程序：

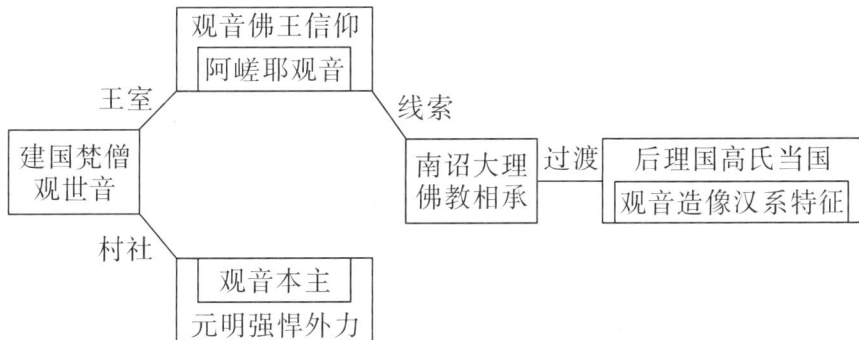

---

① 1925 年，喜龙仁提出佛教美术区域研究的概念。

第一章　梵僧：从"乞地传说"
到"建国圣源"

一、梵僧显化的垂迹萍踪

自南诏大理以来，观世音信仰作为云南佛教的重要表征之一，在云南古代文化史、佛教史、文学史乃至艺术史等诸多领域占有相当重的分量。苍洱地区的佛教信仰，在云南甚至全国的佛教信仰中具有非常典型的地方性特征。在很大程度上，人们对观世音的崇奉往往超过对其他佛教神祇的信仰，在洱海区域的各民族宗教意识中，观世音即被视为佛教的代表。"备受崇奉的佛教缔造者释迦牟尼佛在这里受到冷落，而位仅列菩萨的观世音却成了最受崇敬的神。这一现象在大理白族先民的佛教文化传统中占据着极为显著的地位。"[1] 正如美国学者菲茨杰拉德说的，"在崇奉佛教的大理人看来，没有什么神灵更比观音值得尊崇膜拜与礼赞了"[2]。而观世音显化，则是云南古代观世音信仰产生重要影响的主要表现。"《白古通》载观音显圣，南止蒙舍，北止施浪，东止鸡足，西止云龙，皆近苍洱。而观音显圣最多，载在《通志》凡七化。"[3] 康熙年间喜州圣元寺住持寂裕刊刻的《白国因由》也提及观世音"菩萨累劫救

---

① 张金鹏：《南诏时期佛教传播中的变异现象及原因探索》，《云南民族学院学报》，1993 年第 3 期，第 45 页。

② 查尔斯·巴克斯著，林超民译：《南诏国与唐代的西南边疆》，云南人民出版社，1988 年，第 287 页。

③ 诸葛元声撰，刘亚朝校点本：《滇史》卷十二，德宏民族出版社，第 324 页；《通志》，指李元阳纂的万历《云南通志》，查该志卷十"杂志·大理府·怪异"有"观音七化"条，第 4 – 5 页。

护此处，盖有十八化，备载《僰古通》"①。在元人《记古滇说》、元人赵顺著抄本《僰古通纪浅述》、各本《南诏野史》、清人文果《洱海丛谈》、清圆鼎《滇释纪》等文献中也都有载录。在《白古通记》中，同样载有关于"观世音显化"的内容，还新编加出观世音降服罗刹、观世音负石阻兵等灵异故事来。

观世音伏罗刹的传说最早出现于元代佚名的《白古通记》中，"僧解袈裟一展，盖其国都；叫犬令跃，一跃尽其东西，再跃尽其南北"②。《僰古通纪》亦有类似载录，"僧以袈裟一展，遍周国界；令犬四跳，达乎四境"③，大体情节相仿，细节略有出入。据考，观世音信仰起源的一种推论为自古相传的在印度大陆南端海上解救"黑风海难"和"罗刹鬼难"的信仰，最初形态既不是净土接引信仰，也不是智慧解脱信仰，而是现世救难信仰。经过不断加工完善，最终定型于《观世音菩萨普门品》：

若有百千万亿众生，为求金、银、琉璃、车璩、马瑙、珊瑚、虎珀、真珠等宝，入于大海，假使黑风吹其船舫，飘堕罗刹鬼国，其中若有，乃至一人，称观世音菩萨名者，是诸人等皆得解脱罗刹之难。以是因缘，名观世音。④

解救"黑风""罗刹"之难的圣者便固定为菩萨，以这种信仰的核心环节即观察世间众生之"观"与世间众生称名之"音"的完整结合来命名为"观世音"。⑤ 徐嘉瑞引法尊《西藏民族政教史》及《西藏图考》"艺文考"注，谓大理罗刹神话"显然由拉萨之罗刹神话，压缩转移而来"。依据是大理观音于上阳溪化金宝楼台封闭罗刹建罗刹阁塔镇之，乃文成公主建大昭寺以镇罗刹心窍"窝塘

---

① 寂裕：《白国因由》，大理白族自治州文化局，1998 年，第 29－30 页。

② 王叔武辑著：《云南古佚书钞》，云南人民出版社，1979 年，第 54 页。

③ 尤中校注：《僰古通纪浅述校注》，云南人民出版社，1989 年，第 18 页。

④ 鸠摩罗什译：《妙法莲华经》卷七"观世音菩萨普门品"，《大正藏》（第 9 册），第 57 页。

⑤ 李利安：《印度观音信仰的最初形态》，《世界宗教研究》，2006 年第 3 期，第 22、第 24 页。

措"之转移。① 其实，"黄狗一跳""展衣得国"的类似情节，在其他史乘中也时常能够找到翻版，如在《阿育王经》《莲花面经》《善见律毗婆沙》《根本说一切有部毗奈耶杂事》等经及《经律异相》《大唐西域记》等书，均载有如来弟子阿难付嘱其弟子末田底迦（或译为末田地、末阐提、摩田提等）至罽宾（迦湿弥罗）龙池"惠以容膝"乞地的事；《坛经》"六祖大师缘起外纪"及《六祖大师法宝坛经略序》（《全唐文》卷九一五）载慧能于唐仪凤二年（677 年）"坐具一展，尽罩曹溪四境"的轶事；《宋高僧传》（卷二十）载，唐高宗时，新罗国王子金乔觉到安徽九华山，乞"一袈裟所覆地足矣"；日本僧人圆仁《入唐求法巡礼行记》卷三，亦载有他巡礼五台山听闻的一则文殊菩萨"从皇帝乞一座具地"的传说。《白国因由》中"袈裟一披、黄犬一跳"之地，与此"乞地"情节的各个版本极其类似，延续着渲染神异、乞地开山的同一心理背景与叙述模式。同样，"这些（指云南）神僧灵迹自《白古通记》开始，就一直为后代志书所承袭抄录。所以从杨慎撰的《南诏野史》到《曹溪一滴》《滇释纪》，从《爨古通纪浅述》到《白国因由》，对神僧灵迹都有较多引述"②。在现存云南地方文献中，最早的系统的观世音显化梵僧的故事则出于《南诏图传》。现存《南诏图传》又称《南诏中兴二年画卷》《南诏中兴图卷》《南诏国史图卷》。画卷长约 5.802 米、高 0.315 米，③ 纸本，设色，内容涉及《巍山起因》《祭铁柱图》《西洱河记》三个主题，整幅画卷由"图画卷"和"文字卷"两部分组成。画卷末尾题记"时中兴二年戊午岁三月十四日谨记"，可知原作画年代为南诏末代皇帝舜化贞中兴二年，即 899 年。1944 年 8 月，美国 Helen B. Chapin 在《哈佛亚洲研究》

---

① 徐嘉瑞：《大理古代文化史稿》，中华书局，1978 年，第 306 – 307 页。
② 侯冲：《白族心史——〈白古通记〉研究》，云南民族出版社，2002 年，第 274 页。
③ 图版参照李霖灿：《南诏大理国新资料的综合研究》，"中央研究院"民族学研究所，1967 年，第 40 页记述此图原记录"长十九尺一寸五分，高一尺四分"，皆日尺。1 日尺为 0.303 米，现折算为公尺制。

第 8 卷第 2 号上发表《云南的观音像》①，第一次公开发表了画卷的图片。目前该画收藏于日本京都藤井有邻馆。

《南诏图传》"文字卷"载有"观音七化"的内容，为研究大理观音信仰的珍贵资料，涵涉内容广为学者所征引：

《铁柱记》云：初，三贱白大首领将军张乐尽求并兴宗王等九人共祭天于铁柱侧，主鸟从铁柱上飞憩兴宗王之肩上焉。张乐尽求自此已后，益加惊讶。兴宗王乃忆，此吾家中之主鸟也，始自忻悦。此鸟憩兴宗王家，经于一十一月后乃化矣。又有一犬，白首黑身（号为龙犬），生于奇王之家也。瑞花两树，生于舍隅，四时常发（俗云橙花），其二鸟每栖息此树焉。又圣人梵僧未至前三日，有一黄鸟来至奇王之家（即鹰子也）。又于兴宗王之时，先出一士，号曰各郡矣，着锦服，披虎皮，手把白旗，教以用兵。次出一士，号曰罗傍，着锦衣。次二士共佐兴宗王统治国政。其罗傍遇梵僧以乞书教，即封民之书也（其二士表文武也）。后有天兵十二骑来助兴宗王，隐显有期，初期住于十二日，再期住于六日，后期住于三日。从此，兵强国盛，辟土开疆。此亦阿嵯耶之化也。

第二化　浔弥脚、梦诲等二人欲送耕饭。其时，梵僧在奇王家内留住不去。浔弥脚等送饭至路中，梵僧已在前，回乞食矣。乃戴梦诲所施黑淡彩，二端叠以为首饰（盖贵重人所施之物也，后人效为首饰也）。其时，浔弥脚等所将耕饭，再亦回施，无有吝惜之意。

第三化　浔弥脚等再取耕饭家内，送至巍山顶上。再逢梵僧坐于石上，左有朱鬃白马，上出化云，中有侍童，手把铁杖；右有白象，上出化云，中有侍童，手把方金镜。并有一青沙牛。浔弥脚等敬心无异，惊喜交并，所将耕饭，再亦施之。梵僧见其敬心坚固，乃云："恣汝所愿。"浔弥脚等虽申恳愿，未能遗于圣怀。乃授记云："鸟飞三月之限，树叶如针之峰，奕叶相承，为汝臣属。"授记讫，梦诲急呼耕人奇王蒙细奴逻等云："此有梵僧，奇形异服，乞

① 论文被收于查尔斯·巴克斯著，林超民译：《南诏国与唐代的西南边疆》，云南人民出版社，1988 年。

食数遍，未恻圣贤。今现灵异，并与授记。如今在此。"奇（王）蒙细奴逻等相随往看，诸余化尽，唯见五色云中有一圣化，手捧钵盂，升空而住。又光明中仿佛见二童子，并见地上有一青牛，余无所在。往看石上，乃有圣迹及衣服迹，并象、马、牛踪，于今现在（后立青牛祷，此其因也）。

《南诏图传》"文字卷"（部分）

第四化　兴宗王蒙逻盛时，有一梵僧来自南开郡西澜沧江外兽赕穷石村中，牵一白犬，手持锡杖、钵盂，经于三夜。其犬忽被村主加明、王乐等偷食。明朝，梵僧寻问，翻更凌辱。僧乃高声呼犬，犬遂噪于数十男子腹内。偷食人等莫不惊惧相视，形神散去。谓圣僧为妖怪，以陋质为骁雄。三度害伤，度度如故。初解支体，次为三段，后烧火中，骨肉灰尽盛竹筒中，抛于水里，破筒而出，形体如故，无能损坏。钵盂、锡杖，王乐差部下外券赴奏于巄于山上，留著内道场供养顶礼。其靴变为石，今现在穷石村中。

第五化　梵僧手持瓶柳，足穿屦履，察其人辈，根机下劣，未合化缘，因以隐避登山。村主王乐等，或骑牛马乘，或急行而趁之。数里之间，梵僧缓步而已，以追之莫及。后将欲及，梵僧乃回首看之，王乐等莫能进步，始乃归心，稽颡伏罪。梵僧乃出开南嵯浮山顶。后遇普苴诺苴大首领张宁健（即健成之父也，健成即张化成也），后出和泥大首领宋林则之界焉。林则多生种福，幸蒙顶礼。

第六化　圣僧行化至忙道大首领李忙灵之界焉。其时人机暗昧，未识圣人。虽有宿缘，未可教化。遂即腾空乘云，化为阿嵯耶像。忙灵惊骇，打峏鼓集村人。人既集之，仿佛犹见圣像放大光明。乃于打峏鼓之处，化一老人云："乃吾解熔铸，作此圣容，所见之形，毫厘不异。"忙灵云："欲铸此像，恐铜峏未足。"老人云："但随铜峏所在，不限多少。"忙灵等惊喜从之，铸作圣像，及集村人峏鼓，置于山上焉。

第七化　全义四年己亥岁，复礼朝贺。使大军将王丘佺、酋望张傍等部至益州，逢金和尚云："云南自有圣人入国授记汝先于奇王，因以云南遂兴王业，称为国焉。我唐家或称是玄奘授记，此乃非也。玄奘是我大唐太宗皇帝贞观三年己丑岁始往西域取大乘经，至贞观十九年乙巳岁届于京都。汝奇王是贞观三年己丑岁始生，岂得父子遇玄奘而同授记耶？又玄奘路非历于云南矣。"保和二年乙巳岁，有西域和尚菩立陀诃来至我京都云："吾西域莲花部尊阿嵯耶观音从蕃国中行化至汝大封民国，如今何在？"语讫，经于七日，终于上元莲宇。我大封民始知阿嵯耶来至此也。

帝乃欲遍求圣化，询谋太史抃托君占奏云：圣化合在西南，但能得其风声，南面逢于真化。乃下敕大清平官澜沧郡王张罗疋："富卿统治西南，疆界遐远，宜急分星使，诘问圣原，同遵救济之心，副我钦仰之志"。张罗疋急遣男大军将张疋傍，并就银生节度张罗诺，开南郡督赵铎咩访问缘由，但得梵僧靴为石。欲擎升以赴阙，恐乖圣情。遂绘图以上呈。儒释惊讶，并知圣化行至首领张宁健及宋林则之处，余未详悉。至嵯耶九年丁巳岁，圣驾淋盆，乃有石门邑主罗和李忙求奏云："自祖父巳来，吾界中山上，有白子影像一躯，甚有灵异。若有人取次无敬仰心，到于此者，速致亡□，若欲除灾禳祸，乞福求农，致敬，祭之无不遂意，今于山上，人莫敢到。"奏讫。[1]

由此可见，观世音菩萨与其化现的梵僧已然成为南诏国赐国、护国、强国、福国的至上神祇而受到王室与百姓的虔诚崇敬：南诏君主"遍求圣化"，为的是表明其治国之权乃观音所赐。当时的观世音菩萨造像被尊称为独特的"阿嵯耶观音"[2]。在《南诏图传》这卷富有珍贵历史价值和文物价值的绘画中，有一段高度赞叹观世音菩萨大威德与神通力的重要文字，阿嵯耶观音明确被尊奉为"建国圣源"。其文称：

阿嵯耶观音之妙用也，威力罕测，变现难思，运悲而导诱迷途，施权化而拯济含识。顺之则福至，逆之则害生，心期愿谐，犹声逐响者也。由是乃效灵于巍山之上，而乞食奇王之家。观其精专，遂授记莂，龙飞九五之位，鸟翔三月之程，同赞期，共称臣妾，化俗设教，会时立规，感其虔笃信之情，遂现神通之力。则知降梵释之形状，示象马之珍奇。铁杖则执于拳中，金镜而开于掌上。聿兴文德，爰立典章，叙宗祧之昭穆，启龙女之轨仪，广施武

---

① 上文内容录自《南诏图传》"文字卷"。文字图版参照李霖灿：《南诏大理国新资料的综合研究》，"中央研究院"民族学研究所，1967年，第41－43页；第140－146页；点校参照侯冲：《白族心史——〈白古通记〉研究》，云南民族出版社，2002年，第201－204页。以下相同出处引文不另标注。

② 关于阿嵯耶观音造像内容详见第二章。

略，权现天兵，外建十二之威神，内列五七之星曜。降临有异，器杖乃殊，启摧凶折角之方，广开疆辟土之义。遵行五常之道，再私三□之基，开秘密之妙门，息灾殃之患难。……遵崇敬仰，号曰：建国圣源阿嵯耶观音。①

《南诏图传》后有题记四行：

巍山主掌内书金券赞卫理昌忍爽臣王奉宗等申谨按巍山

起因铁柱记西洱河等记并国史上所载图书圣教初入邦国之原

谨画图样并载所闻具列如左臣王奉宗等谨奏

中兴二年三月十四日信博士内常士酋望忍爽臣张顺巍山主掌内书金券赞卫理昌忍爽臣王奉宗等谨②

可见，《南诏图传》是由"巍山主掌内书金券赞卫理昌忍爽"王奉宗和"信博士内常士酋望忍爽"张顺二人（皆供奉于内廷）应南诏皇帝舜化贞之诏而作，"略叙巍山以来胜事"（《南诏图传》"文字卷"）、"谨画图样并载所闻"而成。他们参照的文献是：《巍山起因》《铁柱记》《西洱河记》及《张氏国史》等，今诸书已佚，幸有此图传，记载了南诏建国初期的诸多信息。他们绘制的《南诏图传·图画卷》，亦非凭空所造，应是参考或摹写了保和二年（825年）张正傍等人奉命寻找"圣源"时所进奉的"绘图"。正因为王、张二人掌握有充足的历史资料，所以皇帝下"敕书"（中兴二年二月十八日）期间相距 26 天（三月十四日），他们就呈上了奏章及《南诏图传》。比对《南诏图传》"文字卷"分析，大致可分为三部分内容：

1. "梵僧七化"，摘自记载南诏的《巍山起因》以及记载白蛮张氏的《铁柱记》《张氏国史》之"图书圣教初入邦国之原"部分；

---

① 李霖灿：《南诏大理国新资料的综合研究》，"中央研究院"民族学研究所，1967年，第44页。

② 李霖灿：《南诏大理国新资料的综合研究》，"中央研究院"民族学研究所，1967年，第48页。

2.	"中兴皇帝敕书"；

3.	王奉宗和张顺所写的"赞颂"，参考了《西洱河记》。

其中，"中兴皇帝敕书"是《南诏图传》"文字卷"的核心，是现存南诏宗教史上最早的一份皇室文稿，全文如下：

> 敕。大封民国圣教兴行，其来有上。或从胡梵而至，或从蕃汉而来，奕代相传，敬仰无异。因以兵马强盛，王业克昌。万姓无妖札之灾，吾谷有丰盈之瑞。然而，朕以童幼，未博古今。虽典教而入邦，未知何圣为始。誓欲加心供养图像，流形于今世，后身除灾致福。因问儒释耆老之辈，通古辩今之流，莫隐知闻，速宜进奉。敕付慈爽，布告天下，咸使知闻。中兴二年二月十八日。[①]

从《南诏图传》"文字卷"来看，在南诏初期[②]，就有梵僧来洱海地区游方行化了。梵僧，泛指外域来华传教的佛教僧人，狭义则专指印度僧人。《南诏图传》"文字卷"中"大封民国圣教兴行，其来有上。或从胡梵而至，或从蕃汉而来"的记述，说明《南诏图传》中的梵僧，是泛指到云南来传布佛教的异域僧人。虽然这几个梵僧在《南诏图传》"图画卷"上被复制成同一面孔，为认为他们都是观音所化的后人提供佐证，但《南诏图传》"文字卷"对他们的记述表明他们不是同一个人，而是唐初到大理洱海地区游方行化、传布教义的不同梵僧。通常是为了在传教中收到显著效果，在《南诏图传》中，不论是授记细奴逻（一作罗）的梵僧，在兽赕穷石村导化顽愚的梵僧，还是到忙道大首领李忙灵界显圣行化的梵僧，往往借助神术异行来播布佛教。这种行径与佛教最初传入中原时安清（世高）、竺佛图澄等高僧使用异能神术的方法非常相似。[③]但没有材料称梵僧为密僧，也没有哪一个从印度来又有名字的密僧被称为梵僧。[④]不论是万历《云南通志》还是胡蔚本《南诏野史》，

---

①	李霖灿：《南诏大理国新资料的综合研究》，"中央研究院"民族学研究所，1967年，第204－205页。

②	即《南诏图传》中所言"奇王蒙细奴逻""兴宗王蒙逻盛"时。

③	慧皎：《高僧传》卷一、卷九，中华书局，1992年，第4页，第345页。

④	侯冲：《云南阿吒力教辨识》，《世界宗教研究》，1995年第4期，第77页。

都与《南诏图传》"图画卷"一样，或用文字记载或用图画表现了到细奴逻家化斋的梵僧是"美髯，戴赤莲冠"，而"赤莲冠"代表或者暗示着红色的莲花，即观世音菩萨，这样，梵僧开始和观世音菩萨发生了紧密关联。从舜化贞发的敕文来看，他只认为梵僧为"圣"，即"虽典教而入帮，未知何圣为始"。没有把梵僧看作为观音的示现，张顺、王奉宗等人在满足王室"崇观入国起因之图，致安邦异俗之化"的愿望时把授记的梵僧称作"阿嵯耶观音"，把各个梵僧画成一个脸谱，直观地使得观者把梵僧和观音联系起来。

《南诏图传》中有一段梵僧左手托钵、右手持杖，牵一条白犬（白犬画法与"奇王家龙犬"如出一辙）。同样的形象在《宋时大理国描工张胜温画梵像卷》中86开"建国观世音菩萨"和58开"梵僧观世音"中出现。《南诏图传》的第八段，梵僧现阿嵯耶观世音像在开南（今云南景东）嵯浮山顶，遇见普苴诺苴大首领张宁健等朝拜；第九段，梵僧显化为阿嵯耶观世音像，忙道大首领李忙灵见后惊骇打哽（铜）鼓，铸圣像置于山上。《南诏图传》右下绘打铜鼓一人，旁有一执锡杖白衣老人，其间有："于打铜鼓化现一老人称云解铸圣像"的榜题。右下一老人铸观世音像及冶炼铜鼓的火炉、风箱、锤、钳等工具，上有榜题为："老人铸圣像时"。这个老人形象在《南诏图传》中出现过两次：持杖和铸圣像。后来禅杖到了梵僧手中，而这样一幅场景，同样出现在《梵像卷》的99开"真身观世音菩萨"一图中。这就向观者说明：梵僧、白衣老人、阿嵯耶观世音都是同一身份：观世音菩萨，即这尊阿嵯耶观世音就是梵僧的本尊和真身。①

---

① 张道宗《纪古滇说集》言："复化为老人，自铸其像，留示其后，今阿嵯耶观音像是也。"引自方国瑜主编，徐文德、木芹、郑志惠纂录校订：《云南史料丛刊》（第二卷），云南大学出版社，1998年，第656页。

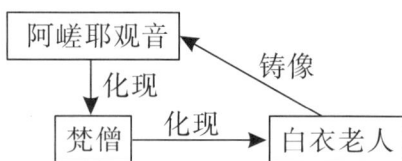

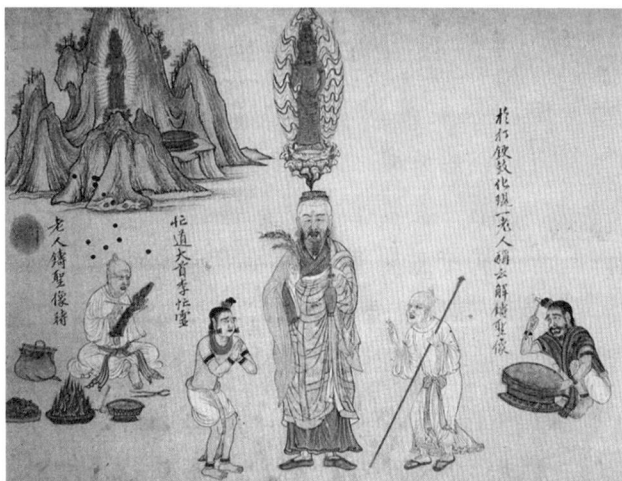

《南诏图传》中人物关系、情节展开示意图

　　观世音信仰是通过展示神通、制伏巫术的神力为南诏王室所接受，并促使其他各部落的势力认同这种力量。到了大理国时期，观世音仍是王室的守护神，但这守护神的意义，更具人间化的倾向。在《南诏图传》第一化绘文士罗傍、武士各郡矣两人双掌合十恭迎梵僧，《南诏图传》上端绘有祥云，内现天兵十一人，其左有榜题："天兵来助"。他们被认为是辅佐兴宗王治国的，但17世纪的版本中又将此二者视为普贤与文殊两位菩萨。① 如此，南诏王室的立国就被笼罩上一层神圣的光环，作为观音化现的梵僧摇身一跃成为南诏国的"建国圣源"。

　　建国观世音、梵僧观世音之所以受到尊崇，是因为前者建国，

---

　　① "有郭邵实（即各郡矣）者，以武功佐奇王。又有波罗傍（即罗傍）者，以文德辅奇王。……压罗刹之暴，伏龙虎之嗔，为开国之臣，说者以为文殊、普贤二大士之化身。"引自尤中校注：《僰古通纪浅述校注》"蒙氏世家谱"，云南人民出版社，1989年，第30页。

后者弘教。值得注意的是，《梵像卷》建国观世音像背景上方绘有吉祥山岳，其左方画有耕作间歇的农夫、犁和两头水牛。与在有邻馆本中从山岳到两头水牛及画卷中细奴逻耕作的画面非常相似。右方两头水牛之间放置的犁、水牛、背负的背篓及周围的人物等也类似。由此可以认为这是来自同一母本的摹本。而且唐樊绰的《蛮书》所作的记载，亦与云南地方耕作记述的画面一致。① 有邻馆本的原本说明书的写作纪年是"中兴二年"，其中绘画资料显示的也是 898 年云南农耕的形式。② 建国观世音的背景是大蒙国（蒙氏南诏国）即将创建之前，细奴逻在巍山之麓以德修身，勤于农事和梵僧奇迹般出现，把佛法传授于巍山，此画面也明确地反映着建国观世音与梵僧的关系。

二、王室与村社：梵僧造像的分向流衍

（一）梵僧造像的流布特点

按照《南诏图传》"文字卷"的载述，梵僧应该首先现身于开南嵯浮山顶，后遇普苴诺苴大首领张宁健，获其礼遇。"诺苴"（疑即"罗苴"），即军中百名精壮之兵的首领。故张宁健应是一位领兵的首领，又是"三赕白"③ 的一员。故此，其子张健成在盛逻皮时代被派遣入唐，受唐玄宗厚待。梵僧南下，"后出和泥大首领宋林则之界焉"。《元史》卷六十一"云南行省"云："开南州，下，州

---

① "每耕田用三尺犁，格长丈余，两牛相去七八尺，一佃人前牵牛，一佃人持按犁辕，一人秉末。"引自樊绰著，向达校注：《蛮书校注》，中华书局，1962 年，第 171 页。

② 参考关口正一：《大理国张胜温画梵像卷》，《大理文化》，1995 年第 4 期，第 55 页。

③ "三赕白"即三个白蛮部落的联盟，包括白崖赕（今弥渡县，又称勃弄赕）、云南赕（今祥云县南部），还有一赕名不祥，还可能包括越析赕。三赕白属白蛮，且有酋长名张乐尽求者。张乐尽求这位白蛮部落联盟的盟主，约在唐麟德元年（664 年）前后被唐朝授为"大首领、将军"。据《旧唐书》"韦仁寿传"载，麟德元年前后，唐朝在西洱河地区设置了许多羁縻州、县，授其豪帅为牧宰。

在路西南，其州分十二甸，昔朴、和泥二蛮所居也。"① 可知在景东的东南方，直至红河县，早有和泥蛮居住。② 梵僧再南下忙道，忙道即芒乃道。③ 假设此梵僧为同一个人，那么可以推测，在唐武则天时期，梵僧北上，所携带的观音像，遂有"阿嵯耶"之号。他南下至和泥部，获大首领宋林则之膜拜。他再南下芒乃道，大首领李忙灵及一老人，铸造了一躯观音像，供于山上。此次传法最重要的是得到张宁健之崇信，张氏是重要部落结盟"三赕白"的首脑，又具军事实力，所以佛教开始与张氏，乃至云南结下了因缘。

南诏时期的云南

　　比对梵僧垂迹云南的南下线路，梵僧形象的流布却恰恰走了一条与之相悖的北上路线，在梵僧造像集中的剑川、西昌等地也反映出梵僧和王室的密切关系。梵僧形象最早见于王室主持绘制的《南

---

　　① 《元史》卷六十一"云南行省"，出自方国瑜主编：《云南史料丛刊》（第三卷），云南大学出版社，1998 年，第 72 页。

　　② 和泥即今哈尼族的祖先，宋林则是哈尼族最先接受佛教的人。元代在今红河县正西，设有和泥路。

　　③ "芒乃"是"勐泐"之对音，傣语，今西双版纳之地，指景洪、勐海一带。这里在南诏时属银生节度下的黑齿蛮等部以北的地区。方国瑜主编：《云南郡县两千年》，云南广播电视大学，1985 年，第 121 页。

诏图传》。《南诏图传》描绘了梵僧授记，细奴逻立国及梵僧深入民间、教化民众的佛教传说。梵僧形象除见之于图卷之外，亦不断现身于各地的石窟石刻、白族本主信仰等雕造中①，其中仅剑川石钟山石窟中就有两处梵僧造像。②

石钟山石窟沙登箐区 5 号、狮子关区 10 号窟的梵僧造像

　　石钟山石窟狮子关区 10 号窟，摩崖造像雕刻于狮子关半山腰内凹部分基面凿成的梯形平面上，下距岩体底 12.7 米，正中崖面雕一梵僧像，梵僧左侧浮雕一犬。梵僧像通高 168 厘米。头后有直径 63 厘米圆形头光，面朝东南，面相长方，头上戴二叠方巾，额际有浑圆形白毫，眉呈弯月，眉骨凸起眼睛细长，眼珠雕成内凹的小圆孔。鼻宽且塌颧骨突出，双唇微闭双耳垂肩。外披袒右式袈裟，右肩有弧形偏衫衣角。左臂下垂，小臂曲伸于胸前，手提一带盖净瓶；右臂下垂，小臂曲伸向上，作上指状。双足呈八字形叉立，足

---

　　① 本主文化是白族文化的一个独特方面，是白族的民族特征之一。"本主"，又叫"本主神"，白语意为"我们的主人"，是白族乡村的"村社保护神"。汉语"本主"一词，早期记载为"本境土主""本境恩主""本境福主""本方之主""本郡之主""从姓之主""一方之主""大圣甸主"等，简称"本主"。是白族以村社为单位的多神崇奉的村社祭祀和区域祭祀。杨政业：《白族本主文化》，云南人民出版社，1994 年，第 1－2 页、第 27 页。
　　② 李家瑞：《石宝山石窟中的外国人》，李家瑞等编著：《大理白族自治州历史文物调查资料》，云南人民出版社，1958 年，第 64－68 页。

穿短靴。狗在梵僧像左侧，作止步反顾梵僧状，戴一圆环圈，圈上垂一铃铛。躬身卷尾，四肢着地。造像的左肩外侧有一则"盛德四年六月七日造像/施主王工匠金榜/杨天王翀"的题记，① 明确记载此像的雕凿年代。造像神态慈祥专注，雕像左上方刻有"信境兰若/紫石云中"二行八字。② 盛德四年为云南大理国政权第十八世王段智兴的第二个年号，相当于南宋淳熙六年（1179 年）的正史纪年，距今 800 余年。胡蔚本《南诏野史》载："智兴，南宋孝宗壬辰乾道八年即位，明年，改元利贞。又改元盛德、嘉会、元亨、安定。"③ 所以 10 号窟属于大理中后期的石窟作品。

另一处在石钟山石窟沙登箐区 5 号窟南向崖面上，梵僧像通高 121 厘米，光头。面朝东，长眉小眼尖鼻，嘴微前突，下颌较丰满。头后有圆形头光。颈下饰二道肉纹线，身着交领袈裟，左领压右领，左肩处似有一带将袈裟衣边束起。下身有内裙露出。左臂下垂，小臂曲伸向左，手提一净瓶；右臂曲伸向上，手握一杨柳枝。跣足，足均撇向左侧。狗居梵僧像东侧前方，头东尾西，狗尾上卷。前左腿抬起，右腿着地，后腿一前一后，作悠闲行走状。《南诏图传》梵僧的造像特征一般为：深目高鼻，羌髯丰颐，头戴莲花冠，身披袈裟，拄杖托钵，初穿短靴，白犬随身。《旧唐书》"列传第一百四十八"也讲，"人皆深目长鼻"④。因此，梵僧观音造像就是最早进入大理地区传布佛教的天竺僧人之形象。常一犬一钵一杖，手持净瓶、足登屧履，为典型的行脚僧形象。⑤ 净瓶亦称"澡瓶"，原为天竺人便后净手之器，传入中土后不知所用，衍为法器。古时山间远行，犬是得力助手。随身之犬，表明梵僧是远行之僧，

① 云南省剑川县文化体育局编：《南天瑰宝》，云南美术出版社，1998 年，第 48 页。
② 云南省剑川县文化体育局编：《南天瑰宝》，云南美术出版社，1998 年，第 48 页。
③ 木芹会证：《南诏野史会证》，云南人民出版社，1990 年，第 300 页；《南诏野史》常通行胡蔚本和王崧本，此处参照胡蔚本。
④ 《旧唐书》"列传第一百四十八"，电子光盘版。
⑤ 《宋时大理国描工张胜温画梵像卷》58 开"梵僧观世音"中，画着一幅简单的挑担和净瓶，暗示着梵僧长途跋涉、行脚布道的清苦。

只不过此处梵僧造像早已经蜕变为汉地形貌。

（二）一个可靠的梵僧形象

四川凉山博什瓦黑石刻梵僧造像

　　四川凉山博什瓦黑南诏大理石刻编号为 81404（1）左 2 的梵僧造像，高 1.20 米，宽 1.56 米。光头长须，着袈裟，有圆形头光与桃形身光。左手报瓶于胸前，右手施无畏印，结跏趺坐于莲台上。其左有一俯首帖耳之犬，犬脚下似踏一蛇。从左至右共刻六尊造像，左一为明王造像，高 2.10 米，宽 3.40 米。三面四臂，头戴宝冠，佩璎珞臂钏，裸上身。左第一手举于胸前，第二手执羂索；右第一手执法轮，第二手上举，所执物因风化不清。赤脚横坐于奔跑的神牛背上，由一牛头人身者执索牵牛。左二为梵僧造像。左三文殊菩萨造像高 3.38 米，宽 2.80 米。圆脸螺髻，身着袈裟，有圆形头光，左手执麈尾，右手托丸，赤脚站立于莲台上。其左有一卷毛狮子。左四观音菩萨造像高 3.50 米，宽 3.06 米。头戴莲瓣冠，佩璎珞，手足皆戴镯，身着天衣，有圆形头光与身光。左手抚膝，右手执念珠。赤脚，作吉祥跏趺坐于石坛上。其左有一盘供果，上有一飞翔的鹦鹉，其右置一净瓶。左五释迦佛造像高 3.00 米，宽 2.08 米。螺发肉髻，袒胸，有桃形头光和圆形身光。左手抚膝，右手施无畏印，结跏趺坐于莲台上。左六供养人造像为男性，头戴山形冠，身着右衽广袖长袍，合十面向释迦牟尼佛，神态肃穆。此处梵僧造像与佛教神祇并驾齐驱，且有头光背光，明显是南诏大理的观音化身。① 编号 81405（3）刻一梵僧，整个画面高 2.10 米，宽 3.24 米。梵僧卷发，发际很高，方脸宽额，高鼻深目。身着大袍，左手执扇（笔者注：似为麈尾），右手抚膝，结跏趺坐于石坛上。身后一笠、一杖、一净瓶。其前昂首跳跃的金毛犼（似为犬的变形），颈戴念珠并用右爪持之，显出对尊者的虔诚和驯服。金毛犼后上方有一飞翔的鹰。② 此处梵僧，外貌与《新唐书》"列传第一百四十六上"所载天竺人之形象基本吻合，"天竺国，汉身毒国也，或曰摩伽陀，曰婆罗门……王大臣皆臣服锦罽，为螺髻于顶，余发剪使卷"③。卷发是唐时天竺国人的发式，这种卷发人的形象在云南剑川石钟山石窟曾三次出现：石钟寺 1 号窟旁阴刻的螺髻披罽人；狮子关 3 号窟所谓的波斯国人雕像；狮子关 2 号窟所谓的酒醉鬼雕像。而且均着长袍而腰束带，只是坐立不同。"赞陀崛多尊者，又云室利达多，西域人，自摩伽陀国来。"④ "圣师李成眉者……南诏昭成王礼为师，乃建崇圣寺。"⑤ "迎西方摩伽陀国僧赞陀崛多为国师。赞陀崛多为瑜珈教主。"⑥ 胡蔚本《南诏野史》载："咸通三年

　　① 《中国历史博物馆馆刊》1984 年总第 4 期发表了《凉山博什瓦黑石刻画像调查简报》，公布了博什瓦黑崖画的文字内容和一幅测绘图，但绝大部分崖画的测绘图没有公布；《四川文物》1999 年第 4 期发表《西昌大箐乡罗卜惹崖画》；刘弘、唐亮发表《四川凉山的南诏大理崖画——昭觉博什瓦黑崖画和西昌罗卜惹崖画》，公布了两处崖画的全部测绘图，出自纳麒主编：《中国西南文化》，云南民族出版社，2005 年，第 122 页。
　　② 刘弘、唐亮：《四川凉山的南诏大理崖画——昭觉博什瓦黑崖画和西昌罗卜惹崖画》，纳麟主编：《中国西南文化》，云南民族出版社，2005 年，第 126 页。
　　③ 欧阳修等：《新唐书》卷二百一十五"列传第一百四十六上"，电子光盘版。
　　④ 释圆鼎：《滇释纪》，中华书局，2010 年。
　　⑤ 释圆鼎：《滇释纪》，中华书局，2010 年。
　　⑥ 尤中校注：《僰古通纪浅述校注》，云南人民出版社，1989 年，第 62 页。

卷发异域人像对比图

（862 年），隆亲寇蜀，取万寿寺石佛归。时高真寺僧崇摸有神术，从征。军中乏粮，又值岁暮，士卒思归，僧咒沙成米，咒水成酒，士卒各醉饱。"① 可见是有僧从军作法的。加之此形象后无背光和头光，基本可以确定这是一个较为可靠的梵僧形象。《梵像卷》82 开南无郎婆灵佛下有一执扇、坐于岩石之上的梵僧形象与此类似，对面一王者抱一孩童（应为王子），所以梵僧一般是与王者造像共同出场的。

　　凉山汉属越嶲郡，唐为嶲州（治所在今西昌市，所辖凉山一带），自古便是西南与中原联系的枢纽地区，也是历史上的兵家必争之地。唐中期唐朝与南诏交恶，经过数次战争，唐朝势力退至大渡河以北，凉山为南诏所有。南诏政权在凉山南部（今会理县）置会川都督府，在今西昌置建昌府。自天宝十五年（756 年）唐嶲州地区被南诏、吐蕃联合攻占后，虽曾短期收复，但长时期一直被南诏和吐蕃分别割据，南诏王世隆于乾符四年（877 年）举兵北出，唐懿宗咸通中期，嶲州被南诏全部据有，咸通四年（863 年）改置建昌府，并以此为据点向外侵扰，世隆甚至坐镇于此督阵。后"因恚发疽，卒于越嶲景敬寺，在位十八年"②。唐玄宗天宝时南诏又置会川都督府③。大理国时，仍置建昌府和会川府，占据凉山一带。至明代洪武十五年（1382 年）十月才改属四川。大理为南诏的西

---

① 木芹会证：《南诏野史会证》，云南人民出版社，1990 年，第 148 页。
② 木芹会证：《南诏野史会证》，云南人民出版社，1990 年，第 150 页。
③ 治所在今会理县城关镇，辖会理、盐源及云南永胜等县。

京，滇池为东京，西昌是行都，是对成都作战的军事重镇。继南诏而后的大理政权继续统治凉山，前后共达 400 余年。

凉山博什瓦黑石刻画的形制，均为摩崖阴刻线画。其开创年代应在南诏末期，上限为南诏第十一世王世隆（又称酋龙）于唐懿宗咸通十年（869 年）十一月率兵两万攻占嶲州后，下限为世隆之子隆舜（南诏第十二世王）于唐昭宗大顺二年（891 年）大兴佛教造像时。因此，石刻画的开创年代相当于晚唐。从历史看，博什瓦黑石刻画当为南诏末期和大理国时期的石刻。

81409

四川凉山博什瓦黑石刻王者出巡图

南诏大理的统治者笃信佛教，奉佛教为国教，并在其统治区内大兴佛寺，大造佛像，凉山境内的佛教造像应是这一历史背景下的产物。目前在凉山境内发现的南诏大理时期佛教造像有两处，即博什瓦黑崖画和罗卜惹崖画。① 南诏统治凉山之时，正是其强盛时期，

---

① 两处崖画有古道相通，相距约 50 公里。造像的内容和总体风格基本一致，应为同期造像。两处崖画的附近都未发现任何居住遗址，推测这两处崖画原本便镌刻于路旁，以供行旅之人顶礼膜拜。博什瓦黑石刻画像的年代，基本属于唐宋时期作品，上限可到南诏晚期，下限到大理时期，鉴于画像的面积大，规模壮观，阴刻技艺水准不一，风格亦有一定变化，应不是短期内同时完成的，与其他佛教石窟一样，应该有一个发展过程。

当时的南诏王为劝丰佑之子世隆，即景庄王。世隆与其母段氏，曾在西昌大力倡导佛教，《西昌县志》卷六《祠祀志》："据（西昌白塔寺）明万历十九年碑记云，（白塔寺）前名景净寺，唐宣宗朝，景庄王（南诏坦绰名酋龙，其主丰佑死，酋龙立，遂称皇帝，建元建极，号大礼国，殁谥景庄）同其母段氏建。"胡蔚本《南诏野史》谓："世隆之母，佑

剑川石宝山宝相寺摩崖西段壁画梵僧像

妃也，出家号师摩矣，尝随佑至罗浮山白城，建一寺，南壁画一龙，是夜龙动，几损寺，妃乃复画一柱锁之，始定。"[1] 泸山福光寺永历七年《泸山寺碑记》又说："段氏（世隆之母）升仙之后，所遗田种，即舍入本山，永充常住香火之费。"[2] 记述虽有不稽成分，但可侧面看出世隆母子崇信密教之笃和倡导之力，也可窥见梵僧和王室的紧密关系。

（三）本主——元明以后梵僧造像的民间生成

作为梵僧真身的阿嵯耶观音造像在大理国之后逐渐绝迹，但对于观世音信仰的继续和指向却是梵僧的形象。梵僧形象在元明之后发生了有趣的变化：这位西来的梵僧已经被当地民众改装为面目一新、喜闻乐见的长者形象，唯一能够辨别的就是那只形影不离的白犬。

剑川石宝山宝相寺摩崖西段壁画有一梵僧像，僧像浓眉大眼，

---

[1] 木芹会证：《南诏野史会证》，云南人民出版社，1990 年，第 136 页。

[2] 转引自李宗放：《南诏大理国白族文化的历史见证——凉山昭觉博什瓦黑石刻的族属为白族考》，《大理文化》，2003 年第 6 期，第 55 页。

"卫国圣母与梵僧观音"石雕造像及部分石刻铭文

坠大耳环，僧前除香、花供奉之外，还有一盏净水（似灌顶之用），以此知梵僧为密宗僧侣，僧右手拿一拂尘，似作法念咒，正侧身观看被他拘来的一个形似鬼魅的魔头。可惜此画被涂抹覆盖，不能一窥全貌。这是明人想象的所谓梵僧形象。

明代剑川李文海撰《修白姐圣妃龙王合庙记》说，其神梵僧像，"左手抚心，右手拟顶们"，并说此乃"据西域僧摩伽陀传示婆罗门密语，载有其概，云圣实弥勒化现之神"①。"卫国圣母与梵僧观音"石雕造像，于1953年在剑川甸南区文华乡丁卯村北被发现，现藏于大理白族自治州博物馆。石龛内右方一尊女性造像，王者冠服，有二侍者，座下有马和牵马人；左方为一长髯男性造像，无侍从，座下一犬。在石龛右上侧和中间，可辨认的题记有8行共计65字，从右到左直书。右上侧五行："石匠苏/苏永安妇人/造像施主段氏冬梅花求男造/男苏观音圆/苏棣奴"；中间三行："大圣威静边尘卫国圣母位/成化陆年岁次庚寅仲秋八月良旦立/南无建国梵僧观

---

① 石钟健：《大理明代碑刻的历史价值》，载《石钟健民族研究文集》，云南民族出版社，1996年。

本主梵僧像　　　　　　　本主梵僧像　　　　　　甲马的梵僧形象

世音菩萨。"① 多数学者在撰写文章时，都言及《南诏图传》中的梵僧形象和其他区域，比如剑川石钟山石窟出现的梵僧形象类似，可是如果细加辨别，却可以发现两者区别很大。所以也有学者发出疑问，"观此住于奇王家乞食的梵僧（持钵僧），头戴'赤莲冠'，有胡须，似非佛教徒之相。"② 可以发现《南诏图传》中梵僧形象的异域特征的刻画是较成功的，而元明以来民间创造的梵僧形象已经大异其趣，并涂抹着浓厚的地方本土色彩，如赤莲冠变为大理地区所特有的头饰物"𢂀"，脚由着屐或靴变为跣足，螺髻短须改为羌髯丰颐，甚至袈裟也变为长袍束带，趋于本土化和民族化。梵僧的汉化特征愈加明显，及至元、明，彻底蜕变为一通俗的"观音老爹"③ 的长者式样。其造像以洱源东山石岩村感应寺内的木刻老人为代表：深目长鼻，身披袈裟，手持拐杖，穿耳跣足，旁有一只白犬。而如此木雕、石刻或者泥塑像，在今周城龙泉寺、洱源邓川偷

---

① 录文参照杨政业：《"卫国圣母与梵僧观音"石雕造像辨》，《大理文化》，1993 年第 4 期，第 56－57 页；也参照张亚平：《独特的男女观音石雕像》，《大理文化》，1987 年总第 45 期，第 49 页。

② 温玉成：《〈南诏图传〉文字卷考释——南诏国宗教史上的几个问题》，《世界宗教研究》，2001 年第 1 期，第 6 页。

③ 早期外域僧人蓦然成了民众供奉的对象，被称为"观音老爹"，又称"观音老祖""观音爸""观音公"等。

甲马造像

白族村社的梵僧本主形象

鸡庙、宾川岩溯观音阁、大理观音堂等，都还供奉着梵僧观音像。①
"大理、洱源、剑川、鹤庆、宾川等县（市）各地观音庙中，至今
仍供奉着'观音老爹'像。"② 如云南大理喜洲镇庆洞庄村南百余
米处，号称"神都"的大理圣源寺大殿前21扇格子门，刻有《白
国因由》中的观音十八化③。观音现为男像，俗称"观音老爹"，
剑川出土的明代"卫国圣母与梵僧观音"石雕造像即为典型例证，
除了保留梵僧的杖、犬外，完全被打造成白族长者形象，极具亲和
力。梵僧蜕变成村落间的本主信仰，这是一个有趣的形象，说明被
演绎成观音化身的梵僧造像流衍为建国、护国的圣者像和村社本主
神祇像两个造像系列。而前者被缔造为南诏大理别出新裁的作为王
室崇奉的阿嵯耶观音造像。梵僧造像的王室民间的距离逐渐拉大。

---

① 孙健：《大理地区外域僧人造像浅述》，《云南文物》，1992年总第34期，第74
页。

② 李东红：《大理地区男性观音造像的演变——兼论佛教密宗的白族化过程》，《思
想战线》，1992年第6期，第60页。

③ 大理圣源寺第1至第2扇述观音降罗刹故事，第3至第11扇述白国的由来，第12
至第16扇述观音降诸夷，第17至第18扇述大理的起源。大理圣源寺南院原为钟楼，后因
改祀梵僧观世音菩萨而得名观音阁。

男性本主“观音老祖”

明代阿吒力僧与其妻在为赵氏作荐亡法事

　　观音老爹造像的出现，并非偶然。资料表明，大理国以来，一度活跃于大理地区的梵僧已销声匿迹、踪影全无，取而代之的是那些自称为“居士”“师僧”“释儒”“大密”“密坛主”“密教师”“密僧”，以及“阿阇梨”“阿拶哩”的白族阿吒力。① 这说明这些土著阿吒力不仅成长、成熟起来，而且已完全取代了梵僧的地位。他们将白族民间信仰与佛教密宗的咒术和仪礼杂交融合起来，把由梵僧传播的佛教密宗改造为颇具地方民族特点的教派——阿吒力教，完成了对外来宗教的本土化改造过程。② 从此，白族社会土俗奉之，视为土教。南诏信仰神祇的性格与秩序的建构虽然是一个较为完整的系统，但是也会因为王朝势力的兴迭而有所调整与改变。诸如隆舜分赐三十六部的嵯耶庙，这便是在滇东分赐的观音神祠。分赐与重新设置和安插神的位置，在历史中都是有可能发生的。明太祖对云南的统治在其中起到了关键作用，明太祖以其严刑酷法和对地方社会的严格控制闻名于史。洪武时期的统治对既有的社会造成结构性的改变，同时，也造成神的秩序的改变，原来赋有政治与

---

　　① 详见第二章。
　　② 参考李东红：《大理地区男性观音造像的演变——兼论佛教密宗的白族化过程》，《思想战线》，1992 年第 6 期，第 63 页；李东红：《白族佛教密宗阿吒力教派研究》，云南民族出版社，2000 年。

宗教阶序意义的神祠，被挤压成为民间社神。明朝官方的山川雷雨风神、文武庙、城隍、厉坛等，则取代了原来大理国留下的宗教体系。于是，一层又一层因为政治力量的改变而累积的神祠系统被排挤到洱海地区的街巷村落，[①] 作为南诏大理王室崇奉的建国神祇梵僧也不断被挤压到民间村社之中，形象也愈加变得亲和慈善。

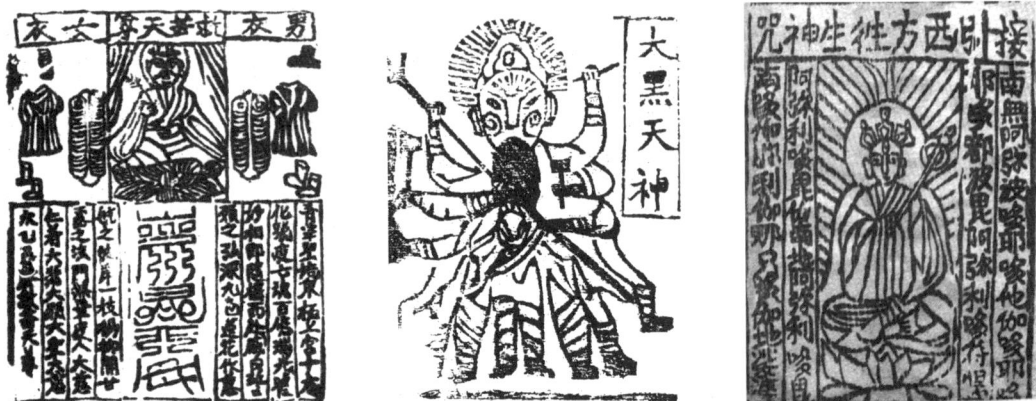

奉为白族村社本主包罗万象的神祇团队

大理挖色董氏法师在追荐亡人法会上念经

洱源阿吒力僧杨畅奎

---

① 参照连瑞枝：《隐藏的祖先：妙香国的传说和社会》，生活·读书·新知三联书店，2007年，第233页。

康熙三十年（1691 年），清廷称阿吒力教为"非释非道，其术足以动众，其说足以惑人，此固盛世之乱民，王法所必禁者也，删之何疑"①，并将明代以来设置的各级府衙中阿吒力僧纲司与朵兮薄道纪司撤销，② 严禁阿吒力教传播，阿吒力教从此失去了朝廷的庇护。但是，今天所见的《白国因由》等有关阿吒力教的宗教典籍却大多辑录于明清两代。这说明朝廷的明令禁止并未使阿吒力教彻底衰颓，民间信仰阿吒力教之风仍在继续。所以康熙《大理府志》"凡例"称"叱力之术，识者严以黜之矣。然迹其降在致雨，或一可兴利驱害之一助，姑仍存之"③。其影响之深远，至今犹见。④ 因此，观音老爹这一位有白族阿吒力痕迹的形象的出现，标志着佛教密宗阿吒力教派的兴起，这也是梵僧形象能够在民间流传不息的原因所在。

---

① 范承勋等修：《康熙云南通志》"凡例"，北京图书馆，1998 年。

② 朵兮薄意为"神秘的主宰者"，是白族古代的祭司（即巫师）。在地方史籍中，大巫师有"朵西薄""朵兮幡""朵锡博""朵溪波"等多种写法。朵兮薄既是白族祭祀的宗教领袖，又是一个部落的首领，拥有很大的权力。如明代时大理府就设有朵兮薄道纪司，专管巫教、道教事务。在后来朵兮薄活动中，本主崇拜逐渐成为其崇拜的主要神灵，本主庙亦成为朵兮薄巫师进行巫事活动的主要场所。剑川县民族宗教事务局编：《剑川县民族宗教志》，云南民族出版社，2003 年，第 191 – 203 页。

③ 北京图书馆古籍出版编辑组编：《（康熙）大理府志》"凡例"，北京图书馆出版社，2000 年。

④ 云南白族民间地区至今仍然有阿吒力在活动，详情参照张宽寿：《白族阿叱力现状调查》，《白族学研究》，1993 年第 3 期，第 214 – 216 页；剑川县文化体育局：《大理片区剑川县民族文化多样性调查评估和保护规划》，1999 年 6 月 16 日；《大理白族自治州剑川县村落文化多样性调研报告》，张春继惠赠资料。

几处代表性梵僧形象的比较：

梵僧形像	发现地	年份	随身物件	体貌特征
	《南诏图传》	公元7世纪中叶	犬、钵、杖	长髯丰颐、戴赤莲冠，头光，袈裟短靴
	《梵像卷》	盛德五年（1180年）	犬、钵、侍女持方金镜和杖	头戴缠头，一手施无畏印，一手托钵，胡须柔顺，明显汉化
	剑川石钟山石窟狮子关	盛德四年（1179年）	犬、净瓶	缠头，袒右式袈裟，白毫相光，圆形头光，穿靴
	剑川石钟山石窟沙登箐	约盛德同年（1179年）	杨柳枝、净瓶、犬	长眉小眼，尖鼻，嘴微前突，下颌较丰满，身着交领袈裟，圆形头光
	四川凉山博什瓦黑	南诏末期（约世隆在位期间）	笠、杖、净瓶、犬	虬髯卷发，发际很高，阔面宽额，高鼻深目。右手抚膝，结跏趺坐于石坛
	四川凉山博什瓦黑	南诏末期（约世隆在位）	净瓶、犬	长须，着袈裟，圆形头光与桃形身光。左手报瓶于胸前，右手施无谓印，结跏趺坐于莲台
	云南甲马	明代	犬、杖	长袍，长者状

（续上表）

梵僧形像	发现地	年份	随身物件	体貌特征
	剑川石宝山宝相寺摩崖	明代	香、花、拂尘、净瓶	浓眉大眼，坠大耳环作法念咒状
	剑川甸南区文华乡丁卯村北	成化六年（1470 年）八月	钵、犬	长髯男性，平坐于龛内
	洱源东山石岩村感应寺	约元明时期	杖、珠、犬	长须白眉老者，跣足而坐

三、《南诏图传》中关于梵僧的几个疑点辨析

从表面来看，《南诏图传》的内容繁杂凌乱，然而根据"文字卷"和榜题加以分析，全画则段落分明，秩序井然。全图按照情节开展可以分为三部分内容：观音显化传说；祭铁柱史略；南诏诸王及作画臣工崇佛。前两者为画的主题，宣扬南诏统治者受命于天；后者表示大小统治者对佛法的虔敬，颇类似佛教雕塑壁画中常见的"供养人"角色，与画的主题并没有直接关系。观音显化梵僧是其中重要情节，关于"梵僧"有四处耐人寻味之处：

梵僧的赤莲冠

梵僧为"顺蕃俗"改"缠头"

（一）赤莲冠

学者们论及"赤莲冠"大都一笔带过，其式样来源也是莫衷一是。梵僧戴赤莲冠，其冠九重，赤白相间，而花瓣作方形，重叠而上，类似连蕊之状。《南诏图传》第三段绘浔弥脚、梦讳担食送饭给巍山耕牧的细奴逻父子，在途中遇梵僧乞食。梵僧顶现赤莲冠，冠旁有题记："回乞食时巳冠，顺蕃俗缠头也脱在此。梦讳布盖贵重人头戴赤莲之，施黑淡彩二端（帛）巳为祴（首饰）。"《南诏图传》第二段中有一个情节：梵僧上方画一石，上置赤莲冠，旁有题记三行："施黑淡彩二端巳为祴/梦讳布盖贵重人头戴赤莲之/巳冠顺蕃俗缠头也脱在此"，即梦讳布施给梵僧"黑淡彩二端"与梵僧作缠头布，梵僧为了"顺蕃俗"改装，脱冠改为"祴"。杨瑞华考释此题记为白文，意为"施黑淡彩二疋，是该梦讳之布，盖贵重人头戴赤莲之仕冠，顺蕃俗缠头也，脱在此"。"端"记白语"duif"，是布匹计量单位，即汉语之"疋"，看画面亦是一红一黑共二疋。"巳"记"是""仕"，"祴"记"该"。白文用汉字记音本无定字，

石钟山石窟和《梵像卷》中的莲冠形象

取同音或近音而已。① 所以自此以后各梵僧造像都不再戴冠，比如在《梵像卷》中"梵僧观世音"和"建国观世音菩萨"一开中就戴着黑色的、堆叠两层的"襆"（"缠头"），石钟山石窟狮子关10号窟亦是如此，尤其梵僧头上的两叠缠头更是让人慨叹这一奇妙的连贯性。戴赤莲冠的梵僧形象仅在《南诏图传》出现过一次，这不仅说明佛教的初期传布非常注意尊重当地民风民俗，也反映出同期或后期造像画工是非常了解这一图传内容的。

Helen B. Chapin 讲，"可能是 18 世纪晚期的西藏画，画上的人所戴的莲花冠如果不是说颜色，仅从形式而言，与我们印度僧人所戴的颇为相似，这是十分有趣的"，"在一幅表现北京的艾康－斯开尔－库图克图化身的像册中，在一组画图中的两幅上，有两个非主要的附属人物所戴的帽子与我们资料中所说来到云南的印度僧人所戴的赤莲冠完全相同"。② 后来有学者就把赤莲冠引申成"密教莲花部象征"了。③ 因为《南诏图传》"文字卷"载"保和二年乙巳岁，有西域和尚菩立陀诃来至我京都云：这吾西域莲花部尊阿嵯耶观音从蕃国中行化至汝大封民国，如今何在？"直接表明了谁的身份即"西域莲花部尊"；又据西藏地方史料记载，公元 8 世纪，赤松德赞

---

① 杨瑞华：《关于南诏王室蒙氏的自称、他称及语言》，《白族学研究》，1994 年，第 4 期，第 71 页。

② Helen B. Chapin：《云南的观音像》，出自查尔斯·巴克斯著，林超民译：《南诏国与唐代的西南边疆》，云南人民出版社，1988 年，第 284 页。

③ 王海涛：《云南佛教史》，云南美术出版社，2001 年，第 116 页。

依次为《南诏图传》《梵像卷》、石钟山石窟的梵僧造像，缠头造型始终如一

聘请乌仗那（今克什米尔）地方密宗大师莲花生入藏传播佛教，莲花生入藏时，也是一路降伏罗刹鬼怪。有的学者把南诏梵僧降伏罗刹的传说与吐蕃的罗刹传说作了比对，认为南诏罗刹传说来自吐蕃，并且认为头戴赤莲冠的南诏梵僧的原始形象就是莲花生。[①] 赤莲冠被叠加赋予了种种推测和包义。

可是，被梵僧弃置不用的赤莲冠和莲瓣式冠反而频频出现于剑川石窟造像的王者窟中，如石钟山石窟狮子关区 9 号窟的后妃形象，即头戴莲花冠；王者右侧侍者头缠"印度式头巾"[②]，亦莲花冠形状；石钟山石窟 2 号窟王者右侧后排左一也是头戴莲花冠。可见莲冠和莲花饰冠在南诏并不鲜见，何以梵僧欲"顺蕃俗缠头也脱在此"呢？笔者推测，此赤莲冠非从外域而来，而是南诏王室贵族习戴，即"盖贵重人头戴"，而《南诏图传》创作于中兴二年（502年），为了表现梵僧的"顺蕃俗"，就是顺平民之俗而改戴两叠方巾"袱"，因为当时南诏的细奴逻父子也是"耕于巍山之下"的平民，才创造出这样一个情节。同时昭示梵僧曾戴的赤莲冠就是王者现今所戴的，只不过是因为"顺蕃俗"易于布道传教而已。

---

① 徐嘉瑞：《大理古代文化史稿》，云南人民出版社，2005 年，第 273 页。
② 据北京大学考古文博学院、云南大学历史系：《剑川石钟山石窟考古报告》（未刊，董增旭惠赠资料），此说存疑。

有说法称赤莲冠是藏密宁玛派的象征，则太过牵强。《南诏国传》"文字卷"之"第二化"及"第三化"故事，发生在奇王蒙细奴逻（又名独逻消，629—674年）时代，依画面，此时蒙细奴逻已有子逻盛及儿媳梦讳。假定此时蒙细奴逻为40岁，则当唐高宗总章元年（668年）。因此圣僧在巍山的时间即大致可界定在668—674年这七年内，为公元7世纪中叶，不可能和藏传佛教发生太大的关联：一则正是松赞干布死后不久（亡于650年），苯教徒复起灭佛、焚毁寺宇之时，苯教仍然顽强地在吐蕃的社会生活中起着支配作用。而且松赞干布也是苯教的"扶持之王"，据敦煌发现的古藏文《历史文书》这部吐蕃信史，丝毫不见他提倡佛教的记载。他在罗娑山脚下修建的两座寺院四喜幻显殿和逻娑幻显殿仅仅是施供香火的庙宇，而非佛、法、僧三宝具足的寺院。① 佛教还没有足够的强势向外拓展播布；二则宁玛派的真正开宗立派是于11世纪的"三素尔"时期，"素尔"系家庭名称，祖孙三代奉莲花生为祖师，依照他入藏所传密呪和所遗伏藏修行为传承，系统整理经典，并建立了邬巴垅寺，开展活动，自成一派。② 该教僧人习戴红帽，俗称为"红教"或"红帽派"，而把赤和红教、莲和观音牵强联姻，说"'西域莲花部'即吐蕃佛教之宁玛派（俗称红教），是公元8世纪莲花生大师入藏所传授之最古老派别"③，更是有武断之嫌。

---

① 弘学主编：《藏传佛教》，四川人民出版社，1996年，第27页。

② 弘学主编：《藏传佛教》，四川人民出版社，1996年，第50页。

③ 温玉成：《〈南诏图传〉文字卷考释——南诏国宗教史上的几个问题》，《世界宗教研究》，2001年第1期，第4页。

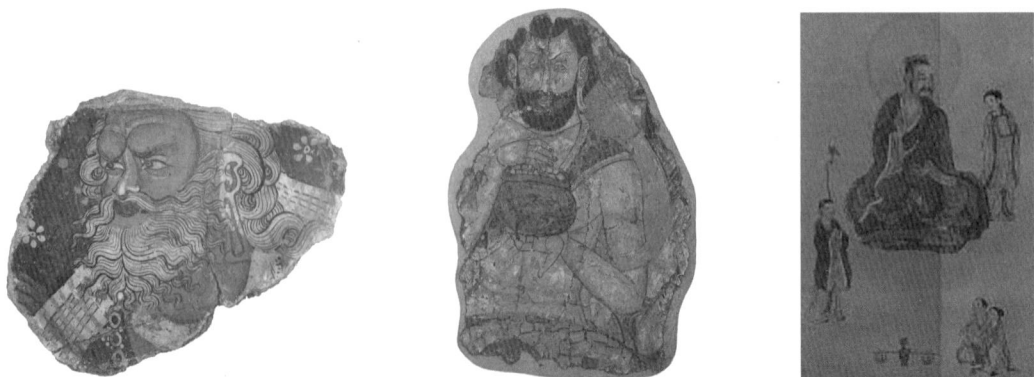

印度婆罗门、西域番僧、《法界源流图》中梵僧的须髯对比

（二）羌髯丰颐

看得出，《南诏图传》的作者极力试图描绘出"梵"域气质和相貌的"梵僧"形象的异域特征来。明人谢肇淛的《滇略》载录了有趣的故事："点苍、鸡足、九鼎之间，缁徒云集，搭挂兰若，金碧辉煌相望，豪族乡绅，财物不以治第施贫，而尽輂为檀林梵宇之费。时有饮酒食肉之僧自夷来者，托言天竺，则民家崇奉若神。"①这一语道破了彼时大理各地笃信佛教的微妙心理和动人场景，信徒们对"梵"僧颇有追"星"捧月的意味，只要是"自夷来者，托言天竺"，即使是"饮酒食肉之僧"，也一概"崇奉若神"。大理国赵寿与相国高泰明是同时代人，是南诏清平官赵铎咩之后裔。《元故副相墓碑》说："寿，大理天开间，事国公高泰，公视之如心腹，未尝离左右，宠赐梵相妙音大士一躯，及宝物鞍马，旌其成效。天辅（段智祥年号）二年（1227 年），国公遘疾，密贵寿召国弟……乃逊（相）位而嘱寿焉。由是国甚重之，加殊勋，不胜备数。"②从中可以看出，有正宗意味的"梵相"的观音像是非常受人推崇的。所以打造一个作为"建国圣源"的域外梵僧形象至关重要。图

---

① 谢肇淛：《滇略》卷四"俗略"，方国瑜主编，徐文德、木芹、郑志惠纂录校订：《云南史料丛刊》（第六卷），云南大学出版社，2000 年，第 700 页。

② 转引自张锡禄：《南诏与白族文化》，华夏出版社，1992 年，第 200 页。

中的梵僧形象为一长髯丰颐老者形象，头戴赤莲高冠，身披袈裟，露红色内裙，足蹬短靴，托钵，持瓶柳。配合足蹬短靴，梵僧浓重的八字须和络腮羌髯最惹人注目，确有异域面貌，不合中土及藏地的僧相特征。在《梵像卷》卷末131开至134开绘的“十六大国王众”中也出现了类似相貌的国王像。他们多为异域人貌，或持莲花，或捧海螺，或横翎毛，或数念珠，服饰不一，形态各异。有袒胸露臂，瓔珞披体，似天竺王者；有高鼻深目，卷发虬髯，似波斯王者。《梵像卷》中梵僧完全蜕变成中国本土的长者形象，上翘八字须变成了几绺柔顺的长髯，梵僧仅仅作为一个象征意味而存在，《南诏图传》的独崇观音已然成为过去。

（三）𡶶鼓

如果把《南诏图传》当作一出情节剧，则图中作为道具的𡶶鼓（铜鼓）的位置和作用也值得推敲。画中有击铜鼓的场面，题记中称“打𡶶鼓集村人”。《万历云南通志》中说“鸣𡶶鼓集村人”，又说“遂熔𡶶鼓铜铸像”[①]，可见“𡶶鼓”就是铜鼓。但是，铜鼓仍不断出现于如《南诏图传》“老人铸圣像时”段中，山上“阿嵯耶观音”像旁；《梵像卷》“梵僧观世音”的脚下也单单放着一面铜鼓。铜鼓在春秋时期开始出现，是我国西南少数民族及东南亚民族的文物，一般用于祭祀、娱乐、婚丧、战争、号令民众等。从战国以来贮贝器图像上可以见到在许多巫祭仪式中使用铜鼓。文献中，如《宋史》“西南诸蛮夷传”记：“疾病无医药，但击铜鼓、铜沙锣以祀神。”[②] 而且，拥有铜鼓又是南方少数民族酋长、首领、“鬼主”一类人物。《太平御览》（卷七百八十五）引晋人裴渊《广州记》说：“俚僚贵铜鼓，唯高大为贵，面阔丈余，方以为奇。有是

---

① 《万历云南通志》，方国瑜主编，徐文德、木芹、郑志惠纂录校订：《云南史料丛刊》（第六卷），云南大学出版社，2000年，第348页。

② 《宋史》“西南诸蛮夷传”，方国瑜主编，徐文德、木芹、郑志惠纂录校订：《云南史料丛刊》（第一卷），云南大学出版社，1998年，第479页。

《南诏图传》老人铸圣像　　　　《南诏图传》崸鼓和摆放　　《梵像卷》的崸鼓和摆放

鼓者，极为豪强。"[1] 唐人刘恂《岭表录异西南事迹》："蛮夷之乐，有铜鼓焉……（唐）贞元中，骠国进乐，有玉螺铜鼓，即知南蛮酋首之家，皆有此鼓也。"[2]

"铜鼓是青铜器的一种"，"是我国南方和东南亚诸多民族所钟爱的重器、宝器"[3]。"铜鼓在我国南方古代民族文化中，占有非同寻常的历史地位。作为礼乐器，它是兼有内地商周钟和鼎的双重功能。自公元前 7 世纪至公元前 1 世纪，南夷的君长都视之为国之重器和沟通神灵的宝物"[4]，"熔铜鼓铸圣像"这一情节一贯被研究者当作是佛教征服地方巫鬼术和民间信仰的有力证据。"观音代表的是佛教，而铜鼓象征的是原始宗教。集铜鼓铸观音像，将铜鼓置于山上，铜鼓被随意侧置于观音像脚下，所象征的无疑就是以铜鼓为代表的原始宗教的衰落和以观音为代表的佛教的兴起。"[5] "有些民族后来不再使用铜鼓，有些民族继续使用铜鼓，在很大程度上可能

①　李昉、李穆、徐铉等：《太平御览》卷七百八十五，中华书局，1960 年。

②　刘恂：《岭表录异西南事迹》，方国瑜主编，徐文德、木芹、郑志惠篆录校订：《云南史料丛刊》（第二卷），云南大学出版社，1998 年，第 184 页。

③　李昆声：《云南艺术史》，云南教育出版社，1995 年，第 80 页。

④　李伟卿：《云南民族美术史论丛》，云南人民出版社，1995 年，第 68 页。

⑤　傅永寿：《南诏佛教的历史民族学研究》，云南民族出版社，2003 年，第 10 页。

受到佛教的影响程度不同所致。"[①] 但是，山上铸就的阿嵯耶观音像的旁边却赫然正面摆放着铜鼓，说明巫教和佛教并存，并不是征服与被征服那样简单。结合梵僧曾在兽赕穷石村被邑主加明王乐等人野蛮对待，先是偷食梵僧白犬，继而肢解梵僧并焚尸装入竹筒丢入澜沧江中，说明当地的巫鬼神术势力仍比较强盛。《白国因由》将梵僧进一步神话颂扬，"展衣得国""黄狗一跳""镇服罗刹""授记奇王"等，但密教的流布，限于"观音显圣，南止蒙舍，北止施浪，东止鸡足，西止云龙，皆近苍、洱"[②] 的狭小范围，弘扬密法于民间，屡有碰壁，举步维艰，阻力很大。佛教密法非当时云南唯一的信仰，当地主要的宗教信仰仍然是本民族的原始巫鬼之术。这与洱海地区乌蛮及白蛮原来普遍信仰巫教大有关系。巫教崇拜祖先、崇图腾和自然物，而且盛行诵咒行法，极为重视祭祀。这与密教的诵咒行法、风行祭祀颇有些相类相通。南诏后期，王室阶层既崇奉佛教，也重视巫教。《南诏图传》"文字卷"王奉宗、张顺的进奏，对此有直言不讳的叙述。崇奉、祭祀观音，是因为"阿嵯耶观音之妙用""大矣哉"，"威力罕测"，可以"启摧凶折角之方，广开疆辟土之义"，"顺之则福至，逆之则害生"。[③]

鸣峒鼓集村人

《南诏图传》中圣像和峒鼓的摆放

---

① 上揭，第 10 - 11 页；另据云南大学人文学院李昆声教授教示，铜鼓不用时应正放，从《南诏图传》所知，白族先民在唐以前使用铜鼓，而现代白族却不再使用铜鼓。所以此图景蕴含巫鬼神教服从佛教的意味。

② 李元阳纂，邹应龙修：《云南通志》，"杂志·观音七化"，明万历四年刻本。

③ 《南诏图传·文字卷》。

（四）象马、鱼螺的隐喻

1. 象马与七宝

在《南诏图传》"文字卷"中，有"化俗设教，会时立规，感其虔笃信之情，遂现神通之力，则知降梵释之形状，示象马之珍奇，铁杖则执于拳中，金镜而开于掌上""白象上出化云中有侍童手把方金镜""白马上出云中侍童手把铁杖"字样的榜题，还留下了象踪和马踪；此后马、象组合出现在《梵像卷》的 66 开"南无释迦牟尼佛会"普贤菩萨坐像前、86 开"建国观世音菩萨"像前、85 开佛前王者像前、94 开"八臂观音"等像下。四川邛崃石笋山20 号窟维摩诘所居室的屋脊上镌刻有象和马，只不过镌刻手法一实一虚。

象马的出现，应该有其特殊的寓意。在佛典和佛教艺术中，象是释迦牟尼佛的表征，即表现佛传故事中乘象入胎的传说；马则表现乔达摩·悉达多太子骑马逾城出家的传说。佛典中常记载在理想国王（转轮圣王）出现时，会有七宝自然出现，以辅助该王教化民众，行菩萨道。此七宝即：轮宝、象宝、马宝、珠宝、玉女宝、主藏宝、典兵宝。[①] 象宝指白色六牙象。清旦乘之周行四海，食时得还。马宝指绀青色有象力之骏马，能飞行，与象宝同为转轮王之乘驾。《梵像卷》中除了 94 开"八臂观音"外，象马皆与王者像相向相伴。整幅画卷的中心 66 开"南无释迦牟尼佛会"中象马和执炉焚香王者相向共同供奉释迦牟尼佛，显示了象马的尊贵和与王者的渊源；85 开、86 开亦然。有趣的是独独在 94 开没有王者像，但是象马却配上了华丽的鞍具，明显是成了乘骑，供奉的金轮宝和神珠

[①] 《长阿含经》卷十八曾提及转轮圣王的七宝与四神德；《大宝积经》（卷十四）云："转轮圣王生种姓家，七宝则现。何谓为七？一曰紫金轮，有千辐。二曰白象，有六牙。三曰绀色神马，乌头朱髦。四曰明月化珠，有八角。五曰玉女后，口优钵香，身旃檀香。六曰主藏圣臣。七曰主兵大将军，御四域兵，如是大圣、菩萨大士，以七宝现于世时，自然道宝现于世间。"

《南诏图传》《梵像卷》中的象马等七宝供奉

宝与65开如出一辙。这似乎预示着南诏大理王者热切期望能够与转轮王的威德等量齐观。89开轮宝、珠宝与绯衣僧侣天女共同供奉半跏趺坐阿嵯耶观音，更是大理佛王传统信仰的明证。①

2. 鱼螺和祯祥

《南诏图传》一段图的中心部分是相互绕颈、交尾的两条大蛇组成的蛇圈，圈护着一条额上有轮的金鱼和一只金螺蛳，两个蛇头相峙，将金鱼隔于蛇圈内的左侧部分，金螺蛳隔于蛇口内的右侧部分，金鱼与金螺蛳隔蛇头相对。蛇圈四周是碧波荡漾的洱海水，东、南、西、北四方，海水与陆地相连，四处有河相通。有题记："东矣辅江/南 龙尾江/西/北弥苴佉江。"《南诏图传》"文字卷"记载的《西耳河记》的内容与题记基本相同。全文如下："《记》云：西耳河者，西河如耳，即大海之耳也。主风声，扶桑影照其中，以种瑞木；遵行五常，乃压耳声也。二者，河神有金螺、金鱼也。金鱼白头，额上有轮。蒙毒蛇绕之，居之左右，分为二耳。而

———————————

① 详见第三章。

祭奠之，谓息灾难也。"西耳河，《南诏图传》上又称"西洱河"，
即今之洱海。① 洱海是南诏国的神湖，即《南诏图传》所说"河
神"。《新唐书南诏传笺证》"南诏传"记载南诏王异牟寻之子梦凑
与唐使崔佐在苍山会盟，书写盟约四份，一份秘藏于神祠石室，一
份沉入西洱河，一份存入祖庙，一份进呈唐天子。② 可知洱海确为
"神湖"，湖内有"湖神"：金螺和金鱼。这是洱海周围居民从原始
社会时即有的鱼、螺崇拜的孑遗。据《白古通记》载："点苍山脚
插入洱河，其最深长者，惟城东一支与喜洲一支。两支之神，其形
金鱼戴金线；北支之神，其形玉螺，二物见之则为祥。"③ 明崇祯
《地理志》（《邓川州志》卷一）所收一首诗有序，曰："昔蒙氏建
庙塘，蓄金鱼，其首有纹，黝点若星……"④ 这是对《南诏图传》
"西耳河记"所言"金鱼白头、头上有轮爰"最好的注解。那么，
在号称"国史"的神圣画卷上，竟出现毒蛇，其中一条大张其口，
露出毒牙，两毒蛇缠绕成封闭的菱形图案。洱海"湖神"，也就是
南诏国的神鱼神螺，被禁锢其中不能游动，隐喻南诏的国运衰颓
不振。

同时，也说明南诏王室为了保持"立霸王之王基"，历来都虔
诚、隆重地"用牲牢享祀西耳河神"金鱼、金螺。唐代，洱海地
区信奉巫教的白蛮有崇拜金鱼和海螺的习俗。《西耳河记》是记载有
关白族巫教的最早文献，是绘制画卷的重要根据之一，巫教的河神
金鱼、金螺占据了画卷的一席地位。这就说明：南诏后期，虽然南
诏王室大肆崇奉、宣扬佛教，但并没有排斥巫教。佛教和巫教并行
不悖，同样是南诏王室维系统治的重要精神支撑。在《梵像卷》
101开"救苦观世音菩萨"下，两蛇所绕的鱼螺已经挣脱禁锢，悠

① 《南诏图传》说"西河如耳"，从地图上看，从苍山鸟瞰，洱海形状确如人的耳
朵，推而广之，说成"大海之耳"。
② 王忠：《新唐书南诏传笺证》"南诏传"，中华书局，1963年，第59页。
③ 《白古通记》，出自王叔武辑：《云南古佚书钞》，云南人民出版社，1981年，第
55–56页。
④ 侯允钦纂修：《邓川州志》，卷一"地理志"，成文出版社，1968年。

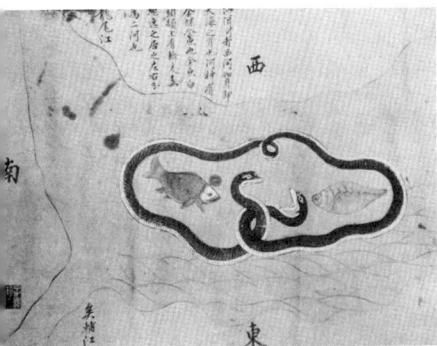

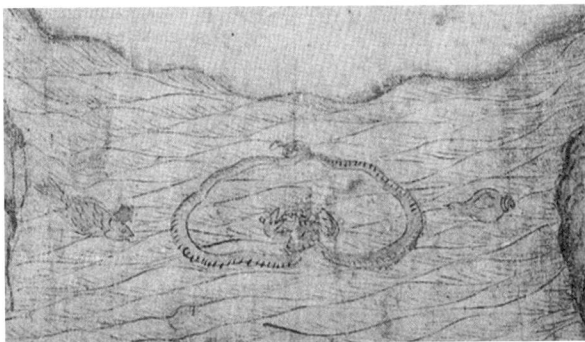

《南诏图传》《梵像卷》中两蛇缠绕之中鱼螺的不同位置

然游于碧波之中，说明正是在大慈大悲的观世音菩萨的救苦救难之下，吉祥象征的鱼螺才得以重现天日。

四、聚焦剑川：梵僧的虚实与石钟山石窟的异域信息

（一）追捧"托言天竺"之僧

对于梵僧造像，有伪造说、仿造说、误认说、婆罗门说、附会说、民间所传说等，有说是南诏后期由异域来大理弘传佛教密宗而以"观音"为法号，亦有说是来自天竺（印度），说法不一。樊绰《云南志》卷十"骠国"条载："成通四年（863年）正月六日寅时，有一胡僧，裸形，手持一杖（原作"仗"），束白绢，进退为步，在安南罗城南面。本使蔡袭当时以弓飞箭当胸，中此设法胡僧，众蛮扶舁归营幕。城内将士，无不鼓噪。"① 此为南诏侵扰安南时，军中有胡僧行法，被录其事于骠国。

明人谢肇淛《滇略》对大理崇佛有精当的描述：

叶榆以西，接壤天竺国，故自唐、宋以来，崇奉释教日甚一日，朔、望则裹饭袖香入寺，礼佛饭僧，俗云："信三宝家，永为

---

① 向达校注：《蛮书校注》，中华书局，1962年，第238页；亦见于方国瑜主编，徐文德、木芹、郑志惠纂录校订：《云南史料丛刊》（第二卷），云南大学出版社，1998年，第80页。

和合。"点苍、鸡足、九鼎之间，缁徒云集，搭挂兰若，金碧辉煌相望，豪族乡绅，财物不以治第施贫，而尽畀为檀林梵宇之费。时有饮酒食肉之僧自夷来者，托言天竺，则民家崇奉若神，出妻女以侍之，惟恐其不住也。①

　　此处道破了古代大理各地白族笃信佛教的虔诚心理，暗讽了那些盲目崇信所谓"托言天竺"之僧的信众们，从中可以看出作者和民众对来自"夷"和"天竺"的僧侣还是分别对待的，当地民众还是以"天竺僧"为正宗的。一些学者认为《南诏图传》中画的老人（梵僧），是属伪托"观世音菩萨"之名的一外来大理地区传佛教的僧侣，《南诏图传》第六段梵僧画像头顶上"观音菩萨"就是老人伪托的明证。还有张胜温在《梵像卷》中佛弟子罗汉与中原禅宗七祖及菏泽派诸祖像后面画"建国梵僧观世音"，在观音各化身像间画"真身观世音菩萨"像，显得蹊跷，真身一说很有名目。②

　　明张纮《荡山寺记》记蒙段氏崇佛最为精辟：

　　大理为郡，负山面海，由唐以来，蒙段氏据而有之，治六百年。二氏皆白人，西南夷为类，虽杂知文教者，惟白焉。其俗事佛而尚释。段氏有国，用僧为相，或已任而出家。故大理佛法最盛，而僧之拔萃者，亦多收附（指明军收大理）之。初因见其地多浮图，人皆善良，故有征无战，其梵宇缁流，悉获安堵。③

　　有关天竺碑记，志乘有记载，元述律杰《重修大胜寺碑记》：

　　古滇居民慕善，斋洁茹苦食淡，手捻菩提珠，口诵阿弥陀者，比比皆然。由其地连西天竺，与佛国通，理势然也。④

---

　　① 谢肇淛：《滇略》卷四"俗略"，方国瑜主编，徐文德、木芹、郑志惠纂录校订：《云南史料丛刊》（第六卷），云南大学出版社，2000年，第700页。
　　② 杨延福：《剑川石宝山考释》，云南民族出版社，1999年，第101页。
　　③ 张纮：《荡山寺记》，云南省编辑组编：《云南地方志佛教资料琐编》，云南民族出版社，1986年，第23页。
　　④ 述律杰：《重修大胜寺碑记》，杨世钰主编：《大理丛书·金石篇》（第一册），中国社会科学出版社，1993年，第71页。

《万宝全书》中天竺国等国的信息

元支渭兴《重修五华寺碑记》：

云南去天竺，里以万数，而真乘佛印与儒典并兴。上自豪贵，下及贱隶，莫不顶戴钦奉。①

《滇略》：

至于士官，桀骜奸命，一遇缁流，无不膜拜顶礼，舍资如流，俾民逋寇逃入其中，无可谁何，虽禁之而不可得也。②

郭松年《大理行记》亦说：

此邦之人，西去天竺为近，其俗多尚浮屠法，家无贫富皆有佛堂。③

大理国佛教鼎沸不衰，洱海、滇池地区"其老人皆手捻念珠。家无贫富皆有佛堂，一岁之中，斋戒居半"④。

① 支渭兴：《重修五华寺碑记》，转引自王海涛：《云南佛教史》，云南美术出版社，2001 年，第 181 页。

② 谢肇淛：《滇略》卷四"俗略"，方国瑜主编，徐文德、木芹、郑志惠纂录校订：《云南史料丛刊》（第六卷），云南大学出版社，2000 年，第 700 页。

③ 郭松年撰，王叔武校注：《大理行记校注》，云南省民族研究所编：《大理行记校注 云南志略辑校》，云南民族出版社，1986 年，第 22－23 页。

④ 谢肇淛：《滇略》卷四"俗略"，方国瑜主编，徐文德、木芹、郑志惠纂录校订：《云南史料丛刊》（第六卷），云南大学出版社，2000 年，第 700 页，参照侯冲：《云南佛教史上的印僧及其影响》，《大理文化》，2000 年第 6 期，第 53 页，略有增补。

文献所载来南诏的梵僧：

僧人名字	来滇时间	主要事迹	记载文献及出现年代
观音	唐贞观中	率领段道超等二十五姓之僧伦开化此方，流传密印，译咒翻经。建大理，以金仙氏之口化人为善，摩顶蒙氏以主斯土，摄受段陀超、杨法律等七人为阿吒力灌顶僧，祈祷雨旸，御灾捍患。	明《故考大拶哩段公墓志铭》、明《故老人段公墓志铭》、明《故宝瓶长老墓志铭》
梵僧	南诏初	到巍山授记细奴逻，到兽赕穷石村游化，到忙道大首领李忙灵界游化，到普苴大首领张宁健、和泥大首领宋林则界游化。	唐《南诏图传》"文字卷"
南诏七师	南诏初	游行于渠酋之间，能役使鬼神，召致风雨，降龙制水，救灾禳疫，使渠酋知畏。咒猪头为鬼魅，以供其役；化蔓草为龙蛇，以供戏弄。役鬼耕田，食以炭滓；庭中曝麦，田野注雨。	明《白古通记》、万历《云南通志》、天启《滇志》
菩提巴坡	南诏前期	以密咒丹书神位	元《记古滇说》
室利达多	南诏中期	不为南诏王所赏识而去西藏行化	清《僰古通纪浅述》

（续上表）

僧人名字	来滇时间	主要事迹	记载文献及出现年代
赞陀崛多（摩伽陀）	南诏中期	云南名僧。 曾在腾冲宝峰山修行。 蒙氏保和十六年自西域摩伽陀国来，结节峰项山，以锡杖穿象眠山麓泄水，民始获平土以居。 于鹤庆峰顶山结茅入定，丰佑天启二年（1622年）下山以锡杖穿象眠山麓石穴泄水，民获耕种之利。 蒙氏时卓锡于腾冲长洞山，阐瑜伽教，演秘密法，祈祷必应。云南土僧名阿叱力者皆服其数。 为南诏国师，瑜伽教主，娶劝丰佑妹越英为妻，为劝丰佑选妃，降伏点苍山山神，葬母法被僰人效仿。	宋张胜温《梵像卷》、元《混一方舆胜览》、明《白古通记》、明万历《云南通志》、明曹学佺《云南名胜志》、清《僰古通纪浅述》
白胡神	南诏中期	能祈雨作法。	明《白古通记》

关于佛教传入大理的途径，《南诏图传》"文字卷"上中兴皇帝的敕令说：

大封民国圣教兴行，其来有上，或从胡梵而至，或于蕃、汉而来，弈代相传，敬仰无异。

说明南诏时期佛教传入洱海地区，或从印度（从永昌古道），或从吐蕃，或从中原，是多渠道传入，开始传入时也不仅仅是密教。这些记载虽有佛教徒弘法的成分，但统治者推崇佛教的目的，大体上是合乎历史实际的。① 自印度传佛法至云南，志乘多记梵僧至云南事，虽不尽确，亦不能谓全虚。佛教传入云南的通道有三条：天竺道，由印度经缅甸入滇，早期传入的大乘密教和晚进的南传上座部即经此道；吐蕃道，传入的仍是大乘诸教；内地通道，如蜀道、黔中道、交趾道等。

玄奘《大唐西域记》"迦摩缕波国"卷十载，唐贞观十五年（641 年）八月，玄奘应鸠摩罗王邀请，到迦摩缕波国讲经。讲经结束后，他本想取道云南回长安，可是询问了本地土人之后，才得知从印度阿萨姆邦西部的迦摩缕波国穿越中缅边境，地形十分复杂，"山阜连接，无大国都，境接西南夷可两月入蜀西南境"②，但是"山川险阻，嶂气氛沴，毒蛇毒草，为害滋甚"③，所以改行他道。实际上，从缅甸和中国西藏边境及尼泊尔、锡金一带进入印度西海岸的阿萨姆邦，这条道路奇险难行，"同时据《汉书》《三国志》《晋书》及南北朝的有关史籍看来，也从来没有任何一个人能够直接从印度到达洱海地区的记载"④。慧琳《一切经音义》言此路甚详："若从蜀川南出，经余姚、越巂、不韦、永昌等邑，……今并属南蛮，北接互羌杂居之西。过此蛮界，即入吐蕃国之南界。西越数重高山峻岭，涉历川谷，凡经三数千里，过吐蕃界，更度雪山南脚，即入东天竺东南界迦摩缕波国"，"此山路与天竺至近，险阻难行，是大唐与五天陆路之捷径也。仍须及时。……唯有正二三月仍是过时。仍须译解数种蛮夷语言，兼赍买道之货，仗土人引道，展转问津，即必得达也"⑤。慧琳还说，行经西至身毒国道"仍须及

---

① 李惠铨、王军：《〈南诏图传·文字卷〉初探》，《云南社会科学》，1984 年第 6 期，第 103 – 104 页。
② 玄奘著，芮传明译注：《大唐西域记》"迦摩缕波国"卷十，贵州人民出版社，1995 年，第 542 页。
③ 玄奘著，芮传明译注：《大唐西域记》"迦摩缕波国"卷十，贵州人民出版社，1995 年，第 543 页。
④ 王胞生：《南诏大理国和南海各地的互市贸易》，《云南史苑类稿》，大理白族自治州南诏史研究会编印，2002 年，第 20 页。
⑤ 慧琳：《一切经音义》，电子光盘版。

时"，"盛夏热瘴毒虫，不可行履，遇者难以全生。秋多风雨，水泛又不可行。冬虽无毒，积雪互寒，又难登陟。唯有正二三月乃是过时"。① 这就使得人们对历史上到底真的是否有梵僧来过云南产生了强烈质疑。

画迹有构思之巧、史乘有真伪之辨、天竺有"五天竺"之分、信众有追捧之嫌，所以还需视出现频率较高的剑川梵僧造像所折射出的文化信息而定。

（二）剑川石钟山石窟的异域信息

1. 地理位置

"剑川"作为地名，最早出现于刘肃《大唐新语》卷十一中："唐中宗神龙三年（707 年）唐九征为御史，监武诸军，时吐蕃入寇蜀汉，九征率兵出永昌郡千里讨之，愚战皆捷。蕃以铁索跨漾水、濞水为桥以通西洱河，筑城以镇之，九征尽刊城垒，焚其二桥，命管记阎邱均勒石剑川。"② 南诏统一之前，剑川就有"施浪诏"。南诏统一六诏以后，剑川一直作为南诏国北方的军事要冲，是与唐廷、吐蕃争夺的焦点和前沿③，所以剑川的位置非常重要。大理国初期仍沿南诏旧制。到大理国中期改置"八府四郡"，在今鹤庆置蒙统府，剑川属之，先称"吐蕃赕"，后称"义督赕"。④

---

① 慧琳：《一切经音义》，电子光盘版。

② 刘肃：《大唐新语》卷十一；《南诏德化碑》记述唐玄宗开元二十四年（736 年）"与中使王承训公破剑川"等语。

③ 据《南诏德化碑》载：唐玄宗开元二十四年（736 年），南诏与唐王朝中使王承训共破剑川，设立剑川节度使。唐开元二十六年（738 年）以后，邓赕、浪穹、施浪三诏北退之地，联矣罗识诏为"剑浪诏"。天宝战争以后，唐玄宗天宝十一年（752 年）南诏北结吐蕃后，吐蕃于唐代宗大历四年（769 年）踞罗鲁城（城址在今甸南上登村后），以剑川为"吐蕃赕"，剑川成了吐蕃的势力范围。直到唐德宗贞元九年（793 年），南诏与唐王朝合兵攻吐蕃，得吐蕃铁桥城及三浪地，剑川又归南诏所有，移宁北节度于剑川，治敛寻城（今剑川县沙溪镇），重设剑川节度使，其辖区包括今天的剑川、鹤庆、丽江一带。随后又在剑川坝置"义督睑"。

④ 康熙《剑川州志》云："代宗大历十四年（779 年），南诏异牟寻北结吐蕃，吐蕃据罗鲁城（西夷谓海为罗鲁），以剑川为吐蕃赕"，罗鲁城在今剑川县甸南乡上登村。

1253 年，忽必烈灭大理国后，在鹤庆置鹤庆路军民总管府，剑川以"义督千户"属之，元世祖至元十一年（1274 年）改义督千户为剑川县。此为剑川置县之始，明清时期一直作为州、县设置存至今。"可见剑川地处滇西北要冲，自古为北出西藏，西进澜沧江、怒江上游的战略要地，南诏与吐蕃曾在此角逐，元世祖忽必烈南下大理曾在此驻跸，清代亦曾在此屯兵驻守，史有'滇西屏障'之称。"①

四川各地毗沙门天王造像

　　剑川战事不断，所以亦是毗沙门天王造像最多之所，金华山一处、石宝山两处。毗沙门，由梵文 viasrarnanna 一词转化而来，是 viasravana 一词的音译，意译作"多闻""遍闻"等。② 唐代的毗沙门战神信仰直接源自于阗等地的毗沙门神信仰，因西北用兵和密宗传持而形成。《大唐西域记》记载，瞿萨旦那国（即于阗）自称毗沙门天之祚胤，传说从前国王无嗣，从毗沙门天神像额剖出婴孩，吮地乳长大，继位传世，因而国号"地乳"，宗祀毗沙门神。玄奘

---

① 剑川县民族宗教事务局：《剑川县民族宗教志》，云南民族出版社，2003 年，第 2 - 3 页。

② 毗沙门天王在佛教中为四大天王之一，住须弥山之北，守护阎浮提之北方，为北方天王，亦是财宝富贵之主、佛法的护持神。作为四大天王之一的毗沙门天王，很早就出现在中国佛教中，也为密教所重视，但把他作为战神信仰应当是唐朝时期。

记载，时其"神庙多诸珍宝，拜祠享祭，无替于时"①。慧琳《一切经音义》记载："于彼城中有毗沙门天神庙，七层木楼，神居楼上，甚有灵验。其国界有牛头山，天神时来栖宅此山。"② 贞观中唐统辖其地，为安西四镇之一，于是毗沙门神的信仰始东传唐国。中唐时人相信毗沙门天王可领兵击退敌人，守护国界，而且以为其信仰的起因与密宗有关。毗沙门神的信仰为唐人所接受，有这样一个历史背景，即唐王室对西北的用兵及皇室对密宗的信仰。③ 南诏大理国时期所造的毗沙门天王的像的位置，从地理上来看都在当时的边疆。其中大理州剑川县所造毗沙门像也最多，因其地处南诏大理国的西北部，那里与吐蕃接壤，历史上曾爆发战事，造毗沙门天王的目的是请这位"战神"护佑其边疆及国土的平安。禄劝也地处金沙江边，是南诏大理国与唐宋帝国的边界，是南诏与唐朝曾多次发生过战争的边地，所以那里也有毗沙门造像。毗沙门神的信仰在汉地四川也很流行，反映在盛唐石窟造像中就已出现，而大量出现在中晚唐至北宋初年时期，据统计资中重龙山一地就有天王造像二十多处，如邛崃石笋山、夹江千佛崖、巴中南龛、通江赵巧岩、大足北山、资中北岩、西岩、容县罗汉洞、安岳圆觉洞等地，都有毗沙门天的造像遗存。④ 出现这么多的天王像，与该地常处于对南诏的战争地带有关。因为史载南诏晚期，南诏曾多次出兵攻打成都。资中西摩岩 34 号龛毗沙门造像后，天宝四年（745 年）的题记就清楚地记载："咸通中南蛮酋（指南诏）乱，围逼成都……焚庐掠地，穷恶恣凶……此际，天王茂昭圣力，遽显神威，楼上耀光明之彩，蛮垒瞻之而胆，酋豪视之而心□，即时遁跃。"⑤ 可见剑川是南诏大理与中原、吐蕃对峙的前沿和要冲，其地理位置非常关键。

---

① 玄奘著，芮传明译注：《大唐西域记》"瞿萨旦那国"卷十二，贵州人民出版社，1995 年，第 683 页。

② 慧琳：《一切经音义》卷十一，电子光盘版。

③ 吕建福：《中国密教史》，中国社会科学出版社，1995 年，第 363－369 页。

④ 胡文和：《四川道教佛教石窟艺术》，四川人民出版社，1994 年，第 236－240 页。

⑤ 转引自吕建福：《中国密教史》，中国社会科学出版社，1995 年，第 368 页。

剑川、禄劝的毗沙门天王造像

剑川金华山的毗沙门天王造像

2. 古道集市

剑川西南就是历史悠久的千年古镇沙溪，茶马古道上的著名集市。紧连沙溪的石钟山石窟沙登箐 1 号窟造像题记有云："沙追附尚邑/三赕白张傍/龙妻盛梦和/男龙庆龙君/龙兴龙安/千等有善因/缘敬造弥勒/仏阿弥陀仏/圆王天启十/一年七月廿/五日题记。"[1] 从题记可知，沙溪在唐宋（南诏、大理国）时期称"沙追"。从洱源

---

① 云南省剑川县文化体育局：《南天瑰宝》，云南美术出版社，1998 年，第 55 页。

石钟山石窟“天启”“圣德”题记

　　牛街明永乐十年（1412 年）《温泉庵记碑》有“沙腿乡杨禾”和沙登箐立于景泰元年（1450 年）的《土官百户百夫长杨惠墓碑》“鹤庆军民府剑川沙退乡”而知，沙溪在元明时称“沙腿”或“沙退”。“沙溪”一词是明代后期才出现，《徐霞客游记》载：“剑湖之流，合驼强江出峡贯于川中，所谓沙溪也，其坞东西阔五六里，南北不下五十里，所出米谷甚盛，剑川州皆来取足焉。”[①] 从剑川沙溪鳌峰山古墓葬群（相当于战国末至西汉初时期）出土的产于印度和南海的绿松石、币等文物可知，这条国际古道从剑川沙溪通行已有两千多年的历史。从紧连沙溪的石钟山石窟中就有“波斯国人”造像、“梵僧”造像等古梵文、古藏文的题记，推断这条古道在唐宋时期已相当繁忙。《僰古通纪浅述》《南诏野史》载，南诏王世隆，曾“领十六国王子馆于五华楼”[②]。又说，大理国主段兴智薨，有“十六国犹遣使祭吊”[③]。北宋熙宁年间到大理买马的杨佐，在云南驿（今祥云县）曾看到记载道路里程的《里堠碑》上刻着“大理国”通向东南亚、南亚各地的道路里程，其中西至身毒、东南至交趾、南至海上等情况。可见当时外交和对外贸易之盛况。因而

----

　　① 徐霞客著，朱惠荣校注：《徐霞客游记校注》“滇游日记七”，云南人民出版社，1985 年，第 987 页。

　　② 尤中校注：《僰古通纪浅述校注》，云南人民出版社，1989 年，第 76 页。

　　③ 木芹会证：《南诏野史会证》，云南人民出版社，1990 年，第 341 页。

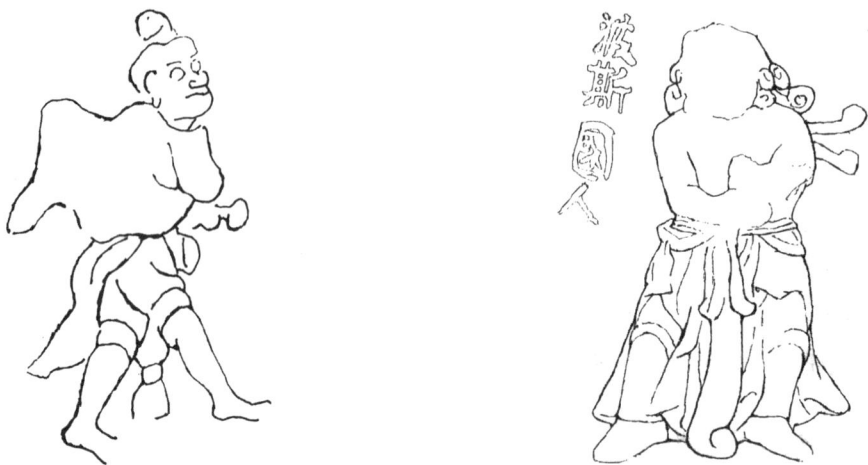

石钟山石窟 1 号窟龛外左面线刻图　石钟山石窟 11 号窟"波斯国人"线描图

《南诏德化碑》宣称："爰自寻传，人物殷凑，南通渤海，西近大秦。"① 据《新唐书》卷二百二十二中"南诏传下"载："以缯帛及贝市易。贝者大若指，十六枚为一觅。"② 从沙溪相当于战国末西汉初鳌峰山古墓葬群和元明时期剑川中科山、沙溪下科山墓葬出土的大量"大若指"的贝币而知，经过沙溪的茶马古道从春秋战国时期至元明时期从未间断过。南诏大理国通过茶马古道和上述的南诏及中亚、西亚各国频繁的贸易往来关系，大大地促进了洱海地区经济的发展。同时一些外来民族的音乐、舞蹈、雕刻绘画艺术和不同的宗教也必随之传入。可见茶马古道不仅是商贸通道，也是植根于亚洲板块上和北方丝绸之路相对峙的一条商贸和文化文明传播之道。

---

①　《南诏德化碑》，汪宁生：《云南考古》（增订本），云南人民出版社，1980 年，第 161 页。

②　《新唐书》卷二百二十二中"南诏传下"，方国瑜主编，徐文德、木芹、郑志惠纂录校订：《云南史料丛刊》（第一卷），云南大学出版社，1998 年，第 395 页。

石钟山石窟 5 号窟仿木结构龛楣的联珠纹

石钟山石窟 7 号窟的藏文题记

3. 异域形象

左右相向的柱础力士

剑川石钟山石窟出现了很多异域形象，如 11 号窟的"波斯国人"；一阴刻披膊的外国僧人（于石钟山石窟 1 号窟龛外左壁面上，僧人钩鼻深目，穿靴披膊，右手持一锤形物，侧身向右作行走状）；3 号窟普贤脚下的象奴，即昆仑奴（矮小健壮，圆目大口，双耳穿环，双手持钩，气质粗犷，同 6 号窟大笑明王脚踏之三目夜叉形象极其类似）；一对柱础力士（一像高 33 厘米，虬髯卷发、额戴圆箍，怒目而视，宽鼻阔口，袒胸裸臂，手足戴钏，腰与胸前均打结系带；一像高 35 厘米，下颌和腿膝皆残损，手法圆拙朴实）。虬髯、卷发、宽鼻阔口、双耳垂环等都体现了异族"蛮像"，原为南诏末期石钟山石窟附近佛寺厅前的柱础石，左右相向，今寺院塌毁仅留此物。这些造像的出现，正说明了南诏、大理文化的多元和开放特征，也体现了云南阿吒力教是印度密宗融合了多种文化元素而形成的独特密宗教派。

《新唐书》"南诏传"记唐德宗贞元十七年（801 年），唐与南诏在嶲州（今四川西昌）大败吐蕃联军，俘获"康、黑衣大食等兵及吐蕃大酋"两万人，可以看出波斯、大食人已经参与了中国西南的战事活动。宋崇宁二年（1103 年），缅人、波斯、昆仑向大理国"进白象及香物"。①

与石钟山石窟"波斯国人"相近的《梵像卷》"狮奴"形象

剑川虽滇西小邑，但与异域交流频繁。杨慎《滇载记》记："波斯、昆仑诸国来贡大理者，皆先谒相国焉。"②《南诏野史》载："乙酉，缅人、昆仑、波斯三夷同进白象香物"③，可见，通过战争、商贸、结盟等方式，洱海地区和外域的交流是非常频繁的。石钟健辑录的 90 篇大理古代碑刻中，自称来自天竺摩竭陀国的婆罗门占 12 篇之多，④虽然梵僧载记多神异之事，多不为正史所取。但从碑刻、石刻、地方文献以及流传的神话来看梵僧的影响的确存在。

---

① 方铁：《大理国时期云南地区经济文化的发展》，《云南民族学院学报》，1997 年第 3 期，第 46 页。

② 杨慎：《滇载记》，方国瑜主编，徐文德、木芹、郑志惠纂录校订：《云南史料丛刊》（第四卷），云南大学出版社，1998 年，第 757 页。

③ 木芹会证：《南诏野史会证》，云南人民出版社，1990 年，第 210 页。

④ 石钟健：《大理喜州访碑记》，云南省立龙渊中学中国边疆问题研究会油印本，1944 年。

第二章 阿嵯耶观音：
标准像与王室意志的标举

一、"阿嵯耶"观音的称谓与传入

不管是实存还是伪托，抑或是附会、传说，《南诏图传》中"梵僧"所化现的白衣老人确实熔鼓铸造了一个真实独特的观音造像样式：阿嵯耶观音。这个堪称云南佛教造像标志的形象贯穿了南诏后期和大理国，成为考察云南佛教艺术的一个重要标本。可令人费解的是，遍检古今佛教典籍和相关文献却难以捕捉到关于阿嵯耶观音的蛛丝马迹。所谓"阿嵯耶观音"的称谓来源众说纷纭，学界大致有以下三种推论：

（1）与"阿吒力"同音异译。[①] 阿吒力教是南诏大理信奉一时的本土化浓厚的佛教信仰，至今仍在剑川、洱源等民间流传。"阿吒力"一词，是梵语 acarya（巴利语 acariya）的译音。在云南古代史料里，该词又译作阿阇梨、阿拶哩、阿左梨等。该词的梵文原义，是指实德内满、威仪外备、堪为人师的佛教大德；在印度密教里，则指那些能为他人传法、灌顶的上师。[②] 因此，云南将这种教派称为"阿吒力教"，与现今称呼藏传密教为"喇嘛教"，都是依教派中的弘法者而有的名称，称呼方式颇为相似。依云南古代史料所载，云南之信仰密教教法，至迟在唐代已经开始，且为皇室贵族阶

---

① 李东红：《大理地区男性观音造像的演变——兼论佛教密宗的白族化过程》，《思想战线》，1992 年第 6 期，第 62 页；杨德聪：《"阿嵯耶"考释》，《云南文物》，1995 年总第 40 期，第 48 – 49 页。

② 蓝吉富：《阿吒力教与密教——依现存之大理古代文物所作的考察》，蓝吉富等：《云南大理佛教论文集》，佛光出版社，1991 年，第 152 页。

层所信奉。

在阿吒力教经典中，出现了"辣麻"（即喇嘛）的称谓①，"辣麻"是藏语 acraya 一词的对译，在藏传密宗里用来称呼僧侣，因此民间称藏传密宗为"喇嘛教"。这一点与称由阿吒力僧人所传的密宗为阿吒力教道理相仿。"辣麻"称谓在阿吒力教中出现，也说明大理国时期藏传密宗已对阿吒力教有了一定的影响。②

（2）梵语音。"观世音"的汉字直译。③

（3）圣观音。④ 在《南诏图传》文字榜题和文字卷上关于"阿嵯耶观音"处都冠以"圣"字。如："于打哄鼓化现一老人称云解铸圣像""老人铸圣像时""圣像置于山上焉"等。可见"圣"即指阿嵯耶观音。⑤

同样有学者提出质疑，侯冲依据现存教典对"阿吒力"一词在云南的出现年代进行了考证，提出"阿吒力"一词见于明初《白古通记》成书后，是在明代才出现的赴应世俗需要的应赴僧，否认了"阿嵯耶"和"阿吒力"之间的关联。⑥ 罗炤也疑惑阿嵯耶观音的

---

① 如明初传抄的大理国经典《吉祥喜金刚自受主戒律》一残册的题记中有"大理国弘福律院下月泉房内抄写，帝师堂下住持辣麻贡葛巴受主万代恩耳，通圆流传矣"。而明代凤仪北汤天法藏寺主持、大理府阿吒力僧纲司都纲、著名的阿吒力董贤，在《赵州南山大法藏寺碑》的结衔是"大理府赵州法藏寺住持僧钦赐红阿拶哩不动辣麻董贤"，有时他又称"习密不动辣麻"。

② 李东红：《白族佛教密宗阿吒力教派研究》，云南民族出版社，2000 年，第 102 页。

③ 杨延福：《云南"阿嵯耶观音"究竟是什么》，《南诏大理白族史论集》，云南民族出版社，2004 年，第 103 页。

④ 圣观音，梵名 aryavalokitesvara，音译为阿梨耶阿缚卢枳低湿伐罗。《大悲心陀罗尼咒》有"南无阿梨耶，婆罗羯帝，烁钵罗耶"即归投圣观音之句。查嵯字有两个音 cou 和 ci。ci（嵯）和 li（梨），声母相近，韵母相同，用汉字记梵音，一音多字较正常。

⑤ 这也从《南诏图传》"文字卷"得到明证，阿嵯耶观音的行迹称为"圣迹"；阿嵯耶观音所化的梵僧称为"圣僧"；阿嵯耶观音的形象称为"圣容"；阿嵯耶观音的变称为"圣化"；称阿嵯耶观音为"大圣""建国圣源阿嵯耶观音"。凡此种种，足以证明在南诏中兴二年以来所信仰的阿嵯耶观音是密宗类的圣观音。张锡禄：《大理白族佛教密宗》，云南民族出版社，1999 年，第 139 – 140 页。

⑥ 侯冲：《南诏观音佛王信仰的确立及其影响》，《云南与巴蜀佛教研究论稿》，宗教文化出版社，2006 年，第 25 页。

独特称谓①，所以对阿嵯耶观音不是一位僧人，却是一尊造型非常奇特的直立观世音菩萨造像的名称，感到费解。

如何诠释一个"阿嵯耶"（或阿阇梨、阿吒力等）和"观音"名号的组合，并且成为一尊独特观音造像的名称？其实在《南诏图传》中，阿嵯耶观音的一个显著特征就是化身，化为梵僧和铸圣像的白衣老人，如果把梵僧称为阿吒力（或阿嵯耶、阿阇梨等）的话，则观音菩萨即其所化的真身。为了强调南诏观音的特殊由来，则称之为阿嵯耶观音亦属自然，如同梵僧亦被称为梵僧观音一样。而且白族有用汉字标注字音的习惯，并且一定会掺杂当地民族的地方口音，出现这一音近的名目并不为奇，所以笔者赞同阿嵯耶之名与阿吒力等相关词汇的关联性，至于"阿吒力"一词出现的年代与此相关不大，因为"阿吒力"也是梵语 acarya 的其中一个音译而已，何况我们今日能够发现的教典亦是当时文献的极少部分，并不能窥其全貌。

关于"阿吒力"的各种相关译音：

a	阿 阿 阿 阿 阿 阿 阿 阿	阿 阿 阿 阿 阿 阿 阿 阿 阿
ca	遮 遮 遮 遮 遮 阇 阇 阇 阇	祇 折 左 左 左 佐 拶 吒 叱
ry	梨 梨 利 利 梨 利 黎 梨 梨 黎	利 里 黎 梨 利 黎 哩 力 唎
a	耶 夜 夜 耶 　 义	耶

注：据方国瑜：《云南佛教之阿吒力派二三事》，林超民编：《方国瑜文集》（第二辑），云南教育出版社，2001 年，第 586 页。

所以，阿嵯耶观音，意即能够化现梵僧充当"阿阇梨"（通行

---

① "阿嵯耶观音……意为'大师观世音''上师观世音''规范师观世音''阿阇梨观世音'。这应该是一位密教僧人的名字，但又是一个非常奇怪的名字，因为古今中外很少有哪一位僧人的名字叫'观音。"罗炤：《大理崇圣寺千寻塔与建极大钟之密教图像——兼谈〈南诏国传〉对历史的篡改》，中山大学艺术史研究中心编：《艺术史研究》（第 5 辑），中山大学出版社，2003 年，第 283 页。

音译）的观世音。关于阿嵯耶观音何时进入南诏的问题，《南诏图传》称："保和二年乙巳岁（825年），有西域和尚菩立陀诃来至我京都云：'吾西域莲花部尊阿嵯耶观音，从蕃国中行化至汝大封民国，如今何在？'语讫，经于七日，终于上元莲宇，我大封民始知阿嵯耶来至此也。"① 从此可以看出梵僧至南诏应在825年（唐敬宗宝历元年）前后，即南诏第十代王劝丰佑时代。这与《南诏野史》所载南诏劝利晟大丰元年（820年），嵯巅重修大理崇圣寺之记载相吻合，② 南诏攻打四川时，掠僧侣和工匠一事，提供了建寺的基本条件，可见此则史实的真实程度。③ 南诏前十世君王信仰复杂，佛教盛行并不是太早的事情。何况南诏末代王舜化贞在文中还有"皇帝问儒释耆老"之记，所以，也许到了南诏末两位皇帝隆舜和舜化贞时，阿嵯耶观音才正式成为南诏的保护神。

《南诏图传》中王者礼拜阿嵯耶观音的场景

---

① 《南诏图传·文字卷》。
② 木芹会证：《南诏野史会证》，云南人民出版社，1990年，第118页。
③ 此说参照盛代昌：《〈南诏图传〉是云南古代的地方志书》，《大理文化》，2002年第6期，第62页。

《南诏图传》"文字卷"记，"至嵯耶九年巳岁（唐昭宗乾宁四年，897 年）"，得石门邑主罗和李忙求奏，"敕遣慈双语（字）李行将兵五十骑往看寻觅，乃得阿嵯耶观音圣像矣。此圣像即前（梵僧所化）老人之所铸也"。又记："至武宣皇帝摩诃罗嵯，钦崇像教，大启真宗，自获观音之真形，又蒙集众之峻鼓。"这表明，约897 年，阿嵯耶观音像才真正出现在南诏地区。之后，南诏王权开始了征集圣像、找寻圣迹的运动。嵯耶十年（898 年）二月十八日，中兴皇帝舜化贞专门为阿嵯耶观音像下敕令："誓欲加心供养图像"，"莫隐知闻，速宜进奉"，此后阿嵯耶观音像才真正在南诏境内流行开来，当时舜化贞还不知道这尊菩萨像的来历，让"儒释耆老之辈，通古辩今之流"告知阿嵯耶观音像的源流情况的。

二、"混血的艺术"：阿嵯耶观音与东南亚渊源再探讨

（一）阿嵯耶观音造像的特异因素

1988 年，Helen B. Chapin 的《云南的观音像》（1944 年著文）作为美国学者查尔斯·巴克斯所著《南诏国与唐代的西南边疆》的附录呈献给国人。文中介绍了藏于美国圣地亚哥艺术馆的一尊阿嵯耶观音，使其成为较早对阿嵯耶观音进行研究的专论，开启了对这一奇特造型的尊像的研究之先河。Chapin 博士进行了对阿嵯耶观音像的造型特征十分细致的描述[①]，头饰上方的阿弥陀佛表明了这尊造像的观音身份[②]。阿嵯耶观音造像样式高度一致，因为其面容视

---

① 如"观音像是颀长纤细、宽肩细腰、身着印度菩萨式衣服的男性"；裙装上是"一种透明的丝织物缠绕在身体上。一块围巾环绕着他的腰肢，在前面打了一个装饰结，上面缀有珠玉珍宝，另一块围巾则披在前面，环两股打结，第一块围巾的末端悬垂于前面，第二块则分挂两侧"。上身裸露，所戴饰物为珠宝项圈、一对臂钏（附有三角形花饰），右手一个手镯；发髻高高隆起，"将发高盘于头上像一个王冠，而且用一个珠玉的带子将头发束住，另一些发则曲卷下垂，披在肩上。一条饰华丽的带子环绕于额头，在这条带子的中央突起三角花形的装饰，其式样与臂钏上的三角形花饰相似"等造像特征。

② Helen B. Chapin：《云南的观音像》，查尔斯·巴克斯著，林超民译：《南诏国与唐代的西南边疆》，云南人民出版社，1988 年，第 277 – 278 页。

样式高度统一的阿嵯耶观音造像

为男性特征，所以一般视之为男性观音。"同中国北方同类佛像雕刻品相比较，华尔德观音有如下几个特征：方形的脸、刻板而垂直的轮廓、简洁的线条和平坦而无琢饰的背部，这些都是云南的地方特征。然而，最不寻常的还是头饰，中国北方根本找不到与此相同的东西，它很可能是南诏某部落首领的头饰。"①

　　1978 年，云南省文物工作队在维修大理崇圣寺三塔时，于千寻塔清理出土各类菩萨像 76 尊，其中观音像 58 尊。在观音像中有两件金质立像和一件木雕像的造型与 Helen B. Chapin 博士于 1944 年著文介绍的现存美国的云南观音像造型相同。这类观音像也与《南诏图传》中的阿嵯耶观音像、张胜温《梵像卷》中的真身观世音像造型风格一致，是阿嵯耶观音像。它们在体态、服饰、手形、头饰等方面都相似，具体特点表现为：脸形方圆，眼睛微闭，鼻子直平，嘴唇厚实；体态修长，宽肩细腰，身躯扁平、挺立秀美，背部平坦而无琢饰；头戴高大的发髻冠，上饰化佛，两侧头发梳成辫子对称地垂落在两肩；戴联珠纹项链，项链下方有一宽扁半圆形花纹装饰带，双臂佩戴三角形璎珞花纹臂钏，右手腕上有一串念珠，右手举于胸前大拇指捻食指，似作说法印；左手手心向上，略曲置于臀

---

　　① Angela Falco Howard 著，秋石译：《南诏国的鎏金铜观音：西南边疆的混血艺术》，《云南文物》，1991 年总第 29 期，第 111 页。华尔德观音指 1954 年起收藏于巴尔的摩华尔德艺术馆的阿嵯耶观音。

部；上身裸露，下着带褶长裙，薄而贴体，两侧及中间有直线褶纹，两腿上有对称的"U"形褶，褶纹均为阴刻线条，裙子下摆两侧向外伸展形成角状，裙子由一条腰带固定着，带子末端部分在腹前束成一个十字花形图案，上饰有一朵花，还系一条装饰有圆形花纹的扁薄腰带，在腹部下方，两腿上方垂挂一条宽扁的腹带，腹带呈 U 形，上有两条阴刻线条；跣足，现存的阿嵯耶观音像大都没有莲座，但从《南诏图传》所绘阿嵯耶观音像及云南省博物馆所藏的金质阿嵯耶观音像双足下的长铆来看，在当时铸造的时候应该是有莲座的，双足下的铆应该是为插入莲座而设置的。总之，在整体造型上观音像面部神情专注，人物身体线条简练、刻板，毫无生气，其塑造手法简单而略显僵化。

现存于世的阿嵯耶观音像以金属立像为多，主要流存于美国和云南，大都是 12 世纪大理国时期的作品。目前尚没有发现南诏时期的金属质地阿嵯耶观音造像，但这些造像的蓝本应属源于南诏时期的同类造型，是南诏时期阿嵯耶观音造像的延续。阿嵯耶观音像在南诏后期开始受到王室的崇奉，成为南诏国、大理国最重要的佛教神祇，不仅有大量的造像面世，而且在南诏国、大理国的传世绘画，如《南诏图传》、张胜温绘《梵像卷》（58、86、99 开）和剑川石窟（5 号、13 号窟）中都有阿嵯耶观音的形象反复出现，如剑川石窟 4 号窟 3 号龛为一观音三尊像，主尊是一躯观音菩萨倚坐像，右手作说法印，左手施安慰印，足踏两朵莲花。此尊菩萨脸如满月，双颊丰圆，眉平眼细，和上述的佛像有几分近似。不过此像两肩浑厚，身躯肢体壮硕，显然是从南诏传统中发展而来。菩萨身后的尖顶叶形背光，上刻波浪状火焰纹，比南诏背光制作得更为精美，其样式和《梵像卷》中 86 开建国观世音菩萨的背光相同。[1] 菩萨发髻高耸，上身全袒，颈环珠边花蔓璎珞，臂钏戴得很高，上有三角形宝珠花卉饰板，仅着下身裙裳，圆弧形衣褶线条流畅，是大

---

① 李霖灿：《南诏大理国新资料的综合研究》，"中央研究院"民族学研究所，1967年，第 106 页。

理后期造像常见的一种典型。足见此尊圣像在南诏国、大理国的重要地位，其造型特点向我们展示了它独特的艺术风格，而这种造型风格有别于唐宋中原和吐蕃的造型艺术风格。下关佛图塔塔刹中心柱内发现的一尊观音立像，立于一仰覆莲台之上。菩萨腿臂浑圆，脸形与面部特征，均和石钟山 4 号窟 3 号龛的观音像近似，其发髻式样、结带的方式、弧形的衣纹和概念化的身躯，又和美国圣地亚哥的大理观音像雷同，此尊观音像应属 12 世纪中叶的作品。[1] 千寻塔出土的一尊木雕观音像[2]雕造精致，其风格和佛图塔的此尊观音像极为类似，像的正面朱书"易长真身"[3]，也应是段政兴时期的作品。

（二）与东南亚造像的深厚渊源

云南因为地理环境的因素，与东南亚有着密切的关系，从公元前的昆明人，到公元 8 世纪《蛮书》中提到的"河蛮"，他们长期

阿嵯耶观音和东南亚观音造像对比

---

① 李朝真、杨慎执笔：《下关市佛图塔的实测和清理》，杨政业等主编：《20 世纪大理考古文集》，云南民族出版社，2003 年，第 505－506 页。

② 云南省文物工作队：《大理崇圣寺三塔主塔的实测和清理》，《考古学报》，1981 年第 2 期，第 380 页。

③ 邱宣充：《大理三塔佛教造像调查》，云南省编辑组编：《云南民族民俗和宗教调查》，云南人民出版社，1988 年，第 138 页。

以来游走于吐蕃、西洱河、骠国、印度及现在的尼泊尔等地。长期以来的贸易、战争以及相互的结盟关系，是其历史性的基础。公元7—10世纪是东南亚观音信仰的兴盛时期，在东南亚各国涌现出了大量各种类型的观音造像，其造型精美，技艺高超者堪称东南亚佛教艺术之典范。毗邻东南亚的南诏必定受之影响，这种影响同时包括东南亚流行的印度教等宗教神祇。目前，学者们已经基本达成共识，即阿嵯耶观音造像样式与东南亚的观音造像艺术有着极深的渊源，比如：Chapin 提及大理观音皆为金铜像，铸造时，很可能以云南崇圣寺的雨铜观音为本，而大理观音的风格其实源于印度东北的帕拉王朝（Pala Dynasty，约750—1197年）的雕刻，它的作品经由尼泊尔和爪哇传至大理[①]。Nandana Chutiwongs 认为云南的阿嵯耶观音像与占婆（位于越南中南部的古国，初称林邑，公元9世纪后改称占婆）的观音像非常相近，因而推断云南的阿嵯耶观音像来自占婆。莫尔曼认为南印度的巴拉伐（Pallava）美术与爪哇雕刻对大理观音均有相当的影响。

　　李玉珉肯定大理观音的某些特征与帕拉、尼泊尔和爪哇公元9、10世纪的雕刻有些近似，认为大理观音风格的渊源有二：帕拉美术和巴拉伐美术。[②] 罗炤推断南诏的阿嵯耶观音来自安南或其南邻地区，时间为南诏占领安南的862—865年期间。[③] 李昆声认为阿嵯耶观音造像从体质特征上看，与现代白族相似，反映了这些造像出自古代

---

　　① "追根溯源，可能最终都来自孟加拉的帕拉帝国（公元8—11世纪）所制造的雕像，通过尼泊尔或室利佛逝在10世纪左右，成为观音像的较早的类型和格式，也是早期印度和唐代中国的观音像模式的基础。"Helen B. Chapin：《云南的观音像》，查尔斯·巴克斯著，林超民译：《南诏国与唐代的西南边疆》，云南人民出版社，1988年，第300页。

　　② 李玉珉觉得一些细节比如腰际金属（或皮质）饰带、小腹前垂挂的巾带，及系在臀部两侧的巾结等特征，常在巴拉伐美术中出现。她进一步推论大理观音的原型输入的主线应来自南方，爪哇作为中转站尤其重要，同时爪哇、大理之间的泰国、占婆和柬埔寨等国的中南半岛文化影响不容忽视。李玉珉：《张胜温梵像卷之观音研究》，《东吴大学中国艺术集》，1986年第15期，第232 – 234页。

　　③ 罗炤：《大理崇圣寺千寻塔与建极大钟之密教图像——兼谈《南诏图传》对历史的篡改》，中山大学艺术史研究中心编：《艺术史研究》（第5辑），中山大学出版社，2003年，第286页。

白蛮匠师之手，这正是阿嵯耶观音造像的地方民族特色之一。① 这是
迄今唯一把阿嵯耶观音的造像特征和本土拉近的一种尝试，但应声寥
寥。无怪乎 Angela Falco Howard 称之为"西南边疆的混血艺术"。②

印度蛇神造型背光及其从印度、东南亚到大理国再到元明白族村社本主的流衍

---

① 李昆声：《云南艺术史》，云南教育出版社，1995 年，第 212 页。
② Angela Falco Howard 著，秋石译：《南诏国的鎏金铜观音：西南边疆的混血艺术》，
《云南文物》，1991 年总第 29 期，第 132 页。

　　南亚观音的造型，主要受到印度笈多和帕拉风格的深刻影响，笈多和帕拉造型中所具有的特征，如高大圆筒形状的发髻冠、化佛、纤细修长的体形、裸露上身、披鹿皮、手印、持物、饰物式样及装饰风格、服装、跣足等，在堕罗钵底、占婆、室里察呾罗、马来群岛和柬埔寨的观音像中有着显著的反映。尤其是主要受帕拉风格的影响而体现的纤细修长的体形，这在堕罗钵底和占婆的观音像中表现得十分突出。

　　虽然有着共同的印度艺术因素，但是，由于时代风格、审美趣味的不同，东南亚各国的观音造像风格发生变异，形成了堕罗钵底、高棉、占婆、室利佛逝等不同风格的观音像。如堕罗钵底风格的观音像在保持后笈多和帕拉细长的体形同时，其立势像的姿势与印度传统三道弯式相对立，变为挺然直立，像树干一样坚硬有力。

东南亚观音造像

　　这一风格的观音像在东南亚各国之间产生了很大的影响，相互仿效，蔚为风气。而最显著的特征则是各国观音的面貌已由本土面目代替了最初的印度面貌，这也是东南亚佛教艺术民族化、本土化的一种表现。观音造型艺术的源头在印度，东南亚观音造型在观念、造型及艺术表现风格等方面都深受印度佛教艺术传统的影响，使东南亚各国众多的观音造型既同处于印度模式的影响辐射之内，又不断累积出本土特色。

如阿嵯耶观音造像正面直立，宽肩细腰、纤细修长是后笈多和帕拉的典型风格，这种风格流传甚广，在尼泊尔、中国西藏、马来半岛包括爪哇及苏门答腊室利佛逝，特别是在泰国南部半岛地区以及堕罗钵底、前吴哥柬埔寨、占婆都极为盛行。[①] 阿嵯耶观音两腿正面板直，姿态挺然纤丽，这属于堕罗钵底风格，高棉、占婆、马来半岛、室利佛逝的观音像都受到堕罗钵底这一模式的极大影响，其中占婆所受的影响最大。堕罗钵底式板直挺立的观音像十分流行于东南亚，成为东南亚一种很普通的观音造型模式。

圆筒型高冠和发辫对比

阿嵯耶观音结高大的圆筒形发髻，用带子束紧，头发编成辫子呈环形盘绕在头上，更长的头发则在头的两侧梳成环形辫子垂落在双肩，其形状与东南亚普遍流行的发髻冠相似。类似的发髻冠也出现在室利佛逝、马来半岛、堕罗钵底和占婆的观音像中。而阿嵯耶观音的发髻冠在造型、结构、风格方面非常接近占婆样式，整个发髻冠比较朴素，没有其他装饰。

阿嵯耶观音右手曲举在胸前，大拇指捻食指，很像是作说法印，手腕上有一串念珠；左手置于臀部，掌心向前，手指弯曲。阿嵯耶观音右手手势念珠的放置位置与柬埔寨的类似的观音像完全一致，阿嵯耶观音右手应该是持念珠的手势，而不是作说法印。与阿

---

① 阿嵯耶观音的这种体形与帕拉、尼泊尔的造型很相似，但与东南亚的观音整体造型相比较，其造型和风格与之更近似。

阿嵯耶观音的臂饰与腹饰对比

嵯耶观音相同的柬埔寨的观音大多是使用念珠与水瓶相配，根据阿嵯耶观音右手手势及腕上的一串念珠与柬埔寨的相同这一点来判断，可以认为阿嵯耶观音的左手原本也是与柬埔寨观音一样持水瓶，而不是莲花。

　　阿嵯耶观音像的饰物很丰富，有王冠、耳环、颈饰、臂钏、腰带及腹饰等。其王冠形状为宽薄带，上有三个三角形花纹图案，颈饰式样为联珠纹链，下有一条宽扁的刻有花纹或者是卷叶纹的半圆（或者是新月形）形饰带，臂钏样式为宽薄的联珠带上装饰着三角形花纹图案，戴在手臂最上端，紧靠肩膀。阿嵯耶观音的腰带为扁薄形，上点缀着一排花朵；腹饰也是薄带状，由几条细线表示，带子末端在腹前结成十字形图案，用一个镶嵌着珠宝的圆形花纹饰物固定。①

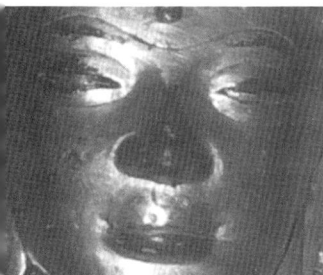

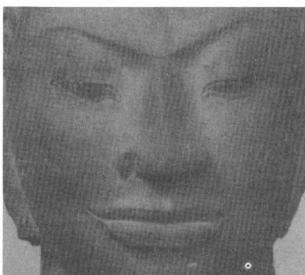

阿嵯耶观音造像和东南亚佛陀造像相似的眉际线

---

　　① 傅云仙的《阿嵯耶观音》（云南美术出版社，2006 年）对此有详尽的描述。

　　阿嵯耶观音上身裸露，没有堕罗钵底、马来半岛和室利佛逝观音像中的圣线、鹿皮和虎皮，① 风格与占婆相近。下装为垂至足踝、贴身的褶纹长裙，长裙下摆外展呈角状，裙子由镶嵌着珠宝的十字花形固定着。褶纹有两种，一种是细密的竖线条，分布在裙子两侧和两腿中间；另一种是在紧贴两腿的部分，有对称的平行下垂的阴刻 U 形粗线条，这种装束的长裙源自南印度巴列维艺术，在东南亚的堕罗钵底、柬埔寨、占婆、马来半岛和室利佛逝各国的雕像中频繁出现。

　　阿嵯耶观音面部特征具有一些中南半岛雕刻特色，如额头方阔，弓形的眉毛隆起几乎相连，中央有白毫，上眼睑下垂仿佛闭着眼睛，鼻子略扁，嘴形宽阔，嘴唇丰厚带着微笑，下颚饱满，这些特征与许多泰国、占婆和柬埔寨的造型近似。

　　阿嵯耶观音造像与东南亚造型风格在形制、体型、头饰、发型、装饰、装束、手势等方面存在很多共性，基本能够断定它来源于东南亚。尽管在东南亚没有一尊观音像与阿嵯耶观音像完全相同，但在整个造型样式和风格上，阿嵯耶观音像都能在东南亚风格的观音造像中找到对应的相似之处，尤其是在头饰、装饰和服装细节方面与占婆观音像的共同点更多、更明显，占婆特色比较突出。

　　《南诏图传》《梵像卷》和剑川石窟中的梵僧观世音和阿嵯耶观音，毋庸置疑是出自南诏、大理国时期艺术家和雕刻工匠之手。但其最早的造型样式源于何地，特别是 12 世纪初的这一批阿嵯耶观音铸像又是于何地铸造，这是困扰学者们的一个问题。Helen B. Chapin 博士推测："我们所知道的观音像，追根溯源，可能最终都来自孟加拉国的帕拉帝国（公元 8—11 世纪）所制造的雕像，通过尼泊尔或室利佛逝在 10 世纪左右，成为观音像的较早的类型和格

---

　　① 公元 6 世纪间于印度建立金刚顶派的佛教信仰，观音名为"不空羂索观音"，特征即是左肩披鹿皮。"右边画作观世音像，状如摩醯首罗天，头上发悉如［象/虫］髻，方作华冠，肩上当画作黑鹿皮覆左肩上。"隋沙门阇那崛多译：《不空羂索咒经》，《大正藏》卷二十"密教部三"，第 402 页。

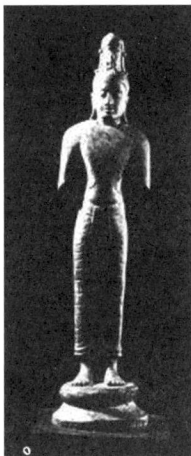

东南亚观音、印度教神祇造像

式，也是早期印度和唐代中国的观音像模式的基础。"① 李玉珉则认为："与大理观音相关的真身观音（阿嵯耶观音）像，在造型上，是以爪哇的作品为依据，其中又掺入了中南半岛的一些特征。而溯其渊源，印度帕拉及巴拉伐美术应是真身观音的造型基础。故仅从真身观音的图像看来，大理与印度、爪哇和中南半岛应有深厚的文化关系。"② "阿嵯耶观音的鼻塌嘴宽，颧骨较高，上半身平扁，下体窄瘦，姿势僵直等都与公元 8 世纪的暹罗（今泰国）和吉蔑（今柬埔寨）的菩萨像相似，而高耸的发髻，重重的发辫，耳珰、冠饰和璎珞的样式、腹前所系的短巾，以及下裙在髋部两侧束起的方式，也与七、八世纪的占婆菩萨像相仿。"③

（三）一个来源佐证：崇圣寺千寻塔的水晶佛像考释

大理崇圣寺三塔塔藏文物中，和阿嵯耶观音像一同出土的两尊

---

① Helen B. Chapin：《云南的观音像》，查尔斯·巴克斯著，林超民译：《南诏国与唐代的西南边疆》，云南人民出版社，1978 年，第 300 页。

② 李玉珉：《张胜温梵像卷之观音研究》，《东吴大学中国艺术集》，1986 年第 15 期，第 233 – 234 页。

③ "国立故宫博物院"编辑委员会编印：《观音特展》，"国立故宫博物院"，2000 年，第 186 页。

水晶佛像格外奇特。其中标号 TD 中：61 的佛像高 6.7 厘米，重 100 克，于 1978 年大理崇圣寺主塔出土，佛像用天然水晶石雕成，体形宽厚浑圆。佛肉髻上饰有宝珠式顶严，身着袒右式法衣，结跏趺坐；左手结定印，右手结触地降魔印。造像面阔鼻高、短颈细腰，口唇及毫间填红色，发髻、衣纹用极简的阴线深刀刻画而成。类似水晶像共发现两尊。① 这种佛陀降魔像在印度帕拉美术中非常普遍，此一形式的佛像在泰文化时期亦极为流行。

大理崇圣寺塔出土水晶佛像和泰北水晶佛像的对比

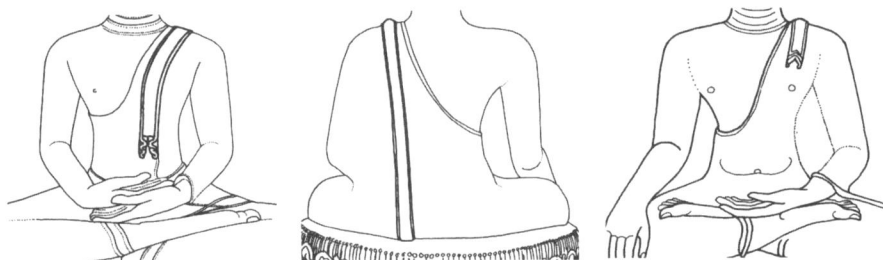

泰国北部佛陀袈裟及左肩垂下的法衣衣角

此类雕像的眉目、眼眶及其嘴唇轮廓，均以阴刻线条加强。方肩细腰，手指纤长，指尖略向后弯。佛像下颌丰厚，并用椭圆形阴刻线加强，右袒式法衣的衣角自左肩垂下，止于左乳处或者腹部，

① 另一尊标号为 TD 中：62。据姜怀英、邱宣充：《大理崇圣寺三塔》，文物出版社，1998 年，第 72 页。

是泰北兰那泰的特色。① 泰国北部的佛教造像中，还能够找寻得到此类水晶佛像，而且袒右式法衣的衣角自左肩垂下，止于左乳处或者腹部的特征尤其明显。这种脸大而扁平，短颈，身体浑圆沉厚的佛像类型与缅甸浦甘的佛教造像也比较相似。

在崇圣寺千寻塔文物中，还有许多各种形式的陀罗尼，有朱书梵文绢质单项符咒、有用白绫包裹饰有丝质流苏的陀罗尼、有用泥土烧制，印有梵文咒语的泥饼。此法源于印度，流行于滇藏，在藏地这种印有咒语的小泥饼或小陶砖称作"擦擦"。其中单页的咒语数量最多，成叠地贮于一座木质经幢中，而经幢的放置，似乎又严格遵照佛经中的某种规定。《无垢净光大陀罗尼经》云：

善男子应当如法书写此咒九十九本，于相轮樘四周安置。又写此咒及功能法于樘中心，密覆安处。②

把印有梵咒的小泥饼，嵌入泥质微型供养塔的做法源于印度，《无垢净光大陀罗尼经》云：

或作小泥塔满足七十七，各以一本（陀罗尼）置于塔中而以供养……若造小泥塔于安置，此陀罗尼者则以已造九万九千诸小宝塔。③

崇圣寺塔出土的梵文封泥　　　　　堕罗钵底式的法轮

① 图版与文字说明见李玉珉：《柬埔寨和泰国的金铜佛》，《故宫文物月刊》，1988年第 5 卷第 11 期，第 125 页。

② 《无垢净光大陀罗尼经》，《大正藏》"密教部二"，电子光盘版。

③ 《无垢净光大陀罗尼经》，《大正藏》"密教部二"，电子光盘版。

在千寻塔内共出土69个小泥塔，从一些破碎的塔腹内，可以看到每个小泥塔内部嵌有梵文咒语泥心两片，一般是一塔一对，直径约3厘米。其中一件陀罗尼咒封泥（标本 TD 上：27），圆形，直径5厘米，厚0.4~0.5厘米。背面有纺织品印痕，印面上方有菩提树枝叶，下有双鹿相向拱绕法轮，中书梵文四行。字体与大理常见的笈多体梵文有异，当系悉昙体[①]，此咒可能由外地传入。[②]

印度早期佛教不提倡偶像崇拜，用菩提树和法轮、佛印等物象征佛陀，尤其象征佛陀在鹿野苑的第一次说法。公元1世纪以后，犍陀罗地区开始将佛像引入佛教艺术中，逐渐代替了法轮的地位。然而，在泰国堕罗钵底造像艺术很发达的情况下，佛教的早期象征物法轮仍不时出现。堕罗钵底的法轮出土较为集中在佛统和乌通两地，并流传到堕罗钵底东北部的边缘地带。法轮前常有一只伏鹿回首顾盼，与阿育王时代巴尔胡特和桑奇的浮雕相似。而且，"除泰国外，东南亚其他国家基本没有发现法轮。这样，法轮很可能不是从其他东南亚国家传入泰国的，而是直接从印度传入的"[③]。这样的佛教传统在云南迄今还没有发现。[④]

崇圣寺三塔出土的水晶佛像、梵文封泥，基本可以断定是来自东南亚，尤其是泰国北部地区。从另一侧面可以证明同一批出土的阿嵯耶观音造像的来源问题，即阿嵯耶观音极有可能是东南亚佛教或者是印度教造像艺术的一个组合。

---

① 悉昙体，是指公元6世纪至9世纪间，以北印度为中心而流行、发展的书体，克实而言，即指悉昙字母型（Siddhamatrka - type）一般称为悉昙。悉昙文字是由公元4世纪笈多王朝时代的笈多型（Gupta - type）文字发展的，传至日本的梵字，即以此悉昙字母型为基本，例如法隆寺贝叶梵本之书体即是。

② 姜怀英、邱宣充：《大理崇圣寺三塔》，文物出版社，1998年，第86页。

③ 吴虚领：《东南亚美术》，中国人民大学出版社，2004年，第191页。

④ 经法国科学院研究员 Claudine Bautze - Picron 教示，这种封泥（或印）可能是朝圣者从印度菩提伽耶带回。缅甸佛教艺术深受印度文化的影响，公元13世纪上半叶在老浦甘城内，缅甸人还仿建了菩提伽耶大寺。但是也不排除此印来自泰国、缅甸的可能。

三、"嵯耶""摩诃罗嵯耶"与阿嵯耶观音

为什么《南诏图传》及其所据的《巍山起因》《铁柱记》《西洱河记》等要将"梵僧"与公元9世纪中后期才进入南诏的阿嵯耶观音联系在一起呢？唐大中十三年（859年），南诏王劝丰佑死，子世隆继位，国号大礼，改元建极，与唐朝绝交。第二年，南诏入侵安南，首次攻陷交趾。第三年，南诏入侵广西邕州和四川邛崃等地。世隆在位期间，与唐朝在安南、广西、四川战事不断，"再入安南、邕管，一破黔州，四盗四川"[①]，崇圣寺建极大钟和弥渡铁柱都是这一时期的历史见证。世隆登皇帝位，国势日强，国土疆域不断扩张，而此时唐朝内乱不断，国力日衰，裘甫、庞勋、王仙芝、黄巢相继起义，[②] 吐蕃也处于分崩离析的破败状态，只有南诏正处于上升势头。这样有利的政治、军事、经济背景，使得南诏迫切要求与唐廷分庭抗礼，摆脱唐朝影响而独立。这一前提就是割断与唐朝的历史与文化脐带，彻底获得精神上的完全舒张。在这样的历史背景下，以梵僧取代汉僧，把安南（或其南邻）的新式观音菩萨像作为崇拜对象，取代以往的汉地佛像，便是必要而自然的事情了。

阿嵯耶观音的崇拜是隆舜继位（877—897年）后，对自世隆以来所树立起来的王室意志、民族意识的继续和发展。南诏从南邻借来了神祇，找到了精神上的契合承继；阿嵯耶观音造像是挪移的"混血艺术"，但信仰的目的是为了树立民族的自立形象。南诏统治者有意识地创造出阿嵯耶观音这一形象，以独立的姿态面对唐廷，

---

① 《资治通鉴》卷二百五十三，方国瑜主编，徐文德、木芹、郑志惠纂录校订：《云南史料丛刊》（第一卷），云南大学出版社，1998年，第653页。

② 《新唐书》"南诏传"称"唐亡于黄巢，而祸基于桂林"，"桂林"庞勋起义，起因为唐王朝自徐州调来广西防御南诏的军队六年未得换防，于是庞勋率领部下哗变起义，切断了从长安到富饶的江淮地区的漕运枢纽，沉重打击了唐王朝赖以生存的经济基础，引发了五年后爆发的黄巢大起义，唐王朝覆灭。马曜：《南诏地方政权与唐王朝的关系》，《大理文化论》，云南教育出版社，2001年，第179页。

缔造了具有强烈民族意识的文化意象，是南诏王室独立意识、民族意识确立的表现；南诏统治者把自己看作观音的化身，作为融合整个民族的凝聚物，即"大封民"作为一个自主的民族主体在缔造历史。

《南诏图传》中观音化身的老人铸观音像时，所铸之观音像是造像样式特殊的阿嵯耶观音像。在图传中，阿嵯耶观音化身为梵僧授神权于细奴逻，而且最终土轮王隆舜则屈身合十礼拜阿嵯耶观音，从此奉佛教为国教，从中可以看出阿嵯耶观音诞生之日起就直接与南诏的王权发生着关联，尤其是南诏王隆舜在其中更是起着举足轻重的作用。观音是这几幅图共通的符号，在观音像下面有既定的供养者、追随者和被驯服者：建国观音相应的是开国国王细奴逻，救苦观音驯服的则是地方神祇、双蛇交尾，阿嵯耶观音下方描绘的是象征南方圣物的铜鼓以及化身的老人。嵯耶庙虽然供奉着阿嵯耶观音，但更重要的是这位阿嵯耶观音其实是土轮王隆舜。嵯耶庙的设置看来是推展佛教，但实则是一方面宣扬自己的德政，另一方面将自己予以神化令蛮族各部崇祀之。① "故三十六部各建庙貌肖像，以崇祀，步祷明虔，用酬大德，庙曰嵯耶，谥曰武宣，盖中心诚服而不能忘也。迄今千有余岁，帝之声灵赫濯，无敢或射其功德，从何识矣。"②

（一）孑然不群的民族装束

最先对南诏王隆舜形象产生质疑和兴趣的是李霖灿先生，③ "特别令人注目，不但他的服装奇特，而且簪发垂环的饰物亦与众不

---

① 参考连瑞枝：《隐藏的祖先：妙香国的传说和社会》，生活·读书·新知三联书店，2007 年，第 218 页。
② 张锦蕴：《嵯耶庙碑记》，薛琳编纂：《巍宝山志》，云南人民出版社，1989 年，第 201 页。
③ "摩诃罗嵯，我们久已疑心他即是南诏的第十一位皇帝隆舜，但从张胜温卷上却只找到椎髻簪发跣足及衣着上的相同，如今得有文字上谥号及'封号'的直接联系。"李霖灿：《南诏大理国新资料的综合研究》，"中央研究院"民族学研究所，1967 年，第 51 页。

同，非僧非道非俗，却又背有圆光，益发显出他的身份古怪"①。周泳先在《凤仪县北汤天南诏大理国以来古本经卷整理记》也惊异地指出，"画的供养人为南诏十三帝。这些皇帝像中，旁的都是长袍高冠，唯隆舜画成赤足裸体，这是值得研究的一点"，"赤足赤膊，有如罪人"。② 汪宁生认为，"这显然史画者有意之"，"这是隆舜凶死的一种画法"。③ 史载隆舜"多内嬖，常信谗以诛其下，淫虐日甚，竖臣杨登弑于东京（昆明）"④，所以也有学者分析"由于他是非正常死亡，故每绘其像均不着王者装"，"被弑身亡的隆舜，虽上躯赤裸，束发无冠，但璎珞被体，披缨戴环，仍具华贵之象"⑤，但有学者意见相左，认为那是对隆舜的一种嘉赏和美化。⑥

这位独行特立不着王服的隆舜，又名法尧、隆昊，谥号武宣皇帝，是南诏第十二代王。其"嵯耶"年号，即表达对阿嵯耶观音的崇奉。隆舜之父世隆、子舜化贞都崇奉佛教。胡蔚本《南诏野史》介绍了他的政历：

隆舜，唐僖宗丁酉乾符四年（877 年）即位，年十七岁。明年，改元贞明，又改元嵯耶、承智、大同，改国号曰大封民国。遣使于唐请和，诏许之。自劝龙晟至世隆以来，侵蜀伐安南，用兵五十余年，帑藏不给，横敛于民，上下俱困。舜立，耽于酒色，委政臣下，故愿求和于唐，乃遣段嵯宝诣岭南节度使辛谠，请修好。谠奏，许之，以息边患。乾符六年，遣使于唐求和亲，无表，只用牒，称

① 李霖灿：《南诏的隆舜皇帝与"摩诃罗嵯"名号考》，《中国名画研究》，艺文印书馆，1973 年，第 153 页。

② 周泳先：《凤仪县北汤天南诏大理国以来古本经卷整理记》，李家瑞等编著：《大理白族自治州历史文物调查资料》，云南人民出版社，1958 年，第 12 页。

③ 汪宁生：《〈南诏图传〉考释》，云南省文物管理委员会编：《南诏大理文物》，文物出版社，1992 年，第 197 页。

④ 木芹会证：《南诏野史会证》，云南人民出版社，1990 年，第 167 页。

⑤ 杨晓东：《张胜温〈梵像卷〉述考》，《白族学研究》，1997 年第 7 期，第 120、121 页。

⑥ "看来画家画那名号称'摩诃罗嵯'的隆舜像，头挽髻，戴耳环，上身袒露，系短褐，赤跣足，这是经过慎重思考的，这绝不是丑化而是美化，是很合乎'神宠其祖，以威于民'之旨。"杨延福：《南诏大理白族史论集》，云南民族出版社，2004 年，第 16 页。

南诏王隆舜独特的民族装束

弟不称臣。……是年昆仑国进美女，舜嬖之。光启二年（886 年）
地震，龙首、龙尾二关，三阳城皆崩。昭宗己巳乾宁四年（897
年），隆舜多内嬖，常信谗以诛其下，淫虐日甚。竖臣杨登弑之于
东京（昆明），在位二十年，子舜化贞立。①

云南甲马中南诏王世隆与隆舜的形象

关于隆舜的信仰，可以从佛教文物遗存上去印证。张胜温《梵
像卷》中三次出现他的画像，以此突出他在南诏佛教中的重要地
位。55 开是他的标准像，赤裸上身，垂髻插簪，戴大耳环，胡跪双
手合十，素纹短裙，大腰带，具有浓厚的土著蛮王风采。身后两侍

① 木芹会证：《南诏野史会证》，云南人民出版社，1990 年，第 166 – 167 页。

者皆袒胸跣足，卷发，戴大耳环。一人执扇，一人右手持拂尘，左手握瓶，案上有瓶、钵供器，显示出王者气派。画面右上方墨书"摩诃罗嵯"。隆舜在画中位置很有意味：在他之前，是云南禅派祖师张惟忠、买顺嵯、纯陀大师和法光和尚；在他之后是云南阿吒力派祖师赞陀崛哆，沙门口口和梵僧观世音。正好禅派四祖、密派四祖，对称公允。而隆舜坐在密部宗师这里，脸面却向着禅宗祖师，正在双手合十恭顺聆听法光和尚讲法，体现他显密兼容、一视同仁的态度，[①] 更是昭示了隆舜在云南佛教史上的突出作用。

隆舜第二次出现在张胜温《梵像卷》41 开，画面为释迦印心付伽叶法衣，周围是巨大的千瓣白莲，章嘉国师称其为"大宝莲释迦佛"。隆舜绘在左下角，一如前状，裸体短裙，垂髻插簪，戴耳环，胡跪双手合十，礼拜佛陀，案桌上有白螺碗等供器。从隆舜胸中飘出一缕金丝，穿过合十的手，飘然向佛，与每一莲瓣相连，表示佛祖妙法与摩诃罗嵯心心相印。另在 103 开上，他再次出现在群王顶礼十一面观音图上。画面历代诏王高冠长袍，唯隆舜赤膊跣足，显得特别突出。画中隆舜头顶名号是"武宣皇帝口口"，那么，诸多赫赫森然的王室世系图中，为何独独他这身土著蛮王的奇特装束呢？一度因为祖上慕中华文化而断绝的南诏，其"父子连名制"也在世隆、隆舜时期恢复过来，这些都昭示什么呢？[②]

（二）与唐交恶

云南自古被视为"檄外之地""蛮荒之区"，自唐以来的历代中央王朝都将云南地方的"圣化"或"文教"视为"皇恩"，"不然

---

① 参考王海涛：《云南佛教史》，云南美术出版社，2001 年，第 125 页。

② 南诏王室实行"父子连名制"，即父子名字世代相连的一种命名制度，父名字的最后一个字，作为儿子名字的起头，如皮逻阁—阁逻凤—凤伽异—异牟寻—寻阁劝—劝龙晟、劝利晟、劝丰佑（劝龙晟为长子，余为次子，皆连名）—世隆—隆舜—舜化贞，可以明确世系和王位的继承关系。劝丰佑"慕中国，不肯连父名"，故其长子世隆不与其连名，但世隆之后，南诏恢复父子连名制。（参见李公：《南诏、大理国史散论》，《白族学研究》，1999 年第 9 期，第 108 页）这也可以看出世隆对本民族传统的执着和守护。

者，荒陬蛮貊，左衽鸟言，文轨未通，嗜欲有异，不知父子之性，独识皇王之恩？此皆天诱其衷，神助其请，归我龙德，革彼狼心"①。云南地方在最初一段时间内也表现出亲和华夏，以华化为荣的倾向，"异牟寻世为唐臣……曾祖有宠先帝，后嗣率蒙袭王，人知礼乐，本唐风化"②。随着南诏日益强盛，尤其是天宝战争后，南诏不再视己为夷，而是多方面进一步要求与唐廷对等齐驱，唐大历四年（769 年），阁罗凤"绍开祖业，宏覃王献，坐南面以称孤，统东偏而作主"③。改元长寿，创立纪年，成为与大唐并称的边国。随着对汉文化学习程度的深入，南诏王"慕中国，不肯连父名"，到了劝丰佑之子世隆，则不仅不连父名，而且不避唐讳。

《通鉴》大中十三年（859 年）十二月记载了唐朝和南诏的尖锐冲突和矛盾的焦点：

初，韦皋在西川，开清溪道以通群蛮，使由蜀入贡；又选群蛮子弟聚之成都，教以书数，欲以慰悦羁縻之，业成则去，复以他子弟继之。如是五十年，群蛮子弟学于成都者殆以千数，军府颇厌于廪给。又蛮使入贡，利于赐与，所从谦人浸多，杜悰为西川节度使，奏请节减其数，诏从之。南诏丰佑怒，其贺冬使者留表付巂州而还。又索习学子弟，移牒不逊，自是入贡不时，颇扰边境。会宣宗崩，遣中使告哀，时南诏丰佑适卒，子酋龙（笔者注：指世隆，避讳之由）立，怒曰："我国亦有丧，朝廷不吊祭，又诏书乃赐故王。"遂置使者于外馆，礼遇甚薄。使者还，具以状闻。上以酋龙不遣使告哀，又名近玄宗（笔者注：同时犯唐太宗李世民和玄宗李隆基二帝之讳）讳，遂不行册礼。酋龙乃自称皇帝，国号大礼，改

① 崔行先：《为昭义李相公贺云南蛮归附状》，袁任远、赵鸿昌：《唐文云南史料辑抄》，云南人民出版社，1989 年，第 112 页。
② 异牟寻：《贻韦皋书》，袁任远、赵鸿昌：《唐文云南史料辑抄》，云南人民出版社，1989 年，第 109 页。
③ 《南诏德化碑》，汪宁生：《云南考古》（增订本），云南人民出版社，1980 年，第 161 页。

元建极，遣兵陷播州（笔者注：贵州遵义）。①

　　唐朝拒绝册封劝丰佑的继承人世隆为南诏王，世隆自立帝号并建元，这与"骠信"这一南诏王的自称有了完全不同的含义。在称帝之后，咸通七年（866 年）发生了赴成都的南诏国清平官董成向唐西川节度使要求分庭抗礼而被囚禁的事件。② 南诏王却在连连对唐发动军事进攻以后，坚决拒绝对唐称臣。③ 唐王朝数次派使臣与南诏结盟，世隆都不肯跪拜，不符合唐朝结盟要求，"天子数遣使至其境，酋龙不肯拜，使者遂绝"④。"所以南诏王的称帝也并非暂时的现象，而应看作是，这是南诏国的对唐方针也发生根本的变化……是南诏国，或者准确地说是世隆想断绝原来受唐册封并朝贡的臣属关系，而想把这种关系提高到国与国之间相互对等的立场上来。"⑤

　　与唐王朝关系的恶化，有可能动摇蒙氏南诏王的地位。因为被唐朝拒绝册封，意味着强化蒙氏权威的一个重要因素消失，使其抑制有力贵族在云南各地割据的力量受到削弱，所以战争的因素在不断积聚。此间发生了"自南诏叛，天子数遣使至其境，酋龙不肯拜，使者遂绝"的外交危机，高骈才以"其俗尚浮屠法"而送佛僧赴南诏国一事，⑥ 反映了南诏王对佛教的倾心和对唐朝的冷遇。

　　所以世隆嗣立后，南诏大举攻唐，其目的是掠夺唐地的财产和人民，不仅满足自身发展的需要，还"以使自己衣冠文物唐化，工

---

①　《资治通鉴》卷二百四十九，"宣宗元圣至明成武献文睿智章仁神聪懿道大孝皇帝下"大中十三年条。

②　《资治通鉴》咸通十年十月，电子光盘版。

③　《资治通鉴》乾符五年四月、六年十二月，电子光盘版。

④　《新唐书》卷二百二十二中"南诏传下"，方国瑜主编，徐文德、木芹、郑志惠纂录校订：《云南史料丛刊》（第二卷），云南大学出版社，1998 年，第 399 页。

⑤　林谦一郎：《南诏国后半期的对外远征与国家结构》，林超民主编：《新松集》，云南大学出版社，1996 年，第 570 页。

⑥　《新唐书》卷二百二十二中"南诏下"，方国瑜主编，徐文德、木芹、郑志惠纂录校订：《云南史料丛刊》（第一卷），云南大学出版社，1998 年，第 399 页。

匠文织与中国侔，不论是精神上还是物质上都能与唐王朝抗衡"①。

广明元年（880 年），卢携等宰相讨论南诏求和亲事，其奏："自咸通以来，蛮两陷安南、邕管，一入黔中，四犯四川，征兵运粮，天下疲弊，逾十五年。租赋大半不入京师，三使内库由兹空竭，战士死于瘴疠，百姓因为盗贼，致中原榛杞，皆蛮故也。"② 在南诏方面，也因为战争频仍耗尽了国力，史称：南诏"为边寇殆二十年，中国为之虚耗，而其国中亦疲弊"③。世隆死后其子隆舜继立，遣使至邕州向岭南西道节度使辛谠约和，自此南诏与唐朝的紧张关系有所松动，南诏对唐朝的战争亦渐止息。但世隆对唐的基本态度仍为隆舜承继。乾符五年（878 年），南诏遣使请和亲，"无表，但令督爽牒中书，请为弟而不称臣"。乾符六年，辛谠遣徐云虔出使南诏，南诏大臣至驿馆谓其云："贵府牒欲使骠信称臣，奉表贡方物，骠信已遣人至西川入唐，与唐约为兄弟，不则舅甥。夫兄弟舅甥，书币而已，何表贡之有？"徐云虔据理驳之，骠信待之甚厚，"然犹未肯奉表称贡"④。

在这一时期，南诏王世隆和隆舜自称"大礼国"⑤ 并且把南诏与唐朝的关系，从宗藩关系改变为兄弟之国或舅甥之国的关系，遭到唐朝的拒绝，南诏统治者拟与唐结为兄弟之国或舅甥之国的企望，并未成为事实。⑥ 但这一迹象，说明南诏国已经有桀骜不驯之势。

---

① 侯冲：《白族心史——〈白古通记〉研究》，云南民族出版社，2002 年，第 109 页。

② 佚名：《云南事状》，王叔武辑著：《云南古佚书钞》，云南人民出版社，1979 年，第 43 页。

③ 《资治通鉴》卷二百四十九《唐纪六十五》，大中十二年条；卷二百五十三《唐纪六十九》，广明元年五月条。

④ 《资治通鉴》卷二百五十三《唐纪六十九》，乾符五年四月条、乾符六年二月丙寅条。

⑤ 世隆当政期间（860—877），一度以大厘城（今喜州）为都城，因倾慕汉唐文化，效行"礼治"，故改"大厘"为"大礼"。

⑥ 方铁：《论南诏不是国家级政权》，《云南师范大学学报》，2004 年第 5 期，第 55 页。

（三）自号"大封民国"的分庭抗礼

"大封民国"是南诏王隆舜标举民族意识所自立的国号。关于"大封民国"之号，唐宋正史如《新唐书》"南诏传"有载，但是隐讳地将之记述为"大封人"，如："子法嗣，改元贞明、承智、大同，自号大封人。"①

《资治通鉴》："乾符四年，酋龙卒，子法立，国号鹤拓，亦号大封人。"②

又广明元年《考异》："《云南事状》卷末，载陈敬瑄（西川节度使）与云南书牒，或称鹤拓，或称大封人。"③ 这里大封人即为国号。

"大封"的称号由来已久，地方史书中时有所见，如张道宗《纪古滇说集》："即位之初，改国号大封民国。"④ 又说："卒于东京（善阐），葬返大封民国。"⑤ 又载孝哀帝（舜化贞）轻车回大封民国，"舜化（即舜化贞）即位于东京，……轻车回大封民国"。⑥ 胡蔚本《南诏野史》："改国号曰大封民国。"⑦ 明代杨慎《滇载记》：细奴逻"代张氏立国，号曰封民，蒙氏伪称南诏，实唐贞观三年也"⑧。又如，"王姓蒙，名细奴逻，遂天（代）张氏，号大封

---

① 《新唐书》卷二百二十二中"南诏下"，方国瑜主编，徐文德、木芹、郑志惠纂录校订：《云南史料丛刊》（第一卷），云南大学出版社，1998 年，第 400 页。

② 《资治通鉴》卷二百五十三《唐纪六十九》，乾符四年四月条。

③ 《资治通鉴》卷二百五十三《唐纪六十九》，乾符四年四月条"考异"。

④ 张道宗：《纪古滇说集》，方国瑜主编，徐文德、木芹、郑志惠纂录校订：《云南史料丛刊》（第二卷），云南大学出版社，1998 年，第 661 页。

⑤ 张道宗：《纪古滇说集》，方国瑜主编，徐文德、木芹、郑志惠纂录校订：《云南史料丛刊》（第二卷），云南大学出版社，1998 年，第 661 页。

⑥ 张道宗：《纪古滇说集》，方国瑜主编，徐文德、木芹、郑志惠纂录校订：《云南史料丛刊》（第二卷），云南大学出版社，1998 年，第 662 页。

⑦ 木芹会证：《南诏野史会证》，云南人民出版社，1990 年，第 167 页。

⑧ 杨慎：《滇载记》，方国瑜主编，徐文德、木芹、郑志惠纂录校订：《云南史料丛刊》（第四卷），云南大学出版社，1998 年，第 757 页。

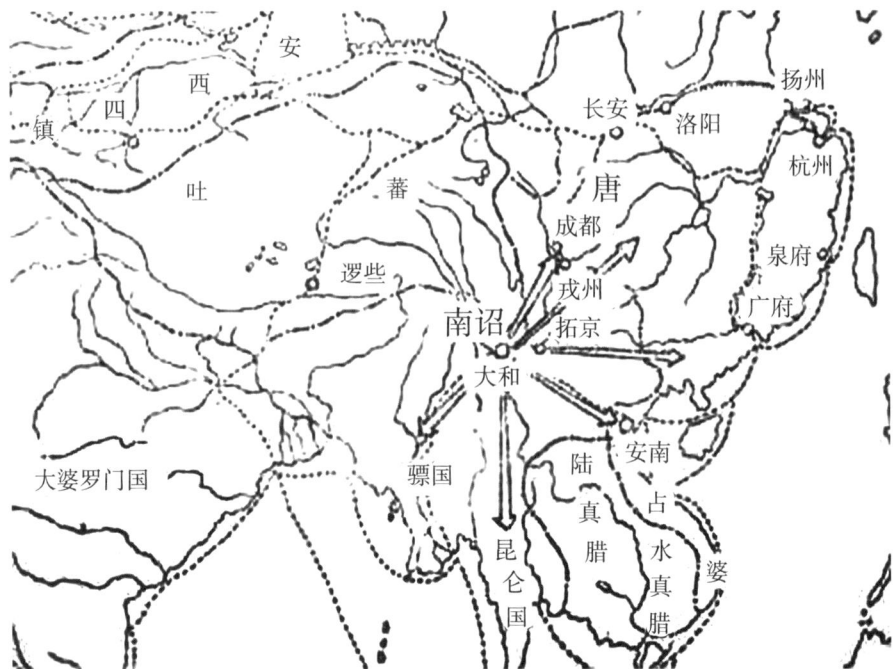

南诏极盛时期及其接壤诸国

民国""永徽四年，蒙受唐封，即改元大封"①。细奴逻"告于天地山川，社稷宗庙而即国王位，号大封民"。② "自称奇王，号封民国"③。《南诏录》曰："南诏别号鹤拓，其后亦自称大封人"。④《南诏野史·郑仁旻传》载："僧智照撰《封民三宝记》。"长和国时期还在使用封民的名称，可知封民这一称呼影响深远。⑤

　　通过以上唐朝正史和云南本土史料记载分析，"大封人"实质上为国号名，始建于隆舜时代，而隆舜仅仅是恢复细奴逻时代的国

---

　　① 木芹会证：《南诏野史会证》，云南人民出版社，1990年，第11-12页。

　　② 尤中校注：《僰古通纪浅述校注》，云南人民出版社，1989年，第25页。

　　③ 周钺：《雍正宾川州志》，大理白族自治州文化局翻印，1984年，第5页。

　　④ 《南诏录》，出自王叔武辑著：《云南古佚书钞》，云南人民出版社，1979年，第37页。

　　⑤ "初唐居于洱海区域之河蛮、白蛮、哀劳及随后以各种原因进入之汉人，经过近二百年之共同劳动、生活，终于融合成僰族，即后之民家，建国后，称白族。"木芹会证：《南诏野史会证》，云南人民出版社，1990年，第170页。

名，并对唐正式使用，为《新唐书》正式记录为"大封人"。细奴逻之世虽与唐直接来往不多，但仍奉唐正朔，对唐称臣，而隆舜的"大封民国"实为僭号，即使对唐公开使用，两《唐书》也必然无载，但绝不能说两唐书无载的事都不存在。① 从官修史书和地方史料对"大封人"和"大封民国"的不同记述和态度，可以看出南诏和唐朝的尖锐冲突。

朝鲜新罗时代的学者、诗人崔致远，早年来唐求学、中进士，并致仕于唐廷，其所撰《贺通和南蛮表》称："则彼骠信实狗封之族，尚革昏迷，贼巢乃蚁聚之群，何难扑灭。"② 其《西川罗城图记》亦称："蠢彼狗封，恣其狼戾。……白虎之狂灾渐盛，黄龙之旧约难寻。"③ 牟寻之世，唐南关系良好，唐以"封（白）部"称南诏；世隆之时，唐南关系恶化，战祸连绵，唐以"狗封（白）"斥之，语虽不雅，然亦足证南诏乃"封（白）人"。"黄龙""白虎"乃白族不同支系之图腾。④

《新唐书》卷二百二十二中"南诏下"说："酋龙立，遂僭称皇帝，建元建极，自号大礼国"。⑤ 《资治通鉴》载：大中十三年（859 年），"酋龙乃自称皇帝，国号大礼。"⑥ 世隆自诩"礼义之邦"与唐王朝分庭抗礼，自称为"蒙国大诏"，"大封人"即"大邦""大国之人"，"封"古音同"帮"，与"拜""白""僰"的白音"berp"音近。"且不说由王改称皇帝，仅'大礼'这一国号、

---

① 参考杨瑞华：《关于南诏王室蒙氏的自称、他称及语言》，《白族学研究》，1994年第 4 期，第 65 页。

② 袁任远、赵鸿昌：《唐文云南史料辑抄》，云南人民出版社，1989 年，第 204 页。

③ 陆心源辑：《唐文拾遗》卷四一，清光绪十四年（1888 年）第二十六册第三函。

④ 杨瑞华：《关于南诏王室蒙氏的自称、他称及语言》，《白族学研究》，1994 年第 4 期，第 68 页。

⑤ 《新唐书》卷二百二十二中"南诏下"，方国瑜主编，徐文德、木芹、郑志惠纂录校订：《云南史料丛刊》（第一卷），云南大学出版社，1998 年，第 395 页。

⑥ 《资治通鉴》卷二百四十九，"宣宗元圣至明成武献文睿智章仁神聪懿道大孝皇帝下"大中十三年条。

'建极'这一年号，就可看出世隆当时的心态，意在自高。"① 世隆
继其先世接受中国礼乐法制，公开打出"大礼"旗号，奉行礼治，
来一番革新，企图称雄西南。可见，南诏国在国号称谓的使用上，
还是颇耐人寻味的，"摩诃"（梵语"大"之义）"大""元""极"
等就看出了南诏王室对待中原的强硬态度与自尊心态。②

（四）"摩诃罗嵯耶"与"土轮王"

史籍中寥寥数语，载述了隆舜铸造阿嵯耶观音的经历：

> 主为世子时，好田猎，至巍山，遇一老人，告曰："世子能造
> 观音像否？如造，声名所及，无不臣服。"曰："能之。若造，须如
> 来之像方可。"乃以兼金铸阿嵯耶观音。至是，远见巍山巅有白气，
> 使李紫奴往，挖得铜钟一，重三百两，阿嵯耶观音一位，自号摩诃
> 罗嵯耶。③

胡跪礼佛的南诏王隆舜及其"摩诃罗嵯"榜题

南诏第十一世王世隆（835—877 年）笃信佛教，即位后，自号

---

① 侯冲：《白族心史——〈白古通记〉研究》，云南民族出版社，2002 年，第109 页。
② 到大理国的"大理"、高升泰"大中国""中国公"的封号等，这种微妙的心态
一脉相承。
③ 尤中校注：《僰古通纪浅述校注》，云南人民出版社，1989 年，第81 页。

"景庄皇帝"，以阿吒力密教僧宗保（法名通达）为国师。据《僰古通纪浅述·蒙氏世家谱》记载：

宗保师乃鄯阐（今云南昆明市）宗江人。渔者夫妇在舟，常见一黑龙累窝于崖，及往视之，有一婴孩啼。夫妇抱回乳养长成，令学阿吒力密教，法名通达，祈祷有验，拿龙役虎，鞭山助阵，无所不通。王闻而召之以为国师，所向皆胜。……唐懿宗亲率军三十万，自建昌（今西昌市）入战。王亦领兵迎战，到古宗（指云南藏族地区）地方交战，大败唐兵，片甲不留。回到建昌，筑城凿池，建景靖寺，筑铁柱于唐、僰、蕃三家接界。……王伐益州（今成都），得一观音，……凯回至国，以所得金银钱粮写《金刚经》一部，易长观音像，铜钟一二，效之而写《金刚经》，设观音道场。观音化梵僧来应供。主曰："吾欲再征伐，如何？"僧曰："土广民众，恐难控制。"乃止。主以四方八表夷民臣服，皆感佛维持，于是建大寺八百，谓之蓝若，小寺三千，谓之伽蓝，遍于云南境中，家知户到，皆以敬佛为首务。①

又据《新唐书》卷二百二十二中"南诏下"记载：

自南诏叛，天子（指唐王）数遣使至其境，酋龙（即世隆）不肯拜，使者遂绝。骈以其俗尚浮屠（即佛教）法，故遣浮屠景仙摄使往。酋龙与其下迎谒且拜，乃定盟而还。②

以上二说虽具神话色彩且未必定盟，但足见世隆笃信佛教之诚。世隆之子隆舜（一名法，又名世舜，860—903年）继位为南诏第十二世王后，笃信佛教，大兴造佛像之风，于父有过之而无不及。886年（唐僖宗李儇光启二年丙年），隆舜改年号为嵯耶元年。891年（唐昭宗李晔大顺二年辛亥，隆舜嵯耶三年），据《僰古通纪浅述》"蒙氏世家谱"：

辛亥年（唐昭宗大顺二年，891年），以黄金八百两铸文殊、普

---

① 尤中校注：《僰古通纪浅述校注》，云南人民出版社，1989年，第76－79页。

② 《新唐书》卷二百二十二中"南诏下"，方国瑜主编，徐文德、木芹、郑志惠纂录校订：《云南史料丛刊》（第一卷），云南大学出版社，1998年，第399页。

贤二像，敬于崇圣寺。以鄯阐（阐）为东京，以杨睑为西京（即大理）。蒲蛮（今布朗族先民）火头塑主像，敬于巍山石洞，立生祠以祭之。曰："我百姓家宁，时世太平，不动刀兵，主之力也。主忻，用金铸观音一百八像，散诸里巷，俾各敬之。"[1]

　　这一名号也见于《元史》"信苴日传"，"元宪宗取云南，至大理，段兴智降附，乃设都元帅，封兴智为摩诃罗嵯，管领八方"。[2] "乙卯，兴智与其季父信苴福入觐，诏赐金符，使归国。丙辰，献地图，请悉平诸部，并条奏治民立赋之法。宪宗大喜，赐兴智名摩诃罗嵯，命悉主诸蛮白爨等部，以信苴福领其军。"[3] 李霖灿推测，"至少从南诏的蒙隆舜起，一直到大理国的末一位皇帝段兴智止，这'摩诃罗嵯'的大王封号当是一直存在的"[4]。元朝既然平了云南，骠信皇帝这一名号自然不能给他们用了，蒙古封号又不见得立刻就能得当地的服从，因此想到了"摩诃罗嵯"。"这一称号并非唐宋统治者所封而是隆舜自封的，南诏后期与唐关系恶化，唐王朝自身由于内忧外患，处于风雨飘摇之中，对南诏的关注大大降低。"[5] 关于摩诃罗嵯名号的解释，学术界传统的观点认为此名号源于梵语mharajah，其义为"大王"。波斯史学家拉施特（Rasuid al – Din）在《史集》第二卷中最早提出这种观点。张星烺先生《中西交通史

---

①　尤中校注：《僰古通纪浅述校注》，云南人民出版社，1989 年，第 82 页。

②　王鸿绪撰：《明史稿》，方国瑜主编，徐文德、木芹、郑志惠纂录校订：《云南史料丛刊》（第三卷），云南大学出版社，1998 年，第 613 页。

③　《元史》卷一百六十六"信苴日传"，方国瑜主编，徐文德、木芹、郑志惠纂录校订：《云南史料丛刊》（第二卷），云南大学出版社，1998 年，第 567 页。

④　李霖灿：《南诏大理国新资料的综合研究》，"中央研究院"民族学研究所，1967 年，第 61 页。

⑤　杨文辉：《南诏大理时期洱海地区的白蛮语考释》，林超民：《新凤集》，云南大学出版社，2003 年，第 89 - 90 页。

料汇编》也赞同此说。对此最早提出异议的是法国学者伯希和。[①]
"摩诃"此云"大"，"罗嵯"此云"王"，今印度犹名诸小国王曰
"罗嵯"（二字从古读入麻韵），缅甸之大僧正，亦号"僧伽罗嵯"，
是其证也。[②]南诏最早的写经为隆舜时玄鉴所纂《护国司南抄》，隆
舜的"摩诃罗嵯"称号应为《仁王护国般若波罗蜜经》所展示的
"护国土功德"的听受佛法，为转佛法而住世之仁王。《仁王护国般
若波罗蜜经》中，有十六位国王参与法会，《僰古通纪浅述》则有
隆舜征西域十六国的传说，[③]大理国《梵像卷》有"十六大国王众
图"，其至有中土的皇帝。所以《南诏图传》隆舜像旁的题榜有称
号："摩诃罗嵯土轮王担畀谦贱四方请为一家。"

在四川西昌博什瓦黑北区北端半坡悬崖峭壁上（编号为
81409—81411），有一片阔 17 米、高 8.8 米的平整崖面，刻有一幅
《王者出行图》。中心为王者，戴着南诏王特有的高冠头囊，着圆领
宽袍，骑高头大马，气宇轩昂，神态威严。在他的前后有五骑护
侍。有两人峨冠博带，雍容大度，应为王室成员或清平官之属。后
三骑似近卫扈从，手中或肩上均持负着卷册之类的东西，可能是南
诏王来此册封山神地祇。画中有三只神兽，一只为巨犬，即《南诏
图传》中绘有的"奇王家犬"，是南诏开国君主细奴逻的护驾神逻；

---

　　① 伯希和在《交广印度两道考》中说："蒙古人在 1253 年至 1256 年间授予大理降
王之摩诃罗嵯 Maharajah 名号。余以为亦即南诏王旧有之称。元代以前固无史文著录此
号……元代以前著录此摩诃罗嵯名号之史料虽少，此号似为今昆明一带三十七蛮部土邦君
主南诏诸王之称，亦为元代所以认大理降王之封号。否则蒙古人以印度名封大理国王，将
不能索其解矣。""摩诃罗嵯"当是梵语 Mharajah 或 Maharajah 的音译。因为，当时社会上
崇尚佛教，采用这样的名号不足为奇。后来流传的《南诏野史》还说南诏源出"西天摩竭
国阿育王"的王子……当时南诏境内民族众多，语言有异，南诏既自称"蒙"（或作
"茫""梦"）以表明他是乌蛮之王；又自称"骠信"，以表示他也是白蛮之主；这样，自
然也就可以理解他还要采用"摩诃罗嵯"这样的梵语名号的缘由了——法国学者伯希和认
为此号似是今昆明一带三十七蛮部土邦君主南诏诸王之称。也许这个猜测更近乎事实。因
为，对南诏境内其他语言有异的民族来说，采用这样超民族的梵语名号，也许最能说明他
是佛教所谓"众生"之"大王"。
　　② 罗庸：《张胜温梵画瞽论》，方国瑜主编，徐文德、木芹、郑志惠纂录校订：《云
南史料丛刊》（第二卷），云南大学出版社，1998 年，第 452 页。
　　③ 尤中校注：《僰古通纪浅述校注》，云南人民出版社，1989 年，第 83 页。

另一只似狮非狮，似虎非虎，被人们称作猰㺄的獒犬，剑川石窟阁罗凤座前即此物。南诏王世代养狗（"奇王家龙犬"），亦民族风俗。第三只是一条飞行中的四爪龙（我国宋代以前，绘画、雕塑中无五爪龙），正在腾跃回顾南诏王。它是王的父亲，王是第十一代南诏王世隆。《南诏野史》载："（世隆之母）浴于江，金龙与交，生世隆。"① 这些细节为石刻人物身份的确认提供了重要依据。岩画上有榜题，"作天王（像）一品，愿神成就勇猛之刃地，愿刑杀之权，斩愚人之四肢，摧恶人之六府，囚幽暗狱，灭敌骨骸（万）身，百敌自消，（人口自）败"②。这可以看出内容与南诏王信仰的密教相关。

（五）造像样式的王室掌控

云南省各级文物机构所藏阿嵯耶观音像都有一个清理发现、征集收藏的过程。1978 年，云南省文物部门对大理崇圣寺三塔进行清理维修，从主塔千寻塔内意外发现了三件阿嵯耶观音像，其中两件为金质，一件为木雕。一金质像通高 28 厘米、重 1 130 克，开足，足下有二方形榫眼；另一金像，高 8.5 厘米，像后有一火焰状金质背壳。木雕像，高仅 8 厘米，手部残损。像正面朱书"易长真身"，背书"菩萨弟子杨圣香"字样。1989 年 4 月，在大理地区还征集到一尊铜质鎏金的阿嵯耶观音像，像高 49.5 厘米。以上四尊像现收藏在云南省博物馆内。③ 大理州博物馆于十年前在洱源江尾征集封一件铜质鎏金的阿嵯耶像，通高 50 厘米，足底铸有 3.5 厘米的铆钉，像重 6.5 千克。像背面有一方孔，孔上面安放有一活动的方形钉盖。背面左侧有阴刻楷书题记一行，其铭文为："施主佛弟子比丘释智首造。"题记书法流畅，与大理凤仪北汤天村法藏寺发现的南诏、大理国写经书法相似。观音像神情文静，比例匀称，造型优美。

---

① 木芹会证：《南诏野史会证》，云南人民出版社，1990 年，第 147 页。
② 黄承宗：《西昌发现一方大理时期刻石》，《文物》，1987 年第 4 期，第 86 页。
③ 康晓莉：《阿嵯耶观音造像考述》，《大理文化》，1998 年第 1 期，第 56 页。

造像样式雷同，但面目各异的阿嵯耶观音造像

　　大理州馆另收藏有一尊银质阿嵯耶像，像高 16 厘米，座高 3.5 厘米，背光高 20.5 厘米，通高 24 厘米，全银质。其铸造工艺十分精湛，比云南博物馆藏金质造像，工艺尤胜。若非王室之物，不致如此。阿嵯耶观音先是由民间开始铸造，民间佛教造像一般以木雕、泥塑、铜像为先，随着王室的崇敬信仰，其后材质越用越好，工艺也越来越精，于是有银像、金像。盛极之后，金、银、铜、石、木、泥塑等造像，异彩纷呈，南诏王室晚期崇敬信仰阿嵯耶观音，由此达到鼎盛时期。

　　南诏第八代王劝龙晟为弄栋节度王嵯颠所弑，南诏王朝从兴盛开始走向衰亡，而这以后，宗教却十分兴盛，形成了强烈的对比和反差。南诏 10 世纪劝丰佑时期，佛教在大理十分兴盛。第十二代王隆舜，于唐僖宗乾符四年（877 年）即位，次年，改元嵯耶，并自称摩诃罗嵯耶，钦崇"圣像教"，熔真金铸阿嵯耶观音。这一时期，南诏对阿嵯耶观音的崇拜，已到痴迷的程度。圣像教的兴起，说明阿嵯耶观音作为阿吒力教的圣像，其圣容不可随意改变，并形成固定的图样模式。云南省博物馆收藏的金质阿嵯耶观音像，应为这一时期的作品。唐昭宗乾宁四年（897 年），臣杨登弑主，舜化贞立。南诏第十三代王舜化贞（又名舜化），于唐昭宗乾宁四年即位，年十岁，次年，改元中兴。中兴二年（899 年）绘制《南诏图传》流传于世。《南诏图传》"文字卷"末载："洎中兴皇帝问儒释耆志之辈，通古辩今之流，崇入国起因之图，致安邦异俗之化，赞御臣王奉宗，信博士内常侍酋望忍爽张顺等，谨按《巍山起因》《铁柱》《西耳河》等记，而略叙巍山已来胜事。"唐昭宗天复二年（902

年）七月舜化贞卒，在位五年。《南诏图传》成为追忆往事的作品，也是对南诏延续十三代的总结。

关于保存于国内博物馆和流传于海外各博物馆大理国时期的阿嵯耶观音铸像，早期有些西方学者认为它可能来自尼泊尔，不认为它是在云南制作的。通过近年来学者，如保罗·吉特（Paul. Jete），对海外各博物馆典藏的阿嵯耶观音像的金属成分检测，发现铸造这些观音像的合金主要是含砷的铜，此外还含锡、锌、铝、银、铁、镍等微量元素，而含砷的青铜合金在12世纪以后的世界古代文明地区是很罕见的。现代科学检测手段说明，云南的阿嵯耶观音造像与世界上任何地方的青铜造像都不相同，甚至无法仿造。[1] 经过观察和测量阿嵯耶观音造像后可以确认，这些青铜阿嵯耶观音造像是严格按照统一的式样来铸造的，风格、手印相同，尺寸大小相差也不太大。阿嵯耶观音像唯大理地区所见，又多造于大理国时期，故有"云南观音""大理观音"之称。就质地而言，可分为金铸像、铜铸像、木雕像三类。工艺处理上大致分为铜胎鎏金、髹漆涂金和素面三种级别。这类观音像有着阿嵯耶观音造像的共同特征。

样式高度统一但面目、身高各异的阿嵯耶观音造像

---

① 有阿嵯耶观音造像的金属成分检测表和铅同位素比值分析表，参见李昆声：《云南艺术史》，云南教育出版社，1995年，第210 – 211页。

但由于每尊造像的尺寸都不相同，海内外收藏的 13 尊阿嵯耶观音铸像的尺寸如下：云南省博物馆 YM3 通高 49.5 厘米，YM1 通高 46 厘米，YM2 通高 24 厘米，芝加哥艺术学院 AIC 为 33.9 厘米，其余 9 尊为 43.8～46.3 厘米。从技术检测的结果来看，这些观音像是严格按照统一的样式来创造的，因而造像风格、手印等都一致，大小尺寸相差不大，说明铸造时应该有一个统一的标准。然而，没有一尊观音像的尺寸完全相同，如观音的发绺数量并不完全相同，说明每尊造像都是一尊一尊分别铸造的，不是一个模型浇铸和成批生产的。从造像工艺之精湛，形象之优美，有的髹漆、鎏金等现象来分析，可以判明，对阿嵯耶观音的制作权是掌握在官府，甚至是王室手中，严格按照官方颁布的式样生产。再从造像铸造水平和鎏金技术的精湛，也可以看得出是王室或官家作坊的水平和技艺。[①]　关于本土铸造，"阿嵯耶观音造像从体质特征上看与现代白族相似，反映了这些造像出自古代白族匠师之手，这正是阿嵯耶观音造像的地方民族特色之一"[②]。

四、经略西南边远诸国

既然阿嵯耶观音造像在造型上与东南亚有着深厚的渊源，历史上有没有更通畅、广泛的渠道，使输入这种新样式成为可能呢？南诏发动的一系列对外战争和其外交关系提供了一个答案。南诏地处印度、缅甸和中国西藏、四川之间，它既承袭了中原的文化传统，浸染着藏族地区的宗教艺术，又受到印、缅的影响。南诏的国王有年号、谥名，并接受唐朝的册封，与中原有密切的联系；南诏与吐蕃结盟后，曾称用藏王赐予的年号"赞普钟"（藏王之弟）。同时，由于与缅甸接触，南诏王也自称"骠信"（缅语即皇帝）；南诏隆舜

---

① 云南省博物馆编：《云南铁器时代文化论》，云南人民出版社，1992 年，第 160 - 161 页。

② 李昆声：《云南艺术史》，云南教育出版社，1995 年，第 212 页。

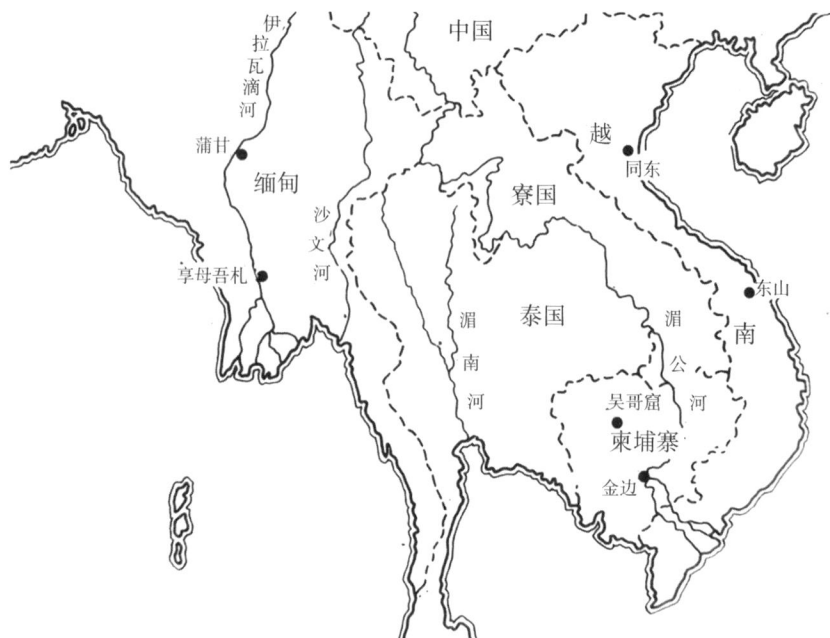

南诏势力所及范围和重点控制范围

时期，由于受印度佛教文化的影响，国王也自称"摩诃罗嵯耶"（梵语即大王）。

到晚唐，中土多事，吐蕃式微，南诏势力强盛。南诏不仅侵扰唐境，而且对西南边远诸国亦屡屡出兵，如安南、骠国、弥诺国、弥臣国、昆仑国、女王国、真腊国都曾发动战争，樊绰《蛮书》卷十所载，尚有大秦、婆罗门、小婆罗门、大耳国、夜半国等，都是骠国西北以远的国名，与南诏往返，亦为南诏经略所及区域。在大和六年到九年（832—835 年），南诏出兵弥诺国（在钦敦江入伊洛瓦底江地区）、骠国（在普罗姆）、弥臣国（在伊洛瓦底江三角洲）、昆仑国（在白古地区），又一次出兵女王国（在老挝川圹地区）、真腊国（在澜沧江三角洲）等处。①

"阁罗凤……西开寻传，南同骠国"；"骠国在蛮永昌城南七十

---

① 参考方国瑜：《唐封皮逻阁为云南郡王》，林超民编《方国瑜文集》（第二辑），云南教育出版社，2001 年，第 126 - 136 页有详述。

五日程，阁罗凤所通也"；"南诏以兵强地接，常羁制之"。①《新唐书》"礼乐志"记载："贞元中，南诏异牟寻遣使诣剑南节度使韦皋，言欲献夷中歌曲，且令骠国进乐。"② 贞元年间骠国和弥臣国都曾被南诏招徕派遣使臣到唐朝。南诏异牟寻归好唐朝之后，曾介绍骠国（在今缅甸境）国王雍羌两次遣使入唐。第二次（802 年，即唐贞元十八年）随南诏使者至长安献骠国乐的骠国王子舒难陀，被唐德宗封为太仆卿。诗人白居易、元稹都有骠国乐诗，吟咏骠国乐队在唐朝宫廷里演奏、舞蹈的情况。骠国入唐献乐，促进了中缅文化交流。③ 大理国时期，蒲甘国（缅甸蒲甘王朝）也曾偕同大理国使者入宋朝通好。④

《旧唐书》"南诏蛮"载："（元和）三年（808 年）十二月，以异牟寻卒……仍册牟寻之子骠信苴蒙阁劝为南诏王。"⑤ 骠信之意为骠君。疑阁罗凤通骠国，即受羁制。命异牟寻监理，称骠信。封寻阁劝为膘信苴。自后，南诏以至大理国王多称骠信为王号（详见《南诏名号考》）。骠国自阁罗凤以来，与南诏联系密切，随之入唐。《册府元龟》卷九百七十二载："元和元年（806 年）……十二月……南诏、骠国各遣使朝贡。"⑥

南诏曾用兵于骠国。樊绰《蛮书》卷十说："蛮贼大和六年（832 年）劫掠骠国，虏其众三千余人，隶配拓东，令之自给，今子

---

① 《新唐书》"骠国传"，方国瑜主编，徐文德、木芹、郑志惠纂录校订：《云南史料丛刊》（第二卷），云南大学出版社，1998 年，第 139 页。

② 《新唐书》"礼乐志"，方国瑜主编，徐文德、木芹、郑志惠纂录校订：《云南史料丛刊》（第二卷），云南大学出版社，1998 年，第 136 页。

③ 《新唐书》"骠国传"，方国瑜主编，徐文德、木芹、郑志惠纂录校订：《云南史料丛刊》（第二卷），云南大学出版社，1998 年，第 139 页。

④ 王应麟：《玉海》卷一百五十四，"南诏下"，方国瑜主编，徐文德、木芹、郑志惠纂录校订：《云南史料丛刊》（第二卷），云南大学出版社，1998 年，第 330 页。

⑤ 《旧唐书》"南诏蛮"，方国瑜主编，徐文德、木芹、郑志惠纂录校订：《云南史料丛刊》（第一卷），云南大学出版社，1998 年，第 376 页。

⑥ 《册府元龟》卷九百七十二，"外臣部·朝贡第五"，方国瑜主编，徐文德、木芹、郑志惠纂录校订：《云南史料丛刊》（第二卷），云南大学出版社，1998 年，第 376 页。

孙亦食鱼虫之类，是其种末也。"① 此南诏出兵攻掠骠国。《新唐书》"骠国传"也说："大和六年，南诏掠其民三千，徙之柘东。"② 万历《云南通志》卷十一引杨鼎《南诏通纪》说："段宗牓，南诏臣。师子国王将伐缅，缅求救于南诏，遣宗牓将兵救之……既入缅，得胜，获师子国旗帜、金鼓、兵仗而还。缅王酬以金宝，不取，取佛舍利"，文中叙"宗牓知诏（当指劝丰佑）已老，子世隆尚幼，权臣杨苴颠恣擅炽盛"，归时"闻诏崩，苴颠果篡立"，"苴颠率国中耆艾，迎佛舍利……苴颠方下拜，宗牓斩之，归国求世隆立焉"。③ 可知南诏出兵救缅在劝丰佑末年。④ 又《缅甸史》载缅历五百四十二年（即宋淳熙七年，1180 年），那拉柏的昔楚（Narapa-tisithu）王在位，因虐待锡兰使臣，锡兰王发舟师攻缅，缅人请僧侣赴锡兰求和。⑤

大理国时期的商品生产更为发达，对外贸易也随之发展。《南诏野史》记载 1105 年缅人、波斯、昆仑三国同进白象和其他土产；1108 年，各地又进贡金银、罗绮、珍宝、犀象等数以万计。⑥《滇载记》中也有类似的使臣往还的记载。北宋熙宁年间到大理买马的杨佐，在云南驿（今祥云县）曾看到记载里程的《里堠碑》，上面

① 向达：《蛮书校注》卷十，中华书局，1962 年，第 383 页。

② 《新唐书·骠国传》，方国瑜主编：《云南史料丛刊》（第二卷），云南大学出版社，1998 年，第 139 页。

③ 万历《云南通志》卷十一，引杨鼎《南诏通纪》。

④ 胡蔚本《南诏野史》载其于大中十二年（858 年）。次年劝丰佑卒，与《南诏通纪》所说合。王崧本《南诏野史》录于《劝龙晟传》，盖因元和十一年（816 年）劝龙晟为蒙嵯颠所杀，立其弟劝利，认为蒙嵯颠即杨苴颠，然至劝丰佑时蒙嵯颠独专权，与段宗牓回军杀苴颠之说不符。故抄本《南诏野史》仍录段宗牓救缅事于《劝丰祐传》。《文苑英华》卷四七〇载《与南诏清平官书》首列段琮牓名，当即段宗牓。此书作于大和三年（829 年）后，知宗牓为劝丰佑臣。劝丰佑遣宗牓救骠国事属可信。

⑤ 法显《佛国记》有师子国，《宋书》《梁书》《南史》《新唐书》并有《师子国传》，即《诸蕃志》之细兰。《瀛涯胜览》作锡兰国。《明史》有《锡兰山传》。法国伯希和《交广印度两道考》以为《缅甸史》师子国即锡兰，且以为《缅甸史》所载与段宗牓入缅同为一事。《南诏野史》误记年代。然段宗牓是南诏劝丰佑时人，不能与《缅甸史》所载为一事。南诏兵强势盛，羁制骠国，亦曾出兵救缅之危。

⑥ 木芹会证：《南诏野史会证》，云南人民出版社，1990 年，第 269 页。

刻着通向东南亚各地的道里路程，其中有西至身毒（印度）、东南至交趾（越南）南至海上等途程情况，都很详细，可见当时与东南亚、南亚的交往是很频繁的。①

骠国是滇西"博南古道"②的通外咽喉。南诏王阁罗凤数次加兵缅甸，并开发了今在保山、德宏一带的寻传，使南海及西亚商人可以顺利到达洱海地区。《南诏德化碑》自豪地宣称："爰有寻传，人物殷凑，南通渤海，西近大秦。"③贞元十六年（800年），骠国遣使随南诏入朝，献其国乐，《新唐书》"骠国传"详记其事，《册府元龟》卷九百七十二贞元十八年（802年）记骠国乐曰："乐曲皆演释氏经论之词意。"④而《唐会要》卷三十三曰："袁滋、郗士美至南诏，并皆见此乐（按：即骠国乐）。"⑤说明骠国演奏佛教经论词意之乐曲，已远播南诏，其佛法自缅甸等东南亚地区传入，亦可想见。樊绰《云南志》卷十"骠国条"载："咸通四年（863年）正月六日寅时，有一胡僧，裸形，手持一杖（原作"仗"），束白绢，进退为步，在安南罗城南面。本使蔡袭当时以弓飞箭当胸，中此没法胡僧，众蛮扶舁归营幕。城中将士，无不鼓噪。"⑥胡蔚本《南诏野史》"劝丰佑传"曰："大中十二年（858年），佑……遣段

①　陈兆复：《中国古代少数民族美术》，人民美术出版社，1991年，第418、第420页。

②　汉明帝永平十二年，即69年，设永昌郡，始通博南山，自中原经蜀中而至大理地区，并由大理地区往返骠国、天竺、大夏、大秦等地道路交通畅通，成为中国古代除陆上丝绸之路外的又一条通往外域的交通线，成为"博南古道"。王胞生：《南诏大理国时期与波斯大食人关系述略》，《云南史苑类稿》，大理白族自治州南诏史研究会编印，2002年，第7页。

③　周祜：《南诏德化碑注释》，《大理历史文化论集》，中国社会科学出版社、新西兰霍兰德出版有限公司，1993年，第8页。

④　《册府元龟》卷九百七十二，"外臣部·朝贡第五"，方国瑜主编，徐文德、木芹、郑志惠纂录校订：《云南史料丛刊》（第二卷），云南大学出版社，1998年，第298页。

⑤　《唐会要》卷三十三"南蛮诸国乐"，方国瑜主编，徐文德、木芹、郑志惠纂录校订：《云南史料丛刊》（第一卷），云南大学出版社，1998年，第456页。

⑥　樊绰《云南志》卷十"骠国"条。此为南诏侵扰安南时事，军中有胡僧作法，这是樊绰所亲见，而录其事于骠国，也许胡僧为骠人，此为可知的一人，到南诏传法不见载录者，应当不在少数。

宗牓救缅……缅酬金佛，当得敬迎。"① 又迎金佛作迎舍利，记其事较详。② 又唐僖宗乾符元年（874 年），西川节度使高骈遣使南诏云："以其俗尚浮屠法，故遣浮屠景仙摄使往。"③ 可见当时密教之盛，影响之广，足见阿嵯耶观音造像与中南半岛的造像必定极有渊源。

在外部，在劝丰佑时期同样发生了具有深远意义的开拓和发展。832 年（大和六年），南诏集中力量进攻西南地区的近邻，其不可忽视的军事力量突然横跨西南亚大陆。例如 832 年，南诏军队进攻掠掳了上缅甸的骠国都城，并长期控制了这一地区，扩大了其领土及政治势力范围。"蛮贼（南诏）大和六年劫掠骠国，虏其众三千余人，隶配拓东，令之自给，今子孙亦食鱼虫之类，是其种末也。"④ 835 年（大和九年），南诏又进攻并摧毁了下缅甸的弥臣国，应骠国的要求，南诏成为这两个国家的宗主国⑤。而且劫掠了三千当地人到云南西北部，强迫他们到丽水淘金。⑥ 这里还有一项记录说明，南诏在这一时期进攻昆仑国的孟族和另一个叫"女王"的国家。在进攻这两个国家时，南诏都被大败，他们的军队遭到沉重的损失。南诏还进攻真腊的吉蔑人，"蛮贼曾领马军到海畔，见苍波汹涌，惆然收军却回"⑦。很明显，在公元 9 世纪中叶，南诏如同在漫长的唐朝西南边界维持强大的军事力量一样，它在亚洲的西南大陆上也保持着强盛的军事力量。⑧

---

① 木芹会证：《南诏野史会证》，云南人民出版社，1990 年，第 131 页。

② 方国瑜：《唐宋时期云南佛教之兴盛》，林超民编：《方国瑜文集》（第二辑），云南教育出版社，2001 年，第 533 – 534 页。

③ 《新唐书》"南诏传"，方国瑜主编，徐文德、木芹、郑志惠纂录校订：《云南史料丛刊》（第一卷），云南大学出版社，1998 年，第 399 页。

④ 樊绰著，向达校注：《蛮书校注》卷十，中华书局，1962 年，第 383 页。

⑤ 《新唐书》卷二百二十二。

⑥ 樊绰著，向达校注：《蛮书校注》卷十，中华书局，1962 年，第 231 – 232 页。

⑦ 樊绰著，向达校注：《蛮书校注》卷十，中华书局，1962 年，第 245 页。

⑧ 查尔斯·巴克斯著，林超民译：《南诏国与唐代的西南边疆》，云南人民出版社，1988 年，第 153 页。

五、 小结

南诏与汉地关系密切，而且向来以汉化为荣，奉唐正朔，存汉正统，"不读非圣之书，尝学字人之术"①。随着南诏不断强盛以及汉化程度日益加深，南诏的自我意识日益膨胀，其独立意识和民族意识逐渐觉醒，如贞元之盟后劝丰佑、世隆和隆舜要与唐王朝称兄弟而不称臣就是明证。② 受中原尊华贬夷的夷夏之辨的影响，如称南诏为"蛮子""鸟兽之民"等，③ 南诏的民族自尊心受到伤害，开始对汉文化采取淡化、抵制的态度。从世隆的称帝、改元建极、自号"大礼国"就可以看出其志在独高的心态。隆舜大肆崇拜"借来"的阿嵯耶观音，并将其与梵僧联系起来，作为授记南诏建国和初传南诏佛教的重要角色，大造其像，还在巍山城东约三华里的东山支脉的山麓上，建有嵯耶庙。庙祀南诏第十二代王隆舜，旁祀二妃及传说中的二子白鹦太子和四郎太子。"三十六部各建庙貌肖像，以崇祀，步祷明虔，用酬大德，庙曰嵯耶，谥曰武宣，盖中心诚服而不能忘也。"④ 其目的在于借用这一外来形式表明南诏的佛教、文化渊源与汉地无关。这种思想在隆舜之子舜化贞（897—902 年）于中兴二年（898 年）命王奉宗、张顺制作的《南诏图传》中得到了完整的体现。《南诏图传》"文字卷"录中兴二年敕文曰："大封民国圣教兴行，其来有上。或从胡梵而至，或于蕃汉而来，弈代相传，敬仰无异。"大量事实已充分验证，汉系文化，包括汉地佛教为南诏的文化母体，但《南诏图传》"文字卷"却将对南诏佛教影

---

① 《南诏德化碑》，汪宁生：《云南考古》（增订本），云南人民出版社，1980 年，第157 页。

② 诸葛元声撰，刘亚朝校点：《滇史》，德宏民族出版社，1994 年，第 200 页。

③ 孙樵：《序西南夷》，袁任远、赵鸿昌辑：《唐文云南史料辑抄》，云南人民出版社，1989 年，第 212 – 213 页。

④ 张锦蕴：《嵯耶庙碑记》，薛琳编纂：《巍宝山志》，云南人民出版社，1989 年，第 201 页。

响不大的"胡""梵""蕃"置于前，有意抬高它们的地位，反而将对其有着重要影响的汉地佛教置于末端，明显是在淡化汉文化。而且，对阿嵯耶观音也大加颂扬，敕文曰："大矣哉！阿嵯耶观音之妙用也，威力罕测，变现难思，运悲而导诱迷途，施权化而拯济含识。"①《南诏图传》把阿嵯耶观音说成是化现为梵僧，来到洱海授记南诏立国，而完全漠视南诏是在唐王朝的扶持下最终得以立国，南诏以汉文化和汉地佛教为主体以及阿嵯耶观音是在 897 年或其前不久才实际出现于南诏等事实。"显然，《南诏图传》是南诏统治者有意图而作，是对南诏历史及佛教史的有意篡改和伪造。这样的篡改与伪造历史，稍有南诏历史常识的人都能看得出来。"② 南诏这样做的目的就是要彻底消除与唐朝的历史文化关系，获得精神上的完全独立。因而南诏别求新声于异邦，用东南亚风格的新式阿嵯耶观音像，代替以往的汉地佛像加以崇奉。

日本著名学者镰田茂雄在论述南诏佛教的特征时指出："第一是贵族佛教；第二是佛教信仰的内容以观音信仰和密教为主。"③ 关于第一个特征，镰田茂雄先生说："信奉佛教的是以国王、王妃为主的贵族、统治阶层。特别是造寺、造塔都是由王室承办。"④ 南诏时期建造的崇圣寺、千寻塔、昆明的东寺塔和西寺塔、剑川石窟（1 号、2 号窟）以王室为主题的造像等都与王室有关，可推断南诏国的僧侣王公贵族出身的人很多。从南诏观音佛王传统、阿嵯耶观

---

① 李霖灿：《南诏大理国新资料的综合研究》，"中央研究院"民族学研究所，1967年，第 51 页。

② 罗炤：《大理崇圣寺千寻塔与建极大钟之密教图像——兼谈〈南诏图传〉对历史的篡改》，中山大学艺术史研究中心编：《艺术史研究》（第 5 辑），中山大学出版社，2003 年，第 286 页。

③ 镰田茂雄：《南诏国的佛教——中印佛教文化的融介》，张岱年、汤一介等著，李中华编：《文化的冲突与融合：张申府先生、梁漱溟先生、汤用彤先生百年诞辰纪念论文集》，北京大学出版社，1997 年，第 396 页。

④ 镰田茂雄：《南诏国的佛教——中印佛教文化的融介》，张岱年、汤一介等著，李中华编：《文化的冲突与融合：张申府先生、梁漱溟先生、汤用彤先生百年诞辰纪念论文集》，北京大学出版社，1997 年，第 396 页。

音崇拜、《南诏图传》的观音化现故事，以及剑川石窟中的观音造像（7 号窟）、明王、大黑天神、毗沙门天等信仰可知南诏是以观音信仰和密教为主，其中阿嵯耶观音信仰成为南诏后期皇室重要的崇奉对象。

阿嵯耶观音像代表的是南诏晚期南诏的一种地方民族精神，是南诏统治者对中原王朝对其歧视及不平等待遇的不满而作出的贬华或自尊自高的举措，是世隆对汉化作出的逆反举动。对南诏统治者而言，阿嵯耶观音代表的是王室意志，是其自主性与独立性的表现，因而极力推崇对阿嵯耶观音的信仰和崇拜。

第三章 "易长真身":
观音佛王信仰视角下的观音造像

一、观音佛王信仰:一个问题的提出

南诏王隆舜钦奉佛教,尤其扶持、信奉密宗,自号摩诃罗嵯(大王),年号改为嵯耶。《南诏图传》"文字卷"记,至嵯耶九年巳岁(唐昭宗乾宁四年,897 年),得石门邑主罗和李忙求奏,"敕遣慈双语(字)李行将兵五十骑往看寻觅,乃得阿嵯耶观音圣像矣。此圣像即前(梵僧所化)老人之所铸也"①。又记:"至武宣皇帝摩诃罗嵯,钦崇像教,大启真宗,自获观音之真形,又蒙集众之岘鼓。"② 这表明,约 897 年,阿嵯耶观音像才真正出现在南诏地区。那么,隆舜使用嵯耶年号(889 年),是在他看到阿嵯耶观音像之前。由于真身观音像在嵯耶九年才找到,那么隆舜在此之前依凭什么而改元"嵯耶"就是一个令人费解的问题了。

对于这个问题,一些学者已经开始寻求答案,其中以古正美教授的观点最为典型、最有影响,那就是南诏观音佛王信仰的确立。侯冲后来依据地方史料作了一些相关补充。③ 佛王传统与天王传统

---

① 《南诏图传》"文字卷"。
② 《南诏图传》"文字卷"。
③ 相关论文包括,古正美:《武则天的〈华严经〉佛王传统与佛王形象》,《国学研究》,2000 年第 7 期,第 299 – 321 页;《从南天乌荼王进献的〈华严经〉说起——南天及南海的〈华严经〉佛王传统与密教观音佛王传统》,《佛学研究中心学报》,2000 年第 5 期,第 161 – 201 页;《东南亚的"天王传统"与后赵时代的"天王传统"》,《佛学研究》,1998 年第 7 期,第 300 – 322 页;古正美:《南诏、大理的佛教建国信仰》,张春继惠赠资料;《从天王传统到佛王传统——中国中世佛教治国意识形态研究》,商周出版社,2003 年;侯冲:《南诏观音佛王信仰的确立及其影响》,《云南与巴蜀佛教研究论稿》,宗教文化出版社,2006 年。

有着密切关联，是印度教及佛教传统所发展起来的帝王教化传统。随着密教的发展和影响，阿育王开始建立和使用佛教转轮王传统，公元4世纪左右，佛王传统和天王传统成为亚洲各地帝王流行的教化传统。中国石虎（295—349年）时期的帝王已经有使用天王传统治国的情况。佛王同体的信仰始见于东晋时代翻译的《华严经》，在初唐以前已经为中国帝王所使用。随着密教金刚顶派在南天的发展，在公元6、7世纪之后的汉译密教经典中，佛王同体的信仰频繁出现，并形成密教不空羂索观音佛王传统即观音就是转轮王、转轮王就是观音的主要信仰。公元7世纪之后密教观音佛王传统受到包括印度、尼泊尔、中国及中亚等地帝王的广泛青睐，成为一种流行的佛教教化传统。所以，公元7世纪以后的中国古代帝王，如唐代的武则天，不仅有使用《华严经》佛王传统的历史，也有使用密教佛王传统治世的历史。南诏大理国国王尽管地处中国西南边陲，但和东南亚国家联系紧密，同样会受到这一影响的波及。

亚洲地区观音的不同神圣身份：

国家	信仰对象名称	性别	重要意义
印度	Avalokitewvara（梵）、Kanin（巴）	男	观音古佛、莲华手观音、多手观音等。多与印度神祇造像形式相似，著名的即是阿旃陀石窟之菩萨像。
中国	观世音、观音、观自在、Chemesig（藏语，意为"善视"）	男、女	主要以女性观音形象出现，并有适于中土而与皇室无关的观音各种化身形象。而三十三应化观音、密教诸多仪轨形式之观自在形象也多少影响了中土，是既有外来之影响，亦有本土之创造的融合。在西藏与云南白族，统治者是观音的化身。观音在西藏被尊为雪国的守护神，达赖喇嘛亦被视为观音的化身。观音主要表现形式是以大日经、陀罗尼经、千手经等为仪轨，以圣观音、六字观音、千手千眼观音、如意轮观音等六观音为主，但又有欢喜佛等双身形式。

（续上表）

国家	信仰对象名称	性别	重要意义
柬埔寨、越南、爪哇等	Lokewvara（意为"世自在"）、Quan' Am（越南语）	男	"世自在"为宇宙的主宰。以柬埔寨（高棉）为例，自古即以印度教与佛教为中心展开其宗教文化之独创性，国王被视为诸神的化身，并以其容貌雕造立像，冠上神像称号以受奉祭祀。
缅甸	Lokanathan（世主）	男	世主亦即神王，乃观音化身为一国之君王。
斯里兰卡	Natha Doviyo（神主）	男	与王室关系密切，是守护加国的神王。
日本	Kannon、光世音	女、男	日本相传有十五观音、二十五观音、三十三观音之说；多为垂迹化身之像。

注：参考许景华：《化身与救度思想及其象征研究——毗师孥与观世音图像及宗教与美学意涵》，南华大学宗教学研究所硕士论文，2005年，第161页，略有改动。

　　年号"嵯耶"当为阿嵯耶的简称。隆舜将年号改为"嵯耶"，应该就有将自己视为"规范师"的意思。而"摩诃罗嵯"一词兼有"摩诃罗嵯"和"嵯耶"之意。① 所以隆舜自号"摩诃罗嵯"时，即表明他既是转轮王中的土轮王，又是阿嵯耶观音，这是南诏晚期确立的密教观音佛王信仰。"观音佛王传统乃是一种建国信仰或治国意识形态。作为观音佛王的帝王，虽以观音面貌面对其子民，然其本身还是一位以佛法治国的转轮王……他还要以'阿嵯耶'或宗教师的身份领导其人民走向成佛之道，在地上建立佛国。"② 古正美教授对此的论述已很充分，在此不再赘述，仅就博什瓦黑和石钟山石窟王者造像提些看法。"将佛像和皇帝以同等地位排列在一起的总体布局是

_____

① 参照侯冲：《南诏观音佛王信仰的确立及其影响》，《云南与巴蜀佛教研究论稿》，宗教文化出版社，2006年，第27页。

② 古正美：《南诏、大理的佛教建国信仰》，张春继惠赠资料，第13-14页。

吴哥巴戎寺四面观音像

吴哥班迭喀蒂寺的山庙型建筑

这时期（南诏大理）白密艺术的基本特征。"① 所以，"有佛像就有皇帝出现"②。

南诏最为显著的文化发展期是在隆舜统治时期（877—897 年），此时南诏国的宗教转变加速进行。隆舜可能是把佛教正式作为南诏国教以及确立云南的大理国教的一个关键人物。隆舜对宗教的虔诚信奉，反映在他本人接受了摩诃罗嵯与土轮王的名号上，其明显的证据是《梵像卷》。这些名号可看作隆舜力图作宇宙君王、佛教的转轮圣王的象征。隆舜可被看作东南亚文化影响南诏的一个证人。他要求与唐朝和亲遭到拒绝，据南宋时的资料记载，他从东南亚的昆仑国得到了一位公主并十分宠爱她。③ 这个证据通常被用来支持这样的观点，就是南诏和大理的艺术风格显然受到东南亚的影响，特别是流传至今的一些铜观音像就是这一观点最好的例证。④ 就目前保留的文献及实物来看，南诏、大理自公元 9 世纪之后便长期使用金刚顶派奠立的观音佛王传统治国。这种现象，不能说不是受当

---

① 张锡禄：《大理白族佛教密宗》，云南民族出版社，1999 年，第 166 页。

② 杨郁生：《石钟山石窟艺术断想》，剑川县文化局编：《石宝山》，云南民族出版社，1990 年，第 173 页。

③ "是年（即僖宗光启元年乙巳，885 年）昆仑国进美女，舜嬖之。"见木芹会证：《南诏野史会证》，云南人民出版社，1990 年，第 167 页。

④ 查尔斯·巴克斯：《南诏国与唐代的西南边疆》，云南人民出版社，1988 年，第 187 页。

时亚洲佛教信仰的影响。印度尼西亚从公元 7 世纪传入同样的观音信仰后，直至 13 世纪还使用此建国信仰。泰国及柬埔寨也有发展观音佛王传统治国的记载。与南诏相邻的西藏，甚至尼泊尔，大概在南诏接受此传统之际也已接受同样的观音佛王传统治国思想。[①] 今日西藏达赖喇嘛尚有观音化身之说，而且其所居住的宫殿又以观音宫殿之名"布达拉宫"（"补陀洛"）命名，这就是西藏一直到今天都还使用东南亚金刚顶派奠立的观音佛王传统治世的证据。

二、"内道场"崇圣寺的易长观音造像

（一）内道场崇圣寺与雨铜观音的悬疑

1956 年 8 月，云南大理州凤仪北汤天董氏宗祠金銮宝刹（俗称）大殿（又名法藏寺）发现一批经卷，有南诏大理时写本二十多卷，还有一大批宋、元、明时期的写本、刻本佛经。《护国司南抄》是其中年代最早的抄本。[②]《护国司南抄》卷首序曰：

> 般若宝经，义崇护国。仁王尊奉，道侣任持。故得三宝光生，七难氛息。疏主三藏，业称内外，学洞古今。翻译文润于斯经，习共赞义皎乎？兹疏文约而诣，理邃而彰，聪岫之鸡，冠贯沧溟龙颔。至如释文体广括群，鉴讲习之流，卒难寻究。今因演次，检而录之。缮写既周，勒成五卷。防泣路，备迷方，故目之云《护国司南抄》耳。并《校勘录》一卷，附第五末。但集经论岂迷怀？幸诸忘鉴，莫我瑕矣。时安国圣治六载甲寅岁朱夏之季月也。[③]

从序中可以看出《护国司南抄》是为"般若宝经"，即为不空译《仁王护国般若波罗蜜经》作"演次"而"勒成"的，即为

---

① 参照古正美：《南诏、大理的佛教建国信仰》，张春继惠赠资料，第 19 页。

② 董国胜：《北汤天法藏寺的经藏》，云南大理白族自治州南诏史研究学会编印：《南诏史论丛》，1986 年，第 155 页；周泳先：《凤仪县北汤天南诏大理国以来古本经卷整理记》，载李家瑞等编著：《大理白族自治州历史文物调查资料》，云南人民出版社，1958 年，第 7 页。

③ 方广锠主编：《藏外佛教文献》（第七辑），宗教文化出版社，2000 年，第 70—71 页。

"疏主三藏"良贲作《仁王经疏》七卷所作的注释。① 在《护国司南抄》卷第一之下，有"内供奉僧、崇圣寺主、义学教主、赐紫沙门玄鉴集"的题识，表明了《护国司南抄》的作者及其身份。"内供奉"，又称内供、供奉，古代皇宫大内之僧职，即宫中举行斋会等法会之时，在内道场（宫禁内皇室举行译经、受戒、念诵、斋会及接待高僧的经、教行事会所）担任读师等职者。依《大宋僧史略》卷下所载，唐肃宗至德元年（756年），下诏于凤翔开元寺置药师道场，并选元皎（不空之法孙）等二十一位僧侣，六时行道念持。法会期间，道场中忽生一丛李树，元皎谓李树繁滋，兴国之兆，帝感此祥瑞，敕元皎为内供奉，"置此官者元皎始也"②。"伪蜀时。云南国遣内供奉崇圣寺主。赐紫银钵。僧充通好使焉。后蛮士有上者赐金钵。犹中国赐银鱼也。"③ 可见内供奉僧是内道场的常设僧，而且云南的内供奉与崇圣寺之间有着密切关联。《南诏图传》"文字卷"第四化，"钵盂、锡杖，王乐差部下外募赴奏于巄于山上，留著内道场供养顶礼"，云南省图书馆藏明代复抄南诏大理国写本《金刚大灌顶道场仪》卷十有"内道场中用灌顶佛一帧"的文字，说明南诏仿唐建立了内道场，设置内供奉僧。

经卷《护国司南抄》序文"时安国圣治六载甲寅岁朱夏之季月也"，据李家瑞先生考证，"圣治"不是纪元本文，而是当时地方上对王子的纪元所加的颂祝之词。安国圣治六年相当于唐昭宗乾宁元年（894年），可知此经为南诏隆舜时期写本。④ 周泳先亦考证其为"南诏隆舜时期的写本"⑤，反映出南诏晚期内地汉文译本的密宗经典已传入云南。

---

① 侯冲：《大理国写经〈护国司南抄〉及其学术价值》，《云南与巴蜀佛教研究论稿》，宗教文化出版社，2006年，第70页。
② 赞宁：《大宋僧史略》，《大正藏》"外教部全"。
③ 赞宁：《大宋僧史略》，《大正藏》"外教部全"。
④ 李孝友：《南诏大理的写本佛经》，云南省文物管理委员会编：《南诏大理文物》，文物出版社，1992年，第170页。
⑤ 周泳先：《凤仪县北汤天南诏大理国以来古本经卷整理记》，载李家瑞等编著：《大理白族自治州历史文物调查资料》，云南人民出版社，1958年，第12页。

"古代大理的崇圣寺是极有名的佛教重要场所，称之为'佛都'。它是云南古代佛教密宗的灌顶道场……要探讨古代云南的佛教密宗，必得很好地关注崇圣寺的一切。"① 因为它是南诏大理国皇家的内道场，相当于陕西法门寺是李唐皇家的内道场，所以规模宏大。据《南诏野史》描述崇圣寺云：

仅存的崇圣寺雨铜观音

仿制的崇圣寺隆舜建极大钟

开元元年建大理崇圣寺，基方七里。圣僧李贤者定立三塔，高三十丈，佛一万一千四百，屋八百九十，铜四万五百五十斤……王嵯巅广寺基方七里。圣僧李成眉贤者建立三塔，高三十丈，佛一万一千四百，屋八百九十，铜四万五百九十斤。②

《僰古通纪浅述》记述了用工和工期：

保和十年癸丑，令博士修崇圣寺并三塔。大塔十六层，高一百八十五尺，旁二塔各高一百八十五尺……用工力夫役匠七百七十万八千一百四十一工，金、银、布、帛、绫、罗、缎、锦，值金四万三千五十四斤。

自保和十年兴工，至天启九年七月十五日毕，凡十五年。③

---

① 杨延福：《大理崇圣寺巨钟小识》，《南诏大理白族史论集》，云南民族出版社，2004 年，第 68 页。

② 木芹会证：《南诏野史会证》，云南人民出版社，1990 年，第 132 页、第 134 页。

③ 尤中校注：《僰古通纪浅述校注》，云南人民出版社，1989 年，第 66 - 67 页。

崇圣寺大致有三阁、七楼、九殿。按明人李元阳《崇圣寺略记》和吴鹏《重修崇圣寺记》所载："主殿是九开间的释迦佛殿，之后有现瑞殿、毗庐殿、极乐殿、龙华殿、雨铜殿等殿宇。沿中轴线梯磴而上，左右两侧还有般若、华严、圆通、雨花等院落，最高处有月波楼、艳雪台，殿内'巍巍金像，互相辉耀'。可以看出建寺之初到明代之前崇圣寺的规模和宏伟气势。"①

1979 年，当地对大理崇圣寺三塔进行了全面维修，在实测和维修的同时，也对塔藏文物进行了认真清理。共清理各种造像达 133 尊，其中三塔发现佛像 64 尊，皆为金刚界曼荼罗所述的五方佛。②三塔出土各种菩萨像 74 尊，其中观世音菩萨像 53 尊。其他有大势至、文殊、普贤、地藏、虚空藏、除盖障菩萨等造像。此外还有明王造像和大黑天神、帝释天、毗沙门天、吉祥天、伊舍那天、阿修罗等护法天神造像等。这些出土文物，以及《曼荼罗图像》《佛前自心印陀罗尼》《无垢净光大陀罗尼》等写经，证明崇圣寺在南诏大理国时期是密宗瑜伽部的寺院。

传有崇圣寺铜铸观音像，高约二丈四尺，为滇中最高大的铜铸佛像，相传与三塔同时铸造。李元阳撰《崇圣寺重器可宝者记》曰："雨铜观音像高二丈六尺，唐初有僧拟募铜铸像，是夜天雨铜，像成，铜尽，无欠无余。"又谓："多历年所，累经变故者，而独得无恙。"③ 又万历《云南通志》卷十三载："崇圣寺……中有观音像高二丈四尺，唐蒙氏民董明善者，吁天愿铸，是夕天雨铜，无欠无余，仅足铸像。"④ 释同揆《洱海丛谈》亦载此说，谓在天宝年间

---

① 吴棠：《大理崇圣寺的变迁》，董增旭惠赠资料，第 88 页。
② 即中部大日如来、东方阿閦如来、南方宝生如来、北方不空成就如来、西方阿弥陀佛，其他还有立佛和一佛、二菩萨等。其中四十七尊藏于千寻塔顶原塔刹基座内，三尊藏于北塔塔身，一尊藏于北塔塔心底部，另有十二铺、一佛、二菩萨泥质雕像见于千寻塔塔基壁龛内。
③ 李元阳撰：《崇圣寺重器可宝者记》，《李中溪全集》，云南省图书馆刻本。
④ 邹应龙修，李元阳纂：万历《云南通志》卷十三，明万历四年刻本。

铸造。① 释圆鼎《滇释纪》则谓"禅陀子……随李贤者游化至大理"② 所作，铸造时间在南诏劝丰佑时。雨铜铸像，也许是依据传说，但可以看出崇圣寺所尊奉的主要神祇是观音像。胡蔚本《南诏野史》"舜化贞传"载："光化庚申三年（900 年），铸崇圣寺丈六观音，清平官郑买嗣合十六国铜所铸，蜀人李嘉亭成像。"③《僰古通纪浅述》载："唐昭宗光化元年戊午（898 年），命董明善铸崇圣寺钟，并后殿观音，高一丈六尺。"④ 此说有所本，为光化年间铸造。推测董明善监督而李嘉亭为技工，因募铜造像而被讹传为天雨铜。

观音戴冠，披肩着裙，璎珞垂胸，臂钏缀体，天衣绕身，雍容华美。左手下垂执净瓶，右手曲肘平肩弹指滴洒甘露，面容慈悲，君临人世。有学者称其五官造型接近阿嵯耶观音，与中原汉传佛教观音造像风格差异明显，眉宇间投射出一股南天异彩。⑤ 而且"无论从哪一方面说，它们（云南阿嵯耶观音铜像）都是仿照'雨铜观音'复制的"，"（《南诏图传》）一个与崇圣寺的大观音像（雨铜观音）相类似的庞然巨像安置在大山顶上"。⑥ 但是如果从仅存的照片上看，此尊雨铜观音璎珞满身，面容饱满圆润，手拿净瓶，体态雍容，有君临天下的气度，明显是受唐风的影响。从史料的蛛丝马迹上看，这尊观音造像应与中原、蜀地有关，而且是倾南诏王室之力铸造的。当时正是南诏大举外侵、频频征伐四邻的时期，从四川大肆掳掠工巧、技匠、僧道，使得铸造此尊观音巨像成为可能。雨铜观音像与宽肩细腰的阿嵯耶观音像迥异其趣，谓其受中原之影响则

① 释同揆：《洱海丛谈》，方国瑜主编，徐文德、木芹、郑志惠纂录校订：《云南史料丛刊》（第十一卷），云南大学出版社，2001 年。

② 释圆鼎：《滇释纪》，中华书局，2010 年。

③ 木芹会证：《南诏野史会证》，云南人民出版社，1990 年，第 178 页。

④ 尤中校注：《僰古通纪浅述校注》，云南人民出版社，1989 年，第 31 页。

⑤ 杨郁生：《白族美术史》，云南民族出版社，2005 年，第 181 页。

⑥ Helen B. Chapin：《云南的观音像》，查尔斯·巴克斯著，林超民译：《南诏国与唐代的西南边疆》，云南人民出版社，1988 年，第 288 – 289 页；此处叙述《南诏图传》老人铸圣像的情节。

更加如实一些，以上学者所说恐难成立。雨铜观音今已被毁①，为后人留下了悬疑，但可以从中看出南诏王室对观音的崇奉和当时南诏国国力的强盛。

《僰古通纪浅述》记述了很多王室与崇圣寺、崇圣寺和观音的典故，如：

上元元年，唐大匠恭韬、徽义造三塔，建崇圣寺。观音所化梵僧建国立王已，将回……僧以羊姜木刻雕己象以遗之……②

主重葺崇圣寺，增至千间。③

保和十年癸丑，（丰佑）令博士修崇圣寺并三塔。④

十六年乙亥，星殒如雨。主以修崇圣寺完，请阿容小成庆寺为证盟和尚……始诵请观音文。时白水晶观音从钵盂涌出，足距前牛乘云上天。⑤

主有一女，往崇圣寺行香⑥

唐昭宗光化元年戊午（898 年），命董明善铸崇圣寺钟，并后殿观音，高一丈六尺。⑦

"从寺院来看，始建于唐代南诏开成年间（建寺时间有争议）的崇圣寺就是一个观音的道场。首先以寺名来说，它点明此寺崇拜的不是佛陀，而是圣，这圣就是观音菩萨。"⑧ "南诏时观音寺很多，

---

① 1959 年春，方国瑜与吴乾就同游崇圣寺，还见到这尊高约二丈四尺的铜观音像。经专家鉴定，谓造像年代在宋以前，唯有后人补修部分，已非初造之全身。最后一次补修在清代，其下垂衣缘，刻有"云南提督蔡标率官绅士庶补铸，光绪丙申年（1896 年），仲秋之吉"等字，所补修者为衣缘破损部分，大概是曾有人盗铜片。林超民主编：《方国瑜文集》（第二辑），云南教育出版社，2001 年，第 578 页。

② 尤中校注：《僰古通纪浅述校注》，云南人民出版社，1989 年，第 31 页。

③ 尤中校注：《僰古通纪浅述校注》，云南人民出版社，1989 年，第 65 页。

④ 尤中校注：《僰古通纪浅述校注》，云南人民出版社，1989 年，第 66 页。

⑤ 尤中校注：《僰古通纪浅述校注》，云南人民出版社，1989 年，第 71 页；《梵像卷》92 开"南无白水精观音"疑为此类，"精"通"晶"。

⑥ 尤中校注：《僰古通纪浅述校注》，云南人民出版社，1989 年，第 71 页。

⑦ 尤中校注：《僰古通纪浅述校注》，云南人民出版社，1989 年，第 88 页。

⑧ 张锡禄：《大理白族佛教密宗》，云南民族出版社，1999 年，第 141 页。

洱海地区著名的有崇圣寺"①，"雨珠观音殿，乃立像，铸铜而成者，高三丈"②，大理崇圣寺塔身砌砖上刻有梵文四排，意为"释迦佛祖化观音/佛内之名如来佛/天下佛有伽兰神/如来观音伽兰呪"③。由此可见，崇圣寺为南诏国的内道场，供奉的主尊为观世音菩萨。

（二）"圣驾淋盆"的灌顶仪轨

南诏佛教与唐代内道场的兴废有密切关系的另一项重要内容，是为皇帝灌顶，这也是密教仪轨的重要内容。大理凤仪北汤天董氏宗祠出土的大理写经中，有明建文三年（1401 年）大理赵州（今凤仪）五峰寺住持比丘释妙真为法界有情造《金刚大灌顶道场仪》（原件今存云南省图书馆），尚存"大灌顶仪卷第七""金刚大灌顶道场仪第九""灌顶圣上每年正月十五日早朝略灌顶次第卷十""受金刚大灌顶洁净坛内守护圣上卷十一""圣上受金刚大灌顶五坛仪注次第十三"等部分内容。④ 因《金刚大灌顶道场仪注竟》有"圣上住至明阳殿内，灌顶国师和尚阿左梨、五坛坛主、呪师、法师、文官、太吏齐首拜贺，次候布燮、坦绰（布燮、坦绰为南诏大理特有职官名）、文官百察顶贺圣上"的字样，判断建立金刚大灌顶道场的目的是为圣上灌顶，时间是每年的正月十五日左右。"正是由于灌顶道场的建立与内道场及密教有极为密切的关系，而会昌法难后内道场停废，密教受到严重打击，在汉地没有了明确的传承，所以《金刚大灌顶道场仪》或者说南诏时期为皇帝灌顶的密教金刚乘传入南诏的时间，与《仁王经》传入云南并得到尊崇一样，当为贞

① 王海涛：《云南佛教史》，云南美术出版社，2001 年，第 54 页。

② 徐霞客著，朱惠荣校注：《徐霞客游记校注》"滇游日记八"，云南人民出版社，1985 年。

③ 汪宁生：《云南考古》（增订本），云南人民出版社，1992 年，第 181 页；《云南通志稿》"金石"，道光十五年刻本。

④ 参照侯冲：《南诏观音佛王信仰的确立及其影响》，《云南与巴蜀佛教研究论稿》，宗教文化出版社，2006 年，第 20 – 21 页。

元十年以后至会昌四年以前（794—844 年）。"①

云南省图书馆藏明代复抄南诏大理国写本《金刚大灌顶道场仪》卷十有"内道场中用灌顶佛一帧"②，灌顶是修密者受学密法必先进行的仪式。古代印度国王即位时皆行灌顶仪式，以四大海之水灌新王之顶，表示祝福。如《贤愚经》卷十三"顶生王品"记载文陀竭王即位之事：

诸附庸王共诣顶生，而咸启曰：大王已崩，愿嗣国位。顶生答言：若吾有福应为王者，要令四天及尊帝释来相迎授。尔乃登祚，立誓已竟，四天即下，各捉宝瓶，盛满香汤以灌其顶。时天帝释复持宝冠来为着之，然后称扬。③

旧译《华严经》卷二十七"十地品"记载，在十地中，第十法云地之菩萨受诸佛之灌顶，号为灌顶法王，其文云：

菩萨摩诃萨亦如是，受职时，诸佛以智水灌是菩萨顶，名灌顶法王。具足佛十力故，堕在佛数，是名诸菩萨摩诃萨大智慧职地。以是职故，菩萨摩诃萨受无量百千亿万苦行难事，是菩萨得是职已，住法云地，无量功德智慧转增。④

《佛说灌顶经》记载：

阿难以是因缘故名灌顶章句。所以然者如王太子绍王位时。法应以水灌其顶上。然后统领治国之事我法亦尔。⑤

---

① 侯冲：《南诏观音佛王信仰的确立及其影响》，《云南与巴蜀佛教研究论稿》，宗教文化出版社，2006 年，第 23 页。

② 侯冲：《南诏观音佛王信仰的确立及其影响》，《云南与巴蜀佛教研究论稿》，宗教文化出版社，2006 年，第 19 页。

③ 《贤愚经》卷十三，《大正藏》"本缘部下"，"顶生王品第五十七"，电子光盘版。

④ 《华严经》卷二十七，《大正藏》"华严部"，"十住经"，电子光盘版。

⑤ 《佛说灌顶经》，《大正藏》"密教部四"，电子光盘版。

南诏大理王者身后持净瓶的侍者

　　"密教经典及文献都说，以佛教意识形态治国的帝王，都以'灌顶'的仪式登上'转轮王'位或'佛王'位。中国保留的佛教文献便提到，密教帝王的灌顶方式有'水灌'及'七宝灌顶'两种。"① 隆舜因为使用《金刚大灌顶道场仪》以"五瓶圣水""水灌"的仪式，其身后两侍者才有执持水瓶的画像，而隆舜才会赤裸未着王服，而周围的人物才会如此恭敬、肃穆。《南诏图传》第七化"至嵯耶九年丁巳岁，圣驾淋盆"，"淋盆"当指"以水灌顶"。"这则记载因此有说明隆舜是在改元'嵯耶'的第九年（898年）才用'灌顶'的方式登上转轮王位的意思。"②

（三）"易长真身"：易长观音与阿嵯耶观音造像

　　大理崇圣寺三塔出土的标号为 TD 中：72 的一木质雕像，通高 8 厘米，雕刻精细，双手残缺，神态如生，从造像样式来看，是典型的阿嵯耶观音造像，像身正面书写朱字"易长真身"，背朱书汉

---

① 古正美：《南诏、大理的佛教建国信仰》，张春继惠赠资料，第 16 页。
② 古正美：《南诏、大理的佛教建国信仰》，张春继惠赠资料，第 16 页。

字一行"菩萨弟子杨圣香"。① 关于"易长"，《僰古通纪浅述》"蒙氏世家谱"载：

王（隆舜）伐益州（今成都），得一观音……凯回至国，以所得金银钱粮写《金刚经》一部，易长观音像，铜钟一二，效之而写《金刚经》，设观音道场。观音化梵僧来应供。主曰：吾欲再征伐，如何？僧曰：土广民众，恐难控制。乃止。主以四方八表夷民臣服，皆感佛维持，于是建大寺八百，谓之蓝若，小寺三千，谓之伽蓝，遍于云南境中，家知户到，皆以敬佛为首务。②

可见，易长观音已经是较为独立的造像样式。查易长是大理国时期国王段政（正）兴（1147—1172 年在位）的法名。胡蔚本《南诏野史》载：

大理国段政兴时阿嵯耶观音造像及其背后题铭

正兴又名易长伪谥景宗正康皇帝。

正兴，南宋高宗丁卯绍兴十七年（1147 年）即位。明年，改元永贞，又改元大宝、龙兴、盛明、建德……孝宗壬辰乾道八年（1172 年）……正兴禅位为僧，在位二十五年，子兴智立。③

---

① 据姜怀英、邱宣充：《大理崇圣寺三塔》，文物出版社，1998 年，第 74 页；邱宣充执笔，云南省文物工作队：《大理崇圣寺三塔主塔的实测和清理》，杨政业等主编：《20 世纪大理考古文集》，云南民族出版社，2003 年，第 481 页。

② 尤中校注：《僰古通纪浅述校注》，云南人民出版社，1989 年，第 79 页。

③ 木芹会证：《南诏野史会证》，云南人民出版社，1990 年，第 283 页。

崇圣寺出土的
阿嵯耶观音

有"易长真身"
题记的观音像

《梵像卷》中的易长
观世音菩萨

这个名字还出现在美国圣地亚哥收藏的铜观音像的铭文上："皇帝磤信段政兴资为太子/段易长生段易长兴等造/记愿禄筭尘沙为喻保庆千/春孙嗣天地标机相承万世。"① 按照南诏大理国"父子连名制"这个文化特征，段易长兴当为段智兴，即《梵像卷》中的"利贞皇帝"。②

汉代以来，云南大理地区即采用特殊的"冠姓双名制"。南诏时期，洱海地区汉化程度较高的乌蛮、白蛮大姓，如张、蒙、杨、段、赵、李、王、董、高等多遵此法。大理国时，段氏二十二代主中，避位为僧者即有九人之多，并任用释儒为官，佛教大兴，取名时采用大量的佛号，如苏难陀智、杨释迦宝、段波罗实、杨观音坚等，所以名字中夹加佛名并非大理国王室所专有。段政兴又称段易长，其子段智兴又名段易长兴。此外，在谏议大夫敕赐大师杨俊升所撰的《大理国故高姬墓铭》中，也载述高姬为"天下相国高妙音

① 李霖灿：《南诏大理国新资料的综合研究》，"中央研究院"民族学研究所，1967年，第12页。

② "智兴，南宋孝宗壬辰乾道八年即位，明年，改元利贞。"引自木芹会证：《南诏野史会证》，云南人民出版社，1990年，第300页。

护之女，母建德皇女段易长顺，翰林郎李大日贤之内寝也。"① 高姬之母为大理国建德皇帝段政兴的女儿段易长顺。《梵像卷》即是张胜温为利贞皇帝段智兴所画。如此，在名字中夹"易长"的皆为大理国的王室，"易长"这个名号应与大理国的统治者有着特殊的关系。

佛典中亦不乏"易长"字样的经文载述，主要有两个含义，一为容易增长绵延，如功德、寿命、供养易长等；二为"易长令短"，即众生所受三涂（途）苦渐次微弱转薄。如：

不空译《大藏经·密教部三》"叶衣观自在菩萨经"：

唯愿二十八大药叉将并诸眷属。各住本方护持守护某甲令除灾祸不祥疾病夭寿。获得色力增长聪慧。威肃端严具足。易养易长寿命长远。作是加持已。二十八大药叉将不敢违越诸佛。如观自在菩萨及金刚手菩萨教敕。昼夜拥护卧安觉安获大威德。若有国王作此法者。其王境内灾疾消灭。国土安宁人民欢乐。②

《大藏经·律部三》"善见律毗婆沙·舍利弗品"：

如来方便赞叹少欲知足易养易长。少欲者。无悭贪心。若于一供养随其所得。若持易养者。能制六情不随六尘。是名易养。易长者。于四供养知量知足。是名易长。③

《大藏经·诸宗部》"四明尊者教行录"：

疑者云。释尊本愿云。我未来出秽恶国土。利益十方净土摈出恶业众生。故知。所有苦事但是众生恶业所感。何言由佛不关众生。若佛所为者。莫也众生恶业空无果报耶。岂如来背于大悲方便。令诸众生受三涂苦耶。然则不轻所行之行。文殊所化之众。皆是巧施方便。易长令短。转重令轻。固非设苦恼因缘也。④

《大藏经·诸宗部二》"净心戒观法"：

①　大理市博物馆：《大理市收集的四方大理国末期的碑刻》，《考古》，1987 年第 9 期，第 79 页。

②　不空译：《大藏经·密教部》"叶衣观自在菩萨经"，电子光盘版。

③　《大藏经·律部三》"善见律毗婆沙·舍利弗品"，电子光盘版。

④　《大藏经·诸宗部》"四明尊者教行录"，电子光盘版。

经云。此国一日修道胜他方一劫。何以故。此中多恼害能忍者希。虽忍诸苦功德易长。净土无恼佛道难成。于佛法中若欲退心当忆过去。经无量劫在地狱中。受炽猛火碎身等苦无逃避处。人中苦者百千万亿不重于彼一瞬目项。若不坚固勤行诸度云何能尽生死大苦因缘。三涂罪人若为能救。若不能救众生何名慈悲。既无慈悲菩提分法依何为本。①

不空译《大藏经·密教部三》"叶衣观自在菩萨经"提到"若有国王作此法者。其王境内灾疾消灭。国土安宁人民欢乐"，则更加深入地说明了这个坛法具有护国的意蕴，所以只有大理国王族的名字里，才频频出现"易长"的字样。

易长观音像是云南独有的观音造像名目，其名称来由、造像样式等都不清晰，颇令人费解，命名也有些混乱。有些学者把阿嵯耶观音造像样式、柳瓶观音等都命名为"易长观音"，目前还缺乏充分的证据表明阿嵯耶观音就是易长观音。② 对于易长观音的造像来源，Chapin 的推测最具代表性，"可能'易长观世音'的名字就用了皇帝段政兴的名字，段政兴在登上王位前的名字是'易长'。在长画卷（《梵像卷》）中绘上了这位统治者的形象并加以标注"③，因为这种特点在印度支那（占婆和柬埔寨）是比较普遍的。"《指月录》这部书……易短为长，变粗为精。"④ 因为《梵像卷》100 开"易长观世音菩萨"名称和段政兴名字相同，所以自然联想到王权和神权合一的中南半岛的佛王和天王信仰传统。"将国主段易长之名加诸观世音之上，就和流行于东南亚的天王信仰相关，为大理极

---

① 《大藏经·诸宗部二》"净心戒观法"，电子光盘版。
② 如姜怀英、邱宣充的《大理崇圣寺三塔》（文物出版社，1998 年）的命名，见其第 108 –117 页等。
③ Helen B. Chapin：《云南的观音像》，查尔斯·巴克斯著，林超民译：《南诏国与唐代的西南边疆》，云南人民出版社，1988 年，第 296 –297 页。
④ Helen B. Chapin：《云南的观音像》，查尔斯·巴克斯著，林超民译：《南诏国与唐代的西南边疆》，云南人民出版社，1988 年，第 296 –297 页。

具特色的一种宗教形式。"① 可以说，这是目前为止最为合理的一个对易长观音造像缘由的解释。

在《梵像卷》99 开、100 开分别为《真身观世音菩萨》和《易长观世音菩萨》，真身一尊明显为阿嵯耶观音造像，下面是《南诏图传》中出现过的若干情节；易长观世音造像则是左手执柳枝，右手持净瓶，立于龙座所托之莲台之上，身披璎珞，冠有阿弥陀佛，左右各立一胁侍菩萨，前有一佩剑天王和半跏趺坐菩萨。后有舟形背光和头光。此尊菩萨造像并没有什么特别的地方，皆是惯常的胁侍菩萨像、天王像等式样，极有可能是配合"易长"之名而造出来的一尊菩萨像。② 这也是目前把柳瓶观音命名为"易长观音"的原因。所以现今"易长观音"的造像样式有两种参考：一为美国圣地亚哥艺术馆收藏的大理国王段正兴为太子祈福所造阿嵯耶观音样式和大理崇圣寺出土的标有"易长真身"字样的阿嵯耶观音；二为《梵像卷》100 开"易长观世音菩萨"。但是这两种证据都不充分，所以不能把执瓶柳者都视为"易长观音"的造像样式。这与南诏大理佛教造像不是严格按照经籍描述所造有关，留待史料实物的进一步证实、厘清。

三、王者造像——佛王信仰的一个解读

剑川石钟山石窟共有王者造像三窟，1 号、2 号窟分别命名为"南诏第六代王异牟寻议政"和"南诏第五代王阁罗凤出巡"，两窟位置突出，雕刻精美，举凡人物衣饰相貌、宫廷习俗、典章制度、用具器物等一应俱全，真实详尽地记录了南诏宫廷的现实生活。在中原汉地的佛教造像中，几乎没有人间帝王如此赫然与佛菩萨并列

---

① 李玉珉：《张胜温〈梵像卷〉之观音研究》，"国立故宫博物院"编辑委员会：《观音特展》，"国立故宫博物院"，2000 年，第 245 页。

② 同样，姚安《兴宝寺碑》所载：高踰城生之子名高踰城光。《梵像卷》83 开的榜题即为"踰城世尊佛"。

齐驱，接受众生膜拜供养。笔者认为，这恰恰是南诏大理王室佛王信仰的又一证明。

石钟山石窟狮子关区 9 号窟，历来都被人们视为本主造像。因为 1、2 号窟主题是南诏宫廷，而 9 号窟则是南诏王者家室。9 号窟居高临下与石钟山隔谷相峙，造像在一天然窟式的岩壁上，上方一块巨石平覆其上成天然宝檐。全窟雕人物七个，正中长条形供台上中央偏右雕一王者形象，王者头戴宝塔莲花冠，冠顶镶嵌一宝珠，冠底边镶嵌三匝联珠纹，两展脚呈 S 形上翘，两冠带分别垂至两肩。面相方圆，眉骨隆起，深目圆睁，高鼻宽翼，蓄络腮胡须。王者着圆领左衽偏襟长袍，衣领左衽清晰。王者纳袖持笏板，盘坐于高方座之上。中央偏左雕一后妃，后妃头戴莲花冠，发髻表面饰宝珠，冠带垂至两肩，两耳饰同心圈耳坠，内着圆领衫，外穿红色交领大袖襦，袖手盘坐于高方座之上。

剑川石钟山石窟 9 号窟王者家室造像及上方题记

在王者右侧帐外，雕一立像，身微前倾，腿略前屈，头戴短翅缠头巾式幞头，面侧向王者，眉骨高隆，双眉紧蹙，深目圆睁，高鼻宽翼；着红色圆领宽袖大袍，腰束带，带下垂蝴蜂结饰帛，挂黄色蹀躞带，足穿靴；右手屈举至胸握笔状物，左手当胸持书卷。在后妃左侧帐外，雕一女侍，头梳双髻，髻前有莲花饰，弯眉细长，双眼半睁，高鼻宽翼，大嘴紧闭，下巴微凸；戴同心圈耳坠和半圆形项饰，着交领大袖襦，腰束带，长裙曳地，云履外露；左手屈举至胸握持羽扇柄，右手屈肘外张至腹前，拇指与其余四指分开托扇柄端。

在帷帐外两侧上方，即男女侍者头顶分刻日月。其中，右侧月内绘桂树，左侧日内画三足乌。在女侍左侧，残存墨绘男立像两身，靠上方者，头戴短脚幞头，眉骨隆起，高鼻深目，大嘴留络腮胡须，右手执长柄椭圆形大丝扇。扇表面绘出日月和弓（亚）形纹。在王者与后妃头部之间，保存一方题刻："大圣圣（耳加呈）蜀（足加蜀）罗/大王及后妃男女/从者等尊容元/改造像昌宁记之。"

（一）王者像非本主造像

剑川木坪明代雕刻南诏王本主家室造像

9 号窟像经常被学者当作白族当地特有的"本主"造像①，但如果细加辨别，会发现此窟和石钟山石窟 1 号、2 号两窟王者像有紧密联系。三窟应皆是王室造像，与白族村社本主信仰无关。而学者惯常用剑川木坪木雕本主全家像和剑川丁卯城村北的"卫国圣母

---

①　如云南省剑川县文化体育局：《南天瑰宝》，云南美术出版社，1998 年，第 47 页；杨郁生：《"王者"和"本主"》，第 532 页；汪宁生：《云南考古》（增订本），云南人民出版社，1980 年，第 193 页；李一夫：《白族的本主及其神话传说》，李家瑞等编著：《大理白族自治州历史文物资料》，云南人民出版社，1958 年；陈兆复：《剑川石窟》，云南人民出版社，1980 年，第 36－42 页；田怀清：《剑川石窟中的南诏王者造像》，《云南民族学院学报》，1987 年第 3 期，第 40 页；田怀清：《剑川石钟山第七号窟王者像试释》，蓝吉富等：《云南大理佛教论文集》，佛光出版社，1991 年，第 397－408 页。

和建国梵僧"来比对，说明此为本主像的说法更为不妥。①

（1）此窟题记位置适中，人物排布井然有序，应与1号、2号窟整体设计一致。

（2）"亚"字纹饰、日月图形等与2号窟近似。

（3）后妃莲冠及女侍的发式等在1号、2号窟皆有重现。

（4）明代剑川木坪木雕"全家福"本主像雕凿年代比9号窟晚得多，应为模仿9号窟而作；而剑川木坪木雕为本主像，并不能说明9号窟原来就是本主像，以后出遗存去比附前出，本末倒置违反逻辑，而且"南诏大理时期并无本主信仰盛行的确实证据"。②

石钟山石窟9号窟侍立巫教男女毕摩（祭司）

（5）明代剑川木雕"全家福"纯粹是本主像，因此只有本主家室像，而没有9号窟细奴逻夫妇两旁侍立着的男女毕摩（祭司）等来专门行使宗教职能。

（6）本主崇拜仅仅存在于南诏、大理国腹心地带的大理地区；而石窟中的南诏王形象，也出现在四川昭觉博什瓦黑摩崖石刻中，后

---

① 陈兆复：《剑川石窟》，云南人民出版社，1980年，第36－42页。

② 侯冲：《石钟山石窟及其造像特色》，张春继惠赠资料，第8页。

者用本主崇拜来解释是非常牵强的。① "三窟中都雕有王者，凡是出现王者或非佛像之俗人都往本主范畴推，则南诏大理美术中不知会找出多少的本主。"② 所以 9 号窟不应是白族村社盛行的本主造像。

（二）王者窟非供养人窟

龙门石窟宾阳中洞帝后礼佛浮雕

供养人像是出资造窟或绘像的功德主为了求福祈愿，在所建窟龛或窟外绘制或雕塑功德主及其家族、侍从等的画像和出行图、礼佛图。供养人像一般为表达功德主对佛教神祇的恭谨与虔诚，起初人物较少，形象较小，处在画像或石窟洞壁的下部或次要位置。盛唐时，不论是绘画还是石刻造像，由于受时风影响，人物趋于多、大，所处位置有了明显改变。帝王或贵族为了显示其尊贵、显耀其宗族门庭以及宗族的谱系，甚至让人雕绘人物众多的宗族谱、出行图或礼佛图。敦煌莫高窟唐代始建的 220 号窟即"翟家窟"，唐晚期 156 号窟的《张议潮夫妇礼佛图》、100 号窟的《曹议金与回鹘公

---

① 梁晓强：《剑川石窟年代新论》，《曲靖师范学院学报》，2002 年第 5 期，第 16 页。
② 杨郁生：《南诏大理美术随笔》，林超民主编：《南诏大理历史文化国际学术讨论会论文集》，民族出版社，2006 年，第 532 页。

主出行图》，以及盛唐时开凿的龙门石窟宾阳洞的《帝后礼佛图》，都较为著名。受汉地佛教造像艺术的影响，云南现存与帝王有关的大型供养人像有《南诏图传》的《中兴皇帝礼佛图》《文武皇帝段思平礼佛图》，《梵像卷》1 开至 6 开的《利贞皇帝礼佛图》和 103 开的《南诏历代帝王礼佛图》，凉山博什瓦黑石刻编号为 81409 的《王者出行图》等。所以，不论是在内地还是云南，唐宋时期汉地佛教艺术作品，都存在大规模的供养人像。

　　因为供养人造像往往与功德主生活的时代非常接近，所以难以解释石钟山石窟三窟王者造像是供养人的说法。目前学界的认识，是将他们视为南诏王者细奴逻、阁罗凤和异牟寻造像。但佛教是否在异牟寻时期已传入南诏尚有疑问，在细奴逻和阁罗凤时传入更是让人生疑。石钟山石窟 12 号窟有造像题记："国王天启十一年"，"天启"是南诏十世王劝丰佑的年号，即 850 年。① 从《梵像卷》103 开十一面观音的供养人为南诏十三代国王这点表明，其功德主是南诏最后一位国王。此开同时说明，南诏末期已有南诏历代国王都崇奉佛教的说法。《梵像卷》58 开、86 开、99 开、101 开等造像，显然是以南诏时期成画的《南诏图传》为粉本，石钟山石窟 10 号窟、13 号窟也以《南诏图传》为粉本，这就证明南诏历代国王礼敬佛教的图绘、南诏崇奉的梵僧观音或阿嵯耶观音，在大理国画卷和石窟造像中仍然得到了描绘和刻凿。不论如何，石钟山石窟的王者造像堂而皇之地与佛菩萨造像并列，而且占据石窟的显要位置，一定和佛王信仰有着相当关系。

---

① 云南省剑川县文化体育局：《南天瑰宝》，云南美术出版社，1998 年，第 55 - 56 页。

石钟山石窟 1 号、2 号王者窟

　　"将佛像和皇帝以同等地位排列在一起的总体布局是这时期白密艺术的基本特征"，有学者甚至把南诏大理国王当作"白密崇奉的主要神祇"来论述，① 石钟山石窟三窟王者造像的位置非常突出，所以王者造像亦应看作佛王传统的一个表征，即南诏大理国王把王者造像并列于佛教神祇之中，接受俗世的供养。

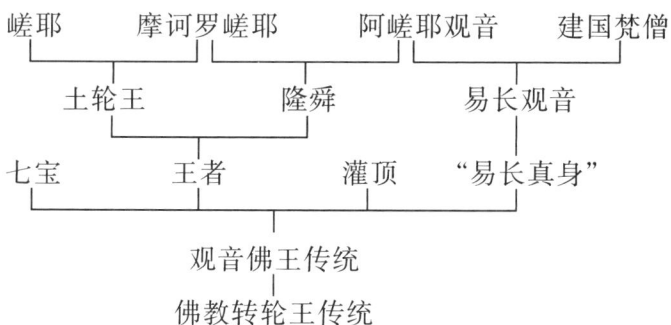

南诏大理观音佛王传统的几个构成要件

　　① 张锡禄：《大理白族佛教密宗》，云南民族出版社，1999 年，第 164 页。

第四章　大圣慈寺的余温：
后理国①观音造像的汉系特征

　　南诏后期，随着国力的衰颓，战争次数和规模远不如前，尤其是佛教流传后，其剽悍之风开始发生变化。② 期间郑买嗣、赵善政、杨干贞、段思平之兴代，使得新兴贵族不断削弱、打击王室权威。而且由于佛化的不断深入，大理国时期几乎没有发生过兴兵征伐的对外战争。如果说南诏时期的社会风尚是尚武的话，那么大理国时期则是偃武崇文，人们一直享受着长久和平的阳光。尤其是权相高氏当国之后，以高氏、段氏和平禅让为标志，大理国发展进入了一个新阶段。文化精神从宗教的、贵族的蜕变为世俗的、平民的。③南诏时期至大理前期一系列分布于滇池、姚州及洱海的大型宗教建筑如三塔寺、昆明三塔、剑川石窟等最能体现王室的威仪权威。大理国后期，平民成为社会的主要阶层，王室已不能像南诏那样驱使大量人力物力从事大型宗教建筑的建筑工作；大理国后期的文化精神已由宗教转向世俗，使得佛教造像和宗教建筑趋向细腻精致，比如建于大理国后期、精美绝伦的昆明地藏寺石幢和丰姿各异的阿嵯耶观音造像即为表征。

　　大理国段氏统驭云南凡316年，基本与宋朝相始终。其佛教造像异常丰富，尤其后理国时期有造像纪年的作品也较多，如圣德四

---

　　① 绍圣元年（1094年），鄯阐侯高升泰代段正明为君，国号"大中国"。高升泰在位两年即亡，其子高泰明遵父遗命，于绍圣三年（1096年）还位段正淳，称为"后理国"。

　　② 南诏统一后，征伐战争异常频繁，剽悍之气有增无减。《蛮书》载，南诏军队出征，除每人携带数天的粮食外，从不备后继粮草。以战养战，肆意掳掠，勇武好战。"用军之次，面前伤刀箭许将息，傥背后伤刀箭辄退者，即刃其后。"（樊绰著，向达校注：《蛮书校注》卷九，中华书局，1962年，第219页。）当时颇受南诏伐掠荼毒之苦的蜀人流传谣谚"西戎（指吐蕃）尚可，南蛮（指南诏）残我"（《新唐书》"南蛮传中"）。

　　③ 刘小兵：《滇文化史》，云南人民出版社，1991年，第194页。

年前后石钟山石窟的开凿和《梵像卷》的完成等。大理国前期，佛教造像秀雅细致，菩萨衣饰华美，深受北宋的影响；大理国后期，为云南佛教造像的成熟期，各种风格交融荟萃，造像面目变化多端。① 但无论怎样变化，还是能够找寻得到中原文化影响的深刻痕迹，尤其是观音造像，更是体现了明显的汉系特征。纵观大理国四邻，唯有文化渊源深厚瑰丽的宋朝，最能够给予其文化滋补与感召。南诏大理文化形态的选择，无论如何，均与中原的示范效应密不可分。历经宋代的大理国至元初，时人郭松年在游历云南之后感叹道：

> 故大理之民，数百年之间五姓守固。值唐末五季衰乱之世，尝与中国抗衡。宋兴，北有大敌，不暇远略，相与使传往来，通于中国。故其宫室、楼观、言语、书数，以至冠婚丧祭之礼，干戈战阵之法，虽不能尽善尽美，其规模、服色、动作、云为，略本于汉。自今观之，犹有故国之遗风焉。②

一、由《梵像卷》观音造像看大理国信仰结构

《梵像卷》是大理国描工张胜温"描诸圣容"的结果，应有参照的粉本，描摹多于创作的成分，题跋文末纪年为"盛德五年庚子岁正月十一日"，即 1180 年，可作为《梵像卷》成画断代的依据。卷首题记"利贞皇帝骠信画"也提供了绘制时间信息，此画应从利贞皇帝段智兴即位初期开始绘制的，故执炉礼佛的王者造像比较年轻，后经数年绘制，故释妙光所记"盛德庚子"当为南宋孝宗淳熙七年，即 1180 年。"智兴，南宋孝宗壬辰乾道八年（1172 年）即位，明年，改元利贞（2 年）。又改元盛德（5 年）、嘉会（4 年）、

---

① 李玉珉：《南诏大理佛教雕刻初探》，蓝吉富等：《云南大理佛教论文集》，佛光出版社，1991 年，第 379 页。

② 郭松年撰，王叔武校注：《大理行记校注》，云南省民族研究所编：《大理行记校注　云南志略辑校》，云南民族出版社，1986 年，第 20 页。

元亨（12 年）、安定（4 年）……宁宗庚申庆元六年（1200 年），智兴卒，在位二十八年。"① 虽然并非在大理国时期成画，而是南诏时期就已然存在，比如 86 开建国观世音菩萨的供养人为南诏兴宗王罗晟；103 开十一面观音菩萨的供养人是南诏十三帝王世系等；图中 7 开至 57 开的释迦佛会图，观其整个佛会的粉本，如同一座布局完整的寺院，主尊、护法、祖师等尊像一应俱全，佛会的供养人为南诏王隆舜；佛会左幅迦叶等为云南禅宗谱系祖师，从 51 开张惟忠开始，以下分别为买纯嵯、纯陀、法光等僧众和身着俗装的摩诃罗嵯，56 开的赞陀崛多一直被视为唐代中期从印度而来，在大理地区活动的一位高僧，据万历《云南通志》卷十三记载，密宗阿吒力教是由印度僧人赞陀崛（屈）多于南诏劝丰佑保和十六年（839 年）来云南传播的，至南诏晚期和大理国时期尤为盛行。正如该志所载赞陀崛多是：

天竺人，蒙氏（即南诏）时，卓锡于腾冲（今云南腾冲县）长洞山，阐瑜伽教，演秘密法，祈祷必应。至今云南土僧阿吒力（阿阇黎）者皆服其教。②

又如清释圆鼎《滇释纪》载：

赞陀屈（崛）多尊者，又云室利达多，西域人，自摩伽陀国（今印度北部比哈尔邦的巴特那和加雅）来。又号摩伽陀。游化诸国，至鹤庆（今云南鹤庆县），又于腾越州（今云南腾冲）。住宝峰山、花洞山二处，阐瑜伽法，传阿吒力教。③

张胜温正是参照、承继了以往的粉本描摹了巨制《梵像卷》，所以其中内容难免有雷同甚至重复的情况存在，有些造像和题名亦有重复出现的现象。撇开错简、错误题名、没有题名等因素，从《南诏图传》《梵像卷》和石钟山石窟的观音造像上看，能够看出大

---

① 木芹会证：《南诏野史会证》，云南人民出版社，1990 年，第 300–301 页。
② 李元阳纂，邹应龙修：《云南通志》卷十三，明万历四年刻本。
③ 释圆鼎：《滇释纪》，中华书局，2010 年。

理国与南诏在法源上相承、递进与变更的关系。①

清高宗乾隆在《梵像卷》有跋：

囊阅《张照文集》，有《跋五代无名氏图卷》，疑与是图相表里。其考大理始末甚详，以篇首文经元年为段思英伪号，② 计其时则后晋开运三年，今此卷乃南宋间物，相距几三百载，彼所纪有阿嵯耶观音遗迹，而此遍绘诸佛菩萨梵天应真八部等众，不及阿嵯耶观音号，则非张照所见明甚。③

乾隆以阿嵯耶观音造像，尤其是其名号的有无来判断张照所见《跋五代无名氏图卷》并非《梵像卷》，应属无误。以《跋五代无名氏图卷》"考大理始末甚详"判断，此图应为描绘观音显化、南诏建国的《南诏图传》无疑，"大理"则是南诏的代名词。但如果审观《梵像卷》与《南诏图传》，就会发现两者有着密不可分的亲缘关系，尤其是观音形象，屡屡再现于《南诏图传》和《梵像卷》。从总体上看，如果说《南诏图传》的要旨是"独崇观音"（南诏蒙氏的建国保护神祇），那么《梵像卷》的主角，便是佛陀在某种程度替代了观世音菩萨。正如段氏的"大理"代替了蒙氏的"南诏"，宗教不仅为人们构筑了一个超验的世界，其本身也是人间化的契合。如果从全图的框架分析，就可以看出大理国信仰结构的巨大转变，即此画卷可以成为认识大理国佛教艺术的一个关纽和门户。

① 中兴皇帝作《南诏图传》，表现其"王业克昌"的愿望，但过了三年便为郑买嗣所灭，又经过赵善政、杨干贞，而终于由段思平夺得王位。但南诏自摩诃罗嵯（武宣王隆舜）"钦崇圣象、揭扬圣教"之后，阿嵯耶观音便成为举国上下崇奉的对象。段氏夺得王位后，为巩固统治，只能尊重这一传统，这是"文武皇帝圣真"要续补进《南诏图传》的原因。

② 文武皇帝是大理国主段思平，文经是第二代国王段思英年号，只有一年享国。此时相当于宋开运二年，即 945 年。

③ 乾隆题跋文字内容引自方国瑜：《张胜温梵画长卷概说》，方国瑜主编，徐文德、木芹、郑志惠纂录校订：《云南史料丛刊》（第二卷），云南大学出版社，1998 年，第 450 页。

（一）《梵像卷》的整体架构与阿嵯耶观音地位的跌落

南诏佛教"或从胡梵而至，或从蕃汉而来"，[①] 本来是多样化的，但隆舜在神鬼巫教的基础上，融入了"胡梵"的密宗，打造出观音显化的建国神话。如此，是利用佛教这一强大的外来文化资源整合收编地方神祇。另外迫于政治上的压力，隆舜在文化上向地方贵族势力趋同，具体的表现便是所谓的"大封民国"；同时，隆舜也采取一系列的自卫行动，如改国号"嵯耶"、自称是"摩诃罗嵯"等。其实质是通过佛化＝王权化，使内外交困的南诏政权，罩上一层神授的色彩。这里的佛教，并不单纯为一种宗教，而是挟带着"王权"性质的组织所同时进行的整合活动。舜化贞颁发敕文和张顺、王奉宗的应诏，都是此一心理状态的延续。

段氏时期的大理国已经进入了封建领主制，"独崇观音"已经适应不了新的政治需要。无论是高氏还是段氏，实际上都为禅宗的盛行提供了条件。更重要的一点是，禅宗自我解脱、率性而为的思想更能适应新兴的平民社会，因而通过南印等人的倡导，禅宗遂在大理地区盛行。这便是《梵像卷》把禅宗放在首位的原因。至于杂糅现象的存在，也是很自然的事，佛教正是在不断整合中，"收编"地方敌对势力。在画卷上，将梵僧观音、"摩诃罗嵯"和其他的密宗神佛，编进禅宗的队伍里，便是自然而然的了。

《梵像卷》的创作目的，可以从《南诏图传》上得到暗示。因为《南诏图传》中有中兴皇帝布告天下的"敕文"，又有王奉宗、张顺应诏而写的"颂词"，其制作缘由很清楚：中兴皇帝不仅要弄清楚"圣教初入邦国之原"，还要通过他达到"王业克昌""除灾致福"的目的，意图很明显。至于画传后面的《文武皇帝礼佛图》，则作于文经元年（945 年），即《南诏图传》完成后的 46 年。段氏的续补，是企图通过崇佛的外衣，显示其取替蒙氏的合理性。那

[①] 《南诏图传》"文字卷"内容。

么，利贞皇帝制作《梵像卷》的目的是否与此有类似之处呢？

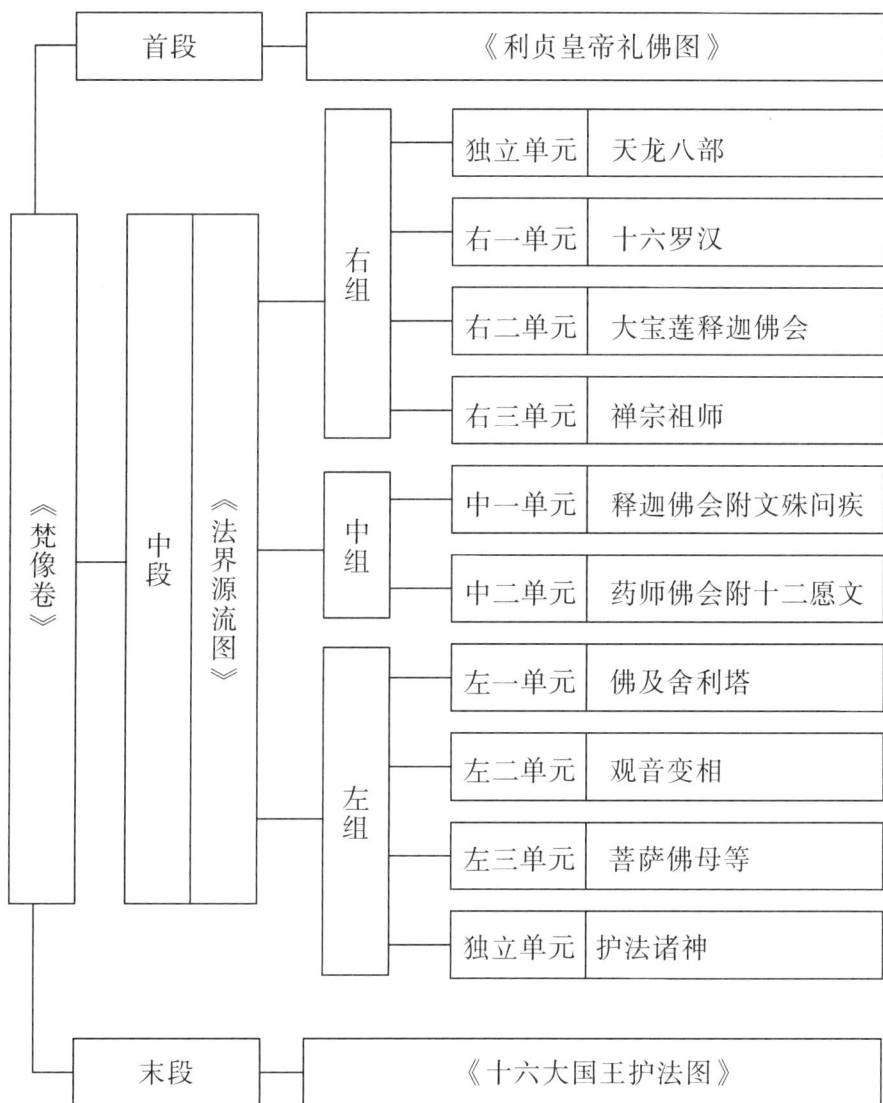

| | | | 首段 | 《利贞皇帝礼佛图》 |

《梵像卷》创作的整体布局安排示意图①

　　①　李伟卿：《大理国梵像卷总体框架试析》，《云南民族美术史论丛》，云南人民出版社，1995年，第147页。

利贞皇帝处于比较特殊和复杂的政治格局中，因为段氏的政权一度为高氏所得，虽然后又"还政"于段氏，但实权却操控于高氏之手，"政令皆出其门，国人称为高国主"。① 所以不排除张胜温奉"高国主"（当为《梵像卷》中那位紫衣的显赫人物）而为"皇帝骠信画"的可能性。因为如果段氏能"相承万世"的话，那么高氏也就能相安永保了。

虽然主旨一致，但是内容却发生了置换：将独崇观音置换为以禅宗为主的广泛的佛教信仰。执炉焚香礼佛的利贞皇帝，也在卷首占据着"主角"的位置，而不像段思平那样，屈居在《南诏图传》的卷末。② 尽管观音图像仍然占有一个单元，但是释迦牟尼佛、药师佛成了画卷的中心，即利贞皇帝和十六国国王顶礼膜拜的"至尊"；摩诃罗嵯虽然数度出现，但他所揭扬的梵僧观世音，却排在禅宗祖师们之后，与大理高僧大德属于同一档次。"法界正源"便是画卷的主题、中心。以释迦佛、药师佛居于画卷的中心，暗示佛陀为世界之主、法界之源。右侧以大宝莲释迦佛会一组为中心，两侧分列十六罗汉及禅宗祖师、大理高僧，说明佛法系由中土传来。左侧虽以观音应化一组居中，但以"普门品"为主导，建国观世音（圣感灵通大王供养）只是本单元的起首。这里仍然有尊奉"大理圣教"的传统意味，但阿嵯耶观音的地位和待遇却相对跌落，尤其是十一面观音下才是南诏国王世系，尊崇神祇而非阿嵯耶观音，其中可以看出这一微妙变化。

在大宝莲释迦佛会之侧，从42开到57开，每开均有题名，依次为"尊者迦叶""尊者阿难""达摩大师""慧可大师""僧璨大师""道信大师""弘忍大师""慧能大师""神会大师""和尚张惟忠""贤者买纯嵯""纯陀大师""法光和尚""摩诃罗嵯""赞

---

① 木芹会证：《南诏野史会证》，云南人民出版社，1990年，第264页。
② 《南诏图传》成画于南诏中兴二年，但现存画卷却不是原作，当是一个摹本。因为图卷末多出一个执炉焚香来顶礼的皇帝图像，右上方有"文武皇帝圣真"的榜题。篇首又有"文经元年"（945年）的字样，文武皇帝指大理开国皇帝段思平。

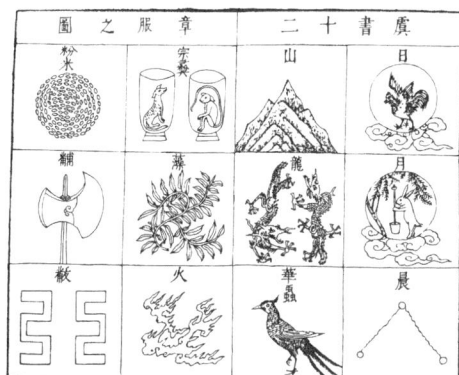

《三才图会·衣服图会》中的十二章　　《梵像卷》利贞皇帝冕服上的十二章

陀崛多""沙门口口"，表现了南诏时期禅宗谱系的构架：迦叶——阿难——达摩等中土六祖——神会——张惟忠——买纯嵯——纯陀——法光。佛教禅宗的正源，已经取代了南诏的观音崇奉，所以曾经"弘扬圣教"的重要人物摩诃罗嵯（隆舜），便只好排在密宗的梵僧行列之中，屈居于禅宗大师们之后。方国瑜考订了定立三塔的李贤者，即为买顺禅师。据清释圆鼎《滇释纪》记载，"买顺游方谒天皇（道）悟和尚（禅宗南祖二世）、参百丈（怀海禅师）、南泉（普愿禅师）"，此三人在中唐时均为南岳一世马祖道一的弟子，因而方先生认为："李贤者买顺，传授禅宗于大理，兴寺、建塔，南诏成王（劝丰佑）时也。"① 由此可见，南诏国所建全国最大的寺院——大理崇圣寺，最初也许是汉传佛教禅宗的寺院。

（二）法源正脉：护国神祇的悄然置换

审观《梵像卷》，十一面观音信仰明显在南诏王室中占有举足轻重的地位。《梵像卷》103开十一面观世音菩萨的下半部为两列供养人，从他们头顶的题名得知，这些供养人都是南诏蒙氏历代的帝

① 方国瑜：《大理崇圣寺塔考说》，林超民编：《方国瑜文集》（第二辑），云南教育出版社，2001年，第566页；方国瑜主编，徐文德、木芹、郑志惠纂录校订：《云南史料丛刊》（第二卷），云南大学出版社，1998年，第396页。

王。下方两列供养人，或曰礼佛队伍，上一列七人，依次为孝哀中兴皇帝、景庄皇帝世隆、静王晟劝□利、兴宗王罗晟、威成王阁□□、□武圣□□□、孝桓王异□寻；下面一列八人，依次为武□子谷、神武王凤、太宗武王晟□□、奇王细奴逻、昭成皇帝劝□丰佑、武宣皇帝□□□、浔弥脚、梦讳。① 可见南诏皇室与十一面观音信仰的关系非同小可。有关南诏十一面观音信仰的资料现今仅见于《僰古通纪浅述》：

> （赞普钟）二年癸巳（753 年）……唐使张阿蛮领青龙、白虎二兽及兵万众，吸洱河水涸干，无计可过。忽有一老人告主曰："国将危矣！何不急救？"主曰："此一大怪事，非人力所能，奈何！"老人曰："君无忧焉，我有法术可殄。"翁乃画一观音，有十一面，座下画一龙虎，敬于法真寺内。是夜，二龙虎入阿蛮营，与其龙虎互相抵触，破其龙虎腹，而洱河水复满。主乃驱兵击之，止留四五骑，得其弃甲曳兵，并杂占历书一部。②

　　文中的老人很可能就是一位密教阿阇黎，他绘一尊坐在龙虎座上的十一面观音像，施展法术，最后化解了南诏的灾厄。因为这个原因，十一面观音即变成南诏的护国神祇，深受南诏王室的重视。但是，这则记载毕竟带有浓厚的神话色彩，不足为信，却透露出南诏时期大理地区十一面观音信仰流传的一个信息。从《南诏图传》得知，南诏后期王室独崇阿嵯耶观音，阿嵯耶观音一直享有赐国、护国、强国、福国的至上神祇的崇高地位，在南诏王室世系集合这样一个重大场合，主尊为何却让位于十一面观音呢？笔者认为，这种置换恰恰是由大理国王室掌控完成的。

　　十一面观音在六观音之中，主救济、破修罗道，给众生以除病、灭罪、祈福的现世利益。有关十一面观音的经典主要有北周保

---

　　① 李霖灿：《南诏大理国新资料的综合研究》，"中央研究院"民族学研究所，1967年，第34页；李霖灿：《大理国梵像卷和云南剑川石窟》，《中国名画研究》，艺文印书馆，1973 年，第 123 页。

　　② 尤中校注：《僰古通纪浅述校注》，云南人民出版社，1989 年，第 44 页。

《梵像卷》南诏王室世系　　　　　　敦煌十一面观音绢画

定四年（564年）天竺僧耶舍崛多译《十一面观音神咒经》、唐永徽四年（653年）阿地瞿多译《陀罗尼集经》卷四之经、唐显庆元年（656年）玄奘译《十一面神咒心经》、唐不空译三卷本《十一面观自在菩萨心密言念诵仪轨经》等。《梵像卷》103开主像为十六臂十一面观音，虽然上述经典无十六臂之说，但本开观音像上方的敲打雷鼓的雷公、手拿柳枝的雨神、手捧虎皮袋的风神及布云的龙王，却透露了浓厚的中原文化信息。

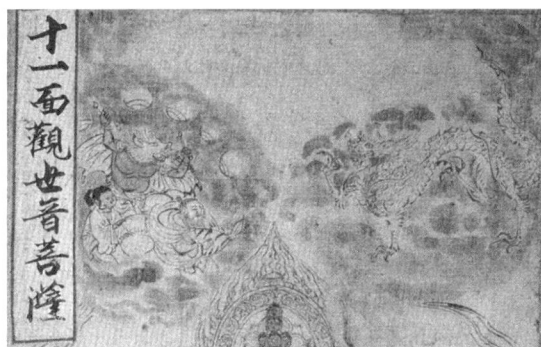

《梵像卷》十一面观音上方的雷公、雨神等

　　唐代出现了大量密教观音经典，受到这些经典仪轨的影响，各种样式的密教观音产生，其中十一面观音流行最早。武则天曾命法藏于宫中建十一面观音道场，并置观音像行道。长安三年（703年），武则天于长安光宅寺兴建七宝台，高僧德感（约650—710

年）在七宝台"奉为国敬造十一面观音像一区，伏愿皇基永固，圣寿遐长"。可见武则天对十一面观音的崇奉程度。十一面观音与阿嵯耶观音最大的不同在于，前者是有着历史渊源的中原正统佛教神祇，后者则是土著神祇，以至于由章嘉国师指导的、丁观鹏绘制的《法界源流图》中将建国观世音菩萨忽略。由此可见，屡屡示好于宋、渴仰中原文化的大理国为什么堂而皇之地把十一面观音作为护国神祇了。而且阿嵯耶观音为南诏国的建国神祇，大理国必定要改换门庭，重新打造主流的精神典范。

二、巍山：从早期观音造像看由来已久的中土文化浸染

（一）南诏寺庙遗址出土观音造像的几个细节

巍山（巍宝山），南诏的发祥地，《南诏图传》中绘有南诏建国始祖奇王、兴宗王耕于巍山的场景。巍山县，为《蛮书》所记的"蒙舍川"，《蛮书》卷五记载："蒙舍川，罗盛已上之地，旧为蒙舍州，去龙尾城（今下关）一日程。当五诏俱存，而蒙舍北有蒙巂诏，即杨瓜州也，同在一川。"① 巃嵸山在南诏时称为"巃嵸图山"，现在已经发现的六诏的古城遗址，如太和城、德源城等遗址，都在巍山山坡上，遗址中发掘出来的有字瓦，同苍山麓及姚安高坨山及诸葛寺南诏遗址上出土的完全相同。② 巃嵸山位于巍山县城西北 17 公里处，是南诏的发祥地和早期王都所在地。正德《云南志》"山川"条："龙宇图山在府城西北三十五里。蒙化龙伽独自哀牢将其子细奴逻居其上，筑龙宇图城，自立为奇王。今上有浮图及云隐寺。"③ 同书"古迹"条："龙宇图城在龙宇图山上，周围四百余

---

① 樊绰著，向达校注：《蛮书校注》卷五，中华书局，1962 年，第 120 页。
② 云南省博物馆：《云南巍山县巃嵸山南诏遗址的发掘》，杨政业等主编：《20 世纪大理考古文集》，云南民族出版社，2003 年，第 421－422 页。
③ （正德）《云南志》"山川"条，《天一阁藏明代方志选刊续编》第 70－71 册，上海书店，明正德刊本影印，1990 年。

巍宝山全景图

丈。昔细奴逻筑此以自居。今遗址尚存。"① 这里提到的龙宇图山即
巃嵷图山，龙宇图城即巃嵷图城。《徐霞客游记》"滇游日记十二"
载："按《一统志》，巃嵷图山在城西北三十五里，蒙氏龙伽独自哀
牢将其子细奴逻居其上，筑巃嵷图城，自立为奇王，号蒙舍诏，今
上有浮屠及云隐寺。始知天姥崖即云隐寺，而山实名巃嵷图山
也。"② 从以上资料可知：巃嵷图城为南诏最早的都城，细奴逻所
筑。唐高宗永徽三年（652 年）左右南诏立国，共历四代（细奴
逻、逻盛、盛罗皮、皮逻阁），近 85 年，直至唐开元二十七年
（739 年）皮逻阁迁都太和城。其间这里为南诏的统治中心。③

　　1958 年 11 月云南省博物馆曾对巃嵷城进行发掘，证实了巃嵷
城的存在。并出土众多文物，计有：有字瓦、莲花瓦当、滴水、鸱
吻、花砖、石柱础等。④ 巃嵷山上除城址以及上述史料中提及的

---

　　① （正德）《云南志》"古迹"条，《天一阁藏明代方志选刊续编》第 70－71 册，上
海书店，明正德刊本影印，1990 年。

　　② 徐霞客著，朱惠荣校注：《徐霞客游记校注》"滇游日记十二"，云南人民出版社，
1985 年，第 1195 页。

　　③ 传细奴逻的父亲龙伽独避难带细奴逻逃往巍山，后细奴逻和逻盛父子躬耕于巍
山，遇梵僧（观音显化）乞食，授记建立大蒙国。

　　④ 云南博物馆：《云南巍山县巃嵷山南诏遗址的发掘》，《考古》，1959 年 3 期，第
48 页。

"浮屠""云隐寺"之外，还应有其他遗迹，如"道场""殿宇"等，徐霞客当年游巄于山时曾称"殿宇昔极整丽"，最近几年的考古发掘也证实了这一点。① 在巄于图山塔湾石场岭岗即出土了佛、菩萨、天王、力士等石雕像180余尊（块），但全部雕像均有残缺。其中较完整的头像有33件，较完整的躯体也有30余件，而头、身俱完整的不到10件。石雕大多为单体造像，组合像很少。石雕中有佛像60余尊，系红砂石雕成。

别致的蜗牛状髻对比

巄于图山南诏遗址出土的佛像

朝鲜半岛公元8世纪出土的佛像

其中一佛像结跏趺坐，高踞于束腰莲台之上，舟形背光及莲座已残，双手当胸作转法轮印，螺状高肉髻，与一波纹盘发高肉髻佛头残像相似，发卷上有水波纹，裸上体，背光素面无纹，面部椭圆形，秀润清纯，慈目低垂，淡远静寂，显深邃超凡之状。雕像通高约60厘米，背光最宽处30厘米。综观全像，背光朴质，衣纹厚重，犹存犍陀罗遗风。② 一弥勒造像，头大脸圆，四肢健硕，右袒僧衣薄如轻纱，紧贴肌体，肌肤轮廓，历历外现，甚至连肚脐亦清晰可见。腿部有阴刻衣纹。肉髻低平，顶光圆形，上有简单莲纹。颈下

---

① 云南省博物馆巍山考古队，黄德荣执笔：《巍山巄于南诏遗址1991—1993年度发掘综述》，杨政业等主编：《二十世纪大理考古文集》，云南民族出版社，2003年，第427页。

② 李昆声主编：《南诏大理国雕刻绘画艺术》，云南美术出版社，1999年，第285页。

有三道弯。弥勒右手作无畏印（已残），左手抚膝，双足下垂，跣足倚坐于金刚座上。^① 此像与北方清峻、长颈的风格成鲜明对比。

值得注意的是，出土佛像所穿着的是云南较为少见的偏衫式袈裟，^② 这是中国僧侣根据中国传统观念的制约和自然条件的限制，而作的变通着装，"后魏宫人见僧自恣，偏袒右肩，乃一施肩衣，号曰偏衫。全其两扇衿袖，失祇支之体，自魏始也"^③。"古僧依律制，只有僧祇支（此名覆膊，亦名掩腋衣），此长覆左膊及掩右掖，概亲三衣故，即天竺之仪也。竺道祖魏录云：魏宫人见僧袒一肘，不以为善，乃作偏袒缝于僧祇支上相从，因名偏衫（今开脊接领者盖魏制也）。"^④ 偏衫起于北魏，是对印度内衣"僧祇支"的改良。至晚在公元 5 世纪初北魏统一北方前的十六国时期出现，流行于北魏和东西魏时期。偏衫与僧祇支相连，形成两袖的形式，这种样式在唐代比较流行。^⑤ 而这尊佛像偏衫仅在袒露的右臂上略作遮覆，与朝鲜半岛公元 8 世纪着偏衫袈裟的金铜佛像的朴拙风貌相仿，而且蜗牛状髻与一同出土的一尊佛头像的蜗牛状髻、美国底特律收藏的隋代辟支佛像的发髻形状吻合，可见此尊佛像当为唐初或更早的作品。而且右臂戴有卷云纹臂钏，似与密教造像相关。

观音类造像计有 10 件，其中完整的造像 3 件，完整的头像 5 件，体躯 2 件。杨柳观音菩萨立像，背光微残，通高 40 厘米，宽 15 厘米。头戴火焰宝珠冠，菩萨立像直身，戴五花冠，冠正中有五花宝饰。圆面高鼻弯眉，璎珞下端有坠饰，两肩斜挂两串大璎珞，于腹前交结后又分垂两股。帔巾长曳，下着羊肠裙，有阴刻弧纹。跣足立于莲台。右手执杨柳，左手握军持（澡瓶）。背光两重，圆

---

① 李昆声主编：《南诏大理国雕刻绘画艺术》，云南美术出版社，1999 年，第284 页。
② 大理崇圣寺三塔出土的五方佛中有几尊是身着偏衫袈裟，参见姜怀英、邱宣充：《大理崇圣寺三塔》，图69、图70、图97 等，文物出版社，1998 年。
③ 《大宋僧史略》卷一，《大正藏》卷五十四，第238 页。
④ 《释氏要览》卷一，《大正藏》卷五十四，第270 页。
⑤ 参照马世长：《汉式佛像袈裟琐议》，中山大学艺术史研究中心编：《艺术史研究》（第7 辑），中山大学出版社，2005 年，第254－257 页。

杨枝观音像　　　　　施无畏印观音像　　　　　七尊造像

形里层背光较小，周饰莲瓣。椭圆形外层背光较大，部分残缺，边缘有粗凿痕，大轮廓线条，估计原蓝图有饰纹，因背光凿断遂废弃不用。一像通高 40 厘米，宽 13 厘米。[①] 一菩萨立像背光微残，为单躯造像，通高 28 厘米，宽 17 厘米。头戴圆形高冠，顶为螺形，发髻高耸，面相丰满，前胸袒裸，颈戴莲花珠形宝饰，项下饰璎珞，下着裙，身披条巾与串珠穿璧璎珞，中间交叉处为一圆形珠饰，右手持柳，左手拿净瓶，神态恬然，赤足立于莲台之上（座的正面微残），整个造像比例匀称。[②] 一菩萨立像，座微残，通高 36 厘米，宽 12 厘米。头戴宝冠，身着天衣，胸部挂璎珞，披帔帛，左手拿净瓶，右手举柳，赤足立于长方形法座之上。[③] 前述两菩萨像均有头大腿短的早期造像特点。还有一菩萨立像，此像造型与前两躯不大相同，显得修长灵秀。宝冠未完工，两耳长垂明显有耳坠，但细部尚未雕刻。帔巾长裙线条优美，无胸饰璎珞，质朴无华，唯

---

① 见李昆声主编：《南诏大理国雕刻绘画艺术》，云南美术出版社，1999 年，第 284 页，图 3。

② 见李昆声主编：《南诏大理国雕刻绘画艺术》，云南美术出版社，1999 年，第 285 页。

③ 刘喜树执笔：《巍山发现的南诏石刻造像》，杨政业主编：《20 世纪大理考古文集》，云南民族出版社，2003 年，第 434 – 435 页。

腰前部有简单珠花，右手持杨柳，左手执瓶，赤足，足及座已残。①

　　一观音菩萨的莲状头光为北魏、东魏时期流行样式，尤其在单体造像上甚为常见，直至隋末唐初仍时有所见。② 菩萨造像大都朴茂稚拙，头大身短，有学者断代其为云南"爨时造像"，相当于晋末唐初时期。③ 其他一些细节也不断印证这一推断，如上页七尊造像，主尊观音，右手持柳，左手执瓶，这一造型不见于印度和中亚，当为南北朝人所创。杨柳观音的图像典据《请观音经》：

　　尔时毗舍离人及具杨枝、净水，授与观世音菩萨。大悲观世音怜悯救护一切众生……为免苦厄，请观世音。④

杨枝观音的流行

　　智颛制定的《请观世音忏法》也特别提到，在行请观世音忏法时，要安置杨枝和净水。⑤ "刘宋时，在求那跋陀罗的推动下，典据《请观音经》的观音修行法门在南方迅速展开。"⑥ 萧齐陆杲《系观

①　见李昆声主编：《南诏大理国雕刻绘画艺术》，云南美术出版社，1999 年，第284 页。

②　见李昆声主编：《南诏大理国雕刻绘画艺术》，云南美术出版社，1999 年，第284 页。

③　王海涛：《云南佛教史》，云南美术出版社，2001 年，第 90 页。

④　竺难提译：《请观世音菩萨消伏毒害陀罗尼咒经》，《大正藏》（第 20 册），第 34 页。

⑤　灌顶：《国清百录》卷一，《大正藏》（第 46 册），第 795 页。

⑥　李玉珉：《展览概述》，"国立故宫博物院"编辑委员会编印：《观音特展》，"国立故宫博物院"，2000 年，第 17 页。

世音感应记》里，在十四则灵验故事后面，特地注明与《请观音经》相关，可见其地位的重要。① 可见南诏这种观音样式确定无疑来源于中土。多尊组合造像的主尊跣足立于莲花座，座前两只狮子，微向外扭，胸部前挺、圆润饱满，两狮间是典型汉式博山炉，这同样是魏晋时期单体造像常见的装饰手法。

还有就是一手施无畏印的观音造像也在巃嵸图山出土。在《妙法莲华经》"观世音菩萨普门品"和《请观音经》中，② 都提到了观世音菩萨又名"施无畏者"，也许受这种理念的影响，公元6世纪的中国艺匠独具匠心地创造出手施无畏印的观音菩萨像，而且成为公元6世纪最重要的观音造像典型，对东魏、西魏及北齐、北周的观音造像影响深远。公元6世纪之后，陆续出现了以观世音菩萨为主尊的三尊像、五尊像、七尊像，甚至十一尊像的组合。从观世音尊像越来越繁复来看，公元6世纪之后观音信仰的重要性也不断提升。所有这些中原观音造像的突出特色在南诏巃嵸图山的寺庙遗址上都有所展现，可见南诏在建国初期就与中原发生着密切关系。

魏晋时期流行的莲瓣状头光

① 陆杲：《系观世音感应记》，收录于孙昌武点校：《观世音感验记（三种）》，第54 – 64 页。

② 鸠摩罗什译：《妙法莲华经》卷七"观世音菩萨普门品"，《大正藏》（第29册），第57 页；竺难提译：《请观世音菩萨消伏毒害陀罗尼咒经》，《大正藏》（第20册），第35 页。

　　种种迹象表明，这批出土佛教造像的样式，在一定程度上是参照中原魏晋风格所造。这批佛教石刻造像，未发现有明确纪年题记，加之地方志书失载，给断代带来了一定的困难。但是伴随石刻造像出土的大量建筑物构件，如莲花纹饰瓦当、滴水、有字瓦，多与石刻造像同一层位出土，应是原与石造像共存的遗物，由于它们同附近巄于图城的相同，这说明两遗址的时代相同或相近。据李元阳万历《云南通志》卷三"古迹"条云："巄于图城在巄于图山，周围四百余丈，昔细奴逻筑城于此以居。"① 又"山川"条云："巄于图山，在府城西北面三十五里，蒙氏龙伽独自哀牢将其子奴罗居其上，筑巄于图城，自立为奇王，号蒙舍诏。"② 1958 年，云南省博物馆通过试掘，从出土的大量有字瓦、莲花纹瓦当、滴水等器物分析，确认该遗址为南诏早期宫殿遗址。这一次出土佛教石刻造像的地点，与巄于图城遗址仅相距 1000 余米，两遗址同在一山梁上，更主要的是巄于图城、巄于图山塔湾石场岭岗同时出土的建筑物构件，在风格上完全相同或相近，故推测塔湾石场岭岗遗址为南诏早期的一佛教寺院遗址。这一批石刻造像的出土，是继 1978 年大理千寻塔发现大批佛教文物后的又一重大发现。"以往南诏史的研究主要是靠史料，出土文物很少，保存的遗址多为城址，而巍山巄于图山南诏寺庙遗址的发现，大批佛教石刻造像的出土，将为研究南诏时期的宗教、雕刻艺术和了解当时的社会状况提供较为有力的实物佐证。"③ 而通过辨识，这批出土佛像当是秉承魏晋风格，源于中土风格的汉系造像。

---

　　① 李元阳纂，邹应龙修：《云南通志》卷三，"古迹"条，明万历四年刻本。

　　② 李元阳纂，邹应龙修：《云南通志》，"山川"条，明万历四年刻本。

　　③ 刘喜树：《南诏石刻造像出土记》，云南省政协文史委编：《云南文史资料选辑》（第 57 辑），云南人民出版社，2001 年，第 441 页。

（二）巍山双圈河大理早期遗址的杨枝观音造像

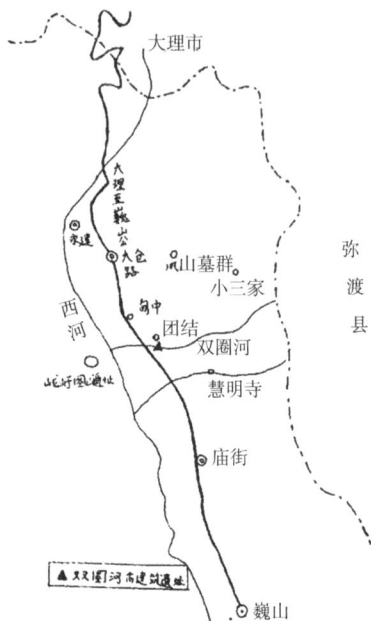

巍山双圈河遗址位置图

双圈河出土多尊造像

　　双圈河遗址位于巍山县东北的大仓镇团结村东南双圈河上游河道内，距离巄屿图遗址仅约35公里，是国内考古界首次发现和确认的大理国早期的建筑遗址。该遗址所出遗物作为大理国早期的标准器物，为南诏大理国时期的考古和文物识别确定了断代依据。该遗址首次发现的南诏大理国时期使用的折枝菊花纹瓦当、滴水和云雷纹滴水，是以往南诏大理国时期遗址中所未见。发掘出的观音像、石刻造像、莲花纹砖、塔模等遗物，为研究大理地区宗教史、建筑史提供了重要佐证。

出土造像与大理崇圣寺三塔易长观世音的造型相似

双圈河遗址出土铜观音像两件，通高10厘米左右，底径2.3厘米，头戴化佛冠，右手执宝瓶，左手执柳枝，上身披巾，下着裙，有火焰纹项光，无背光，赤足站立于六角束腰莲台之上；从观音铜像看，与大理崇圣寺三塔千寻塔出土的易长观音铜像为同一类型，时代偏早；[①] 皆是头戴高宝冠，上身袒露，下着大裙，披戴的帔帛很有特色，自双肩缠腰绕臂垂于身体两侧，阴刻眼线，眼睛长大，比例超常，柳枝粗大如拂，有稚拙风貌。不仅帔帛的缠绕方式完全相同，头光的样式亦是大同小异。同时出土的罗汉造像，

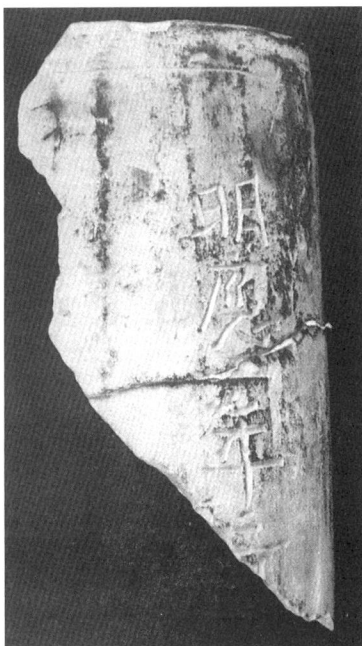

"明应二年三月"有字瓦

莲花纹柱础石、石刻造像、莲花纹砖、鸱吻、瓦当等，与巃于图山出土的为同时代同风格遗物。时代当与巃于图山的年代相当，应为南诏早期遗物。然根据其他所出遗物分析应为大理国早期的建筑遗址，其年代根据出土的标号为T1203的"明应二年三月"有字瓦分

---

① 姜怀英、邱宣充：《大理崇圣寺三塔》，文物出版社，1998年，第75页。

析，其建筑年代应为大理国第六任皇帝段素英在位时的第二个年号前后。其内涵具有一定的延续性，说明南诏大理的文化，尤其是佛教信仰具有传承和沿袭性。①

如果两者相互印证，说明杨枝观音造像在南诏早期就已经流传，在南诏晚期、大理国早期开始盛行，其样式已经影响到大理巍山等地。二者的变化就是后者的造像更加轻盈优美，帔帛等衣饰表现也比较成熟，而且铸造的数量不在少数，因为崇圣寺三塔塔藏文物中也出现了一些类似造像。

三、成都大圣慈寺的余温：蜀地对大理观音造像的示范效应

（一）数珠手观音和平顶冠的启示

《梵像卷》中名号繁杂的观音像，大致可分为三类：具大理地方色彩的观音像、显教观音、密教观音；② 详细也分为：作为南诏国保护神，以及与南诏建国有关的观音菩萨，如梵僧观世音、建国观世音、真身观世音、救苦观世音等；根据密宗仪轨而绘的多臂、多手执各种法器的法相观音，如大悲观音、白水精观音、十一臂观世音、如意轮观音、不空羂索观世音等；数量较多，而与中土相同的，即正规仪容的圣观音（常为女身），如寻声救苦观世音、孤独海岸观世音以及根据《妙法莲华经》"观世音菩萨普门品"而绘的故事画卷等。③ 两种分法大同小异，基本展现了观世音菩萨造像在大理国信仰的发展传播面貌。

---

① 据《云南巍山双圈河大理国早期建筑遗址发掘报告内容提要》（杨伟林惠赠资料）整理。

② 参考李玉珉：《张胜温〈梵像卷〉之观音研究》，"国立故宫博物院"编辑委员会：《观音特展》，"国立故宫博物院"，2000年，第223页。

③ 参考李伟卿：《从南诏图传到大理国梵像卷》，《云南民族美术史论丛》，云南人民出版社，1995年，第135页。

《梵像卷》和《法界源流图》中的八难观音

　　菩萨像中观音像占绝大多数，其来源与组成复杂，但已经远非南诏时期独崇的阿嵯耶观音像相比。南诏开国传说有关的梵僧观世音、建国观世音、真身观世音，以及与密教经轨有关的多手多面、执有多种法物的密教观世音，都属于从属地位，与《南诏图传》迥然相异。88开至90开为"普门品观世音菩萨"，主尊观世音两侧的绘画，主要表现八种应化观音救助众生的情景，显然是受《妙法莲华经》"观世音菩萨普门品"的启发，通常被称为"普门品观音"，有时亦称"八难观音"。在敦煌壁画、帛画中便有为数相当的普门品观音作品，四川安岳毗卢洞保存一铺完好的八难观音变相浮雕，五代麻居礼也曾在四川圣寿寺内绘制八难观音壁画。① 《梵像卷》中八难观音像不仅有山水衬景，情节性强，而且细节的刻画更加清晰，基本是承袭中土普门品观音图像的特征。

---

　　① "今圣寿寺偏门北畔画《八难观音》一堵，现存。"出自黄休复：《益州名画录》卷下"能格中品五人"，于安澜编：《画史丛书》（第四册），上海人民美术出版社，1963年，第33页。

四川安岳毗卢洞八难观音变相浮雕

　　《梵像卷》91 开"南无寻声救苦观世音菩萨"，为标准的圣观音像，画面上观音立像身略左偏，头戴花冠，冠有化佛，脸庞圆润秀美，胸垂璎珞，衣带飘举，两手自然交于腹部，右手数珠，脚踏独第莲花瓣，当是中原汉地佛教造像在西南的再现。其形象姿态，与四川大足北山石刻以及石钟山石窟壁画极为类似。位于剑川石钟寺大殿西南圆形小山西侧下部高 130 厘米、长 400 厘米的内凹崖面上，共绘制了一列七身菩萨立像。这是石宝山石窟唯一的一处摩崖壁画。绘制方式均为赭色勾勒轮廓，细部如发髻等用墨线勾勒，再施以彩绘，颜色主要有乳白色、绿色、赭色和土红色。背光多着绿色，面部和裸露的肌体着乳白色，头饰以白线勾勒，内涂赭色；披巾和僧祇支赭、绿相间，并饰云纹；下裙着土红色；仰莲着绿色，祥云着白色。菩萨形象、服饰、身姿基本相同。保存较好的 9—4 号菩萨像通高 110 厘米，身高 77 厘米。头戴平顶冠，冠两侧垂长饰带，在腹部打结后一垂于双膝，再搭双手腕后下垂于地。面相浑圆，眉眼细长，窄鼻小嘴，双耳垂肩，下额丰满圆润。颈下饰双重项圈，垂饰珠玉，装饰繁缛华丽。双肩圆润且下滑。披巾从双肩垂下，沿手臂外侧飘然下垂及地。菩萨含胸挺腹，臀部微向左侧扭动，身体丰满健壮。上身斜披僧祇支，下身着裙，腹饰裙腰，腹下垂有复杂的璎珞。双臂自然下垂，戴花形臂钏和手镯。双手置于腹部，左手握住右手腕，右手下垂，持一串念珠。赤足又立于仰莲座上，莲座下有祥云烘托。菩萨身后有火焰形头光和身光，左右两侧各有三日轮。从整体看，9—4 号菩萨像居中间位置，形体略大，且有一日轮和榜题，应是这铺像的主尊。[①] 造像体态安详、雍容娴雅，有唐人风范。另有七个小圆光环绕左右，圆光上墨书观音六字真言，正中圆光上墨书"纥力"字样。体态同大足北山佛湾 125 号、136 号窟等数珠手观音、安岳圆觉洞 14 号莲花手观音、安岳净慧岩 15 号数珠手观音等造像非常相近。

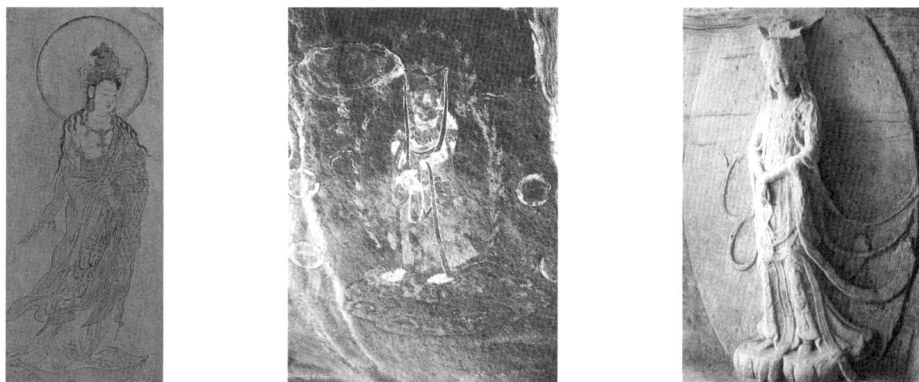

数珠手观音造像

依次为印度罗密斯代罗窟、云冈石窟 6 号窟、龙门石窟宾阳中洞、成都万佛寺梁代造像的平顶冠

---

① 据北京大学考古队、云南大学历史系、剑川石窟考古研究课题组：《剑川石窟——1999 年考古调查简报》，《文物》，2000 年第 7 期，第 81 页。

四川各地的数珠手观音造像

　　另外，沙登箐区面相方圆、身宽体壮、着双领下垂式袈裟的造像样式，颇与隋末唐初四川和陕西的造像特点相似。大理国时期开凿的石钟寺区龛像，如八大明王、地藏菩萨和华严三圣，亦与四川地区佛教造像有密切关系，如四川大足北山 37 号、227 号、231 号、242 号、276 号等窟的地藏像，宝顶山 22 号窟的十大明王，北山 106 号窟和宝顶山 5 号窟的华严三圣像等。观音崇拜在南诏大理盛极一时，与四川不无关联。其中菩萨所戴的平顶冠亦在成都万佛寺、云冈石窟 6 号窟、龙门石窟宾阳中洞等菩萨造像中出现。[1]

（二）关于川滇联通的史迹梳理

　　在中原文化输入南诏、大理的诸条路线里，由于地缘的缘故，四川是最重要的一个干线。蜀身毒道[2]就是内地通云南最主要的交通干线。在千寻塔出土的文物中，即有一面银锭纽葵花形镜，背铸"成都刘家青铜照子"，形制与四川金堂宋代石墓出土的铜镜（背铸"成都龚家青铜照子"）相同，很明显地是从四川输入。在云南还征

———————

　　[1]　李巳生：《成都万佛寺梁代造像艺术特色的形成》，《敦煌研究》，1992 年第 3 期，第 90－91 页。

　　[2]　身毒道的两条支线为清溪道与五尺道。

集到铭文为"成都刘家""成都龚家"等宋代铜镜。[1] 史载，南诏曾多次寇蜀，劫掠百姓、匠人技工、僧道佛像。大和三年（829 年）之役，《新唐书》卷二百二十二中"南诏传下"云：

> 西川节度使杜元颖治无状，障候弛沓相蒙，时大和三年也。嵯巅乃悉众掩邛、戎、嶲三州，陷之、入成都，止西郭十日，慰赉居人，市不扰肆。将还，乃掠子女、工技数万引而南，人惧自杀者不胜计。救兵逐，嵯巅身自殿，至大渡河，谓华人曰：此吾南境，尔去国当哭。众号恸，赴水死者十三。南诏自是工文织，与中国埒。[2]

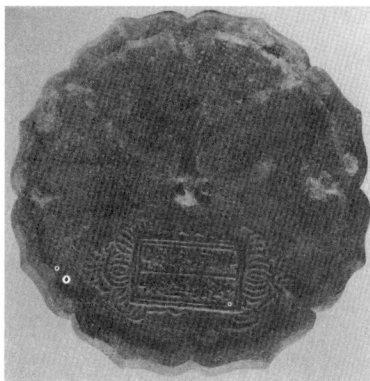

带"成都"字样八棱素地铭文镜　　做过嶲州西泸县县令的南诏清平官郑回

南诏攻陷成都后，"驱掠 50 000 余人，音乐技巧无不荡尽"[3]。在这些从蜀地来的工匠中，有些很可能是道释画工或雕刻家。他们的迁入在一定程度上促进了云南佛教艺术的发展。两年后，"南蛮放还先虏掠百姓、工巧，僧道约四千人还本道"[4]。"约四千人"这个数字也只是其中的一部分。向达评价，"大和三年之役，对南诏

---

① 葛季芳：《从千寻塔文物看大理国与中原文化的联系》，《云南社会科学》，1984年第 1 期，第 75 – 76 页。

② 《新唐书》卷二百二十二中"南诏传下"，方国瑜主编，徐文德、木芹、郑志惠纂录校订：《云南史料丛刊》（第一卷），云南大学出版社，1998 年，第 394 页。

③ 李德裕：《会昌一品集》卷十二，电子光盘版。

④ 《李德裕奏南诏还俘事》，出自方国瑜主编，徐文德、木芹、郑志惠纂录校订：《云南史料丛刊》（第二卷），云南大学出版社，1998 年，第 149 页。

后来物质文化发展有极大关系……南诏后来工艺之盛，颇有赖于此役。"① 不但如此，咸通三年（862 年），南诏王隆舜寇蜀，取万佛寺石佛归，② 而根据《南诏野史》，著名的崇圣寺雨铜观音像就是出自蜀人李嘉亭之手。③ 这些资料说明，蜀地的艺匠对南诏佛教雕刻的影响很大。剑川石窟中的南诏晚期造像与蜀地风格近似，就是一有力的佐证。大理崇圣寺塔发现的一块铜片上刻有"时辛酉岁平圀公……再修元重……治亲手作俎成都典校舍师彦贲李珠睐智"等字样，此"亲手作俎"的"成都典校舍师"当然也不可能是大理土著。④ 此外，李元阳《云南通志》称，善阐（今昆明）地藏寺亦为宋末四川僧人永照、云晤所建。凡此种种，均见南诏大理国与宋，尤其是与四川的往来从未中断。南诏后期，异牟寻固请以大臣子弟质于唐，朝廷把这些子弟轮批送成都学习，前后五十年，学成而归者逾千人。贞元十四年（798 年），在四川的韦皋应异牟寻的请求，"开青溪道以通群蛮，使由蜀入贡。又选群蛮子弟聚之成都，教以书数，欲以慰悦羁縻之。业成则去，复以他弟子继之。如是五十年，群蛮子弟学于成都者殆以千数"⑤。《滇释纪》载四川僧双流尉迟和尚、益州如一禅师、益州南印禅师、益州义俛禅师等在云南传播六祖禅法，川滇关系可见一斑。禅宗菏泽派云南五祖之宗张惟宗行法于荆州，长庆年间（821—824 年）卒于成都，其嗣法弟子李成眉游化至大理始建崇圣寺三塔，由唐大匠恭韬、徽义所造，塔式一如内地。"威成王时册封杨直清为显密园通大义法师……始塑大灵土主天灵圣像曰摩诃加罗……庙隅有神匠曰罗都道太，自蜀中来。"⑥

① 樊绰著，向达校注：《蛮书校注》，中华书局，1962 年，第 175 – 178 页。
② 木芹会证：《南诏野史会证》，云南人民出版社，1990 年，第 26 页。
③ 木芹会证：《南诏野史会证》，云南人民出版社，1990 年，第 29 页。
④ 姜怀英、邱宣充：《大理崇圣寺三塔》，文物出版社，1998 年，第 83 页。
⑤ 司马光：《资治通鉴》（胡三省音注），第 17 册，中华书局，1956 年，第 8078 页。
⑥ 方国瑜：《有关南诏史史料的几个问题》，林超民编：《方国瑜文集》（第二辑），云南教育出版社，2001 年，第 379 – 380 页。

（三）成都大圣慈寺壁画和《梵像卷》

元张道宗《纪古滇说》载：

入觐过成都适寺，大慈寺初铸神钟以成，寺僧戒曰，击钟一声施金一两。时建成连扣八十声，僧惊问，汝何人连扣如此。曰吾南使张建成也。僧乃易其名曰化成。成曰佛法南矣，遂学佛书，归授滇人。成至京朝唐，时玄宗在位，厚礼待之，赐以浮屠像而归。王崇事佛教，自兹而启。①

大理地区的佛教艺术无疑和成都大慈寺有密切关系，据说云南大理喜州上坪村南有相传是仿成都的大圣慈寺。李之纯在《大慈寺画记》中赞誉大圣慈寺壁画，"举天下之言唐画者，莫如成都之多。就成都较之，莫如大圣慈寺之盛"。大圣慈寺总体布局规模很大，"总九十六院，按阁、殿、塔、厅、堂、房、廊无虑八千五百二十四间，画诸佛如来一千二百一十五、菩萨一万四百八十八，帝释、梵王六十八，罗汉、祖僧一千七百八十五，天王、明王、大神将二百六十二，佛会、经验、变相一百八十五，诸夹绅雕塑不与焉。像位繁密，全彩华缛，何庄严显饰之如是！"② 会昌法难后，仅大圣慈寺壁画留存，成为当时乃至以后画工描摹学画的基地之一。从中可以看出中唐以后西蜀地区密教的流行，以及唐代西方净土信仰的盛行。以观音为主的菩萨像数量占壁画整体内容的九成以上，其他依次是如来、祖师、明王神将、帝释梵王。而祖僧像数量之大，反映了大圣慈寺诸院林立、宗派纷纭的复杂格局。同时这也是大圣慈寺之所以在西蜀乃至全国产生相当影响力的要因，南诏、大理亦当在其辐射之列。有趣的是，作者虽然对络绎不绝的参观之人进行了嘲讽，但从另一侧面反映出大圣慈寺的对外影响和感召，"四方之人至于此者，徒见游手末伎，憧憧凑集，珍货奇巧，罗陈如市，只以

① 张道宗：《纪古滇说集》，方国瑜主编，徐文德、木芹、郑志惠纂录校订：《云南史料丛刊》（第二卷），云南大学出版社，1998年，第659页。
② 转引自王卫明：《大圣慈寺画史丛考》，文化艺术出版社，2005年，第112页。

为嬉戏衔鬻之所，而不知释子隶学诵持、演说化导亦无虚日。故以藏经大部、律僧长讲之数兼列云：诸院为国长讲计七十三座，诸院大藏经计一十二藏。"①

唐末，唐玄宗、僖宗入蜀，随其避难至成都的亦有很多是高僧大德、文士画师之辈，为寺院创作了大量壁画。会昌法难后，成都寺院大部分被毁，寺院壁画亦被破坏，仅大圣慈寺留存，寺内壁画自然成为当时各佛寺数量最多、最具代表性的壁画遗存。大圣慈寺这一批名家典范之作，便成为蜀中各地及全国画师描摹的师承范本、粉本。南诏大理地近四川，与内地交往以同西川道为主要通道，通过四川才能向内地进发，所以当时的描工画家，对汉传佛教绘画的学习，自然以画坛的重镇大圣慈寺为描摹学画的基地，这种影响的余续一直波及大理国。

成都大圣慈寺壁画与《梵像卷》绘制题材、内容的相关比对：

作者	具体绘制场所	大圣慈寺壁画内容	《梵像卷》内容
辛澄	普贤阁下	五如来同坐一莲花	108 开"南无秘密五普贤"
	九身阁里内	如意轮菩萨	112 开"南无如意轮菩萨"
	普贤阁后壁	佛会、如来、八菩萨	63 开至 67 开"释迦牟尼佛会"；68 开至 72 开"药师琉璃光佛会"；78 开至 80 开"三会弥勒尊佛会"
李洪度	东廊下维摩诘堂	帝释、梵王	19 开至 22 开"天王帝释众和梵王帝释像"
张玄	灌顶院	罗汉十六躯	23 开至 38 开"十六罗汉像"

① 转引自王卫明：《大圣慈寺画史丛考》，文化艺术出版社，2005 年，第 112 页。

（续上表）

作者	具体绘制场所	大圣慈寺壁画内容	《梵像卷》内容
卢楞迦	极乐院佛殿内	十六罗汉	23 开至 38 开"十六罗汉像"
左全	中殿	维摩诘变相	59 开至 62 开"文殊请问与维摩大士"
范琼	南廊下	药叉大将、修吉龙王、鬼子母天女	11 开至 14 开"白难陁龙王""沙竭海龙王等"；114 开"诃梨帝母众"
赵德斋	崇真禅院	帝释、梵王	19 开至 22 开"天王帝释众和梵王帝释"
张南本	竹溪院	六祖	44 开至 49 开"六祖像"
	兴善院殿内	八明王	116 开至 121 开"明王像"
	弥勒院内	十六罗汉、文殊、普贤	23 开至 38 开"十六罗汉像"；64 开至 66 开"文殊、普贤像"
	保福院殿后	山海观音	97 开"菩陁落山观世音像"
赵忠义	中寺六祖院旁	药师经变相	68 开至 77 开"药师经变""药师琉璃光佛会"
杜子环	东律院壁	八明王、释迦如来、十六罗汉	116 开至 121 开"明王像"；23 开至 38 开"十六罗汉像"
赵温奇	文殊阁四壁、普贤阁四壁	南北方天王、梵王、帝释	19 开至 22 开"天王帝释众和梵王帝释像"
张希古	文殊阁四壁	千手眼观音、势至菩萨	93 开"千手千眼观音像"
杜觐龟	吉安院	十二面观音	103 开"十一面观世音菩萨"
杜措	六祖院院门北壁	地藏	106 开"地藏菩萨像"

注：据黄休复《益州名画录》和范成大《成都古寺名笔记》所载大圣慈寺画迹内容整理。

可以看出，张胜温绘制的《梵像卷》里的内容绝大多数可以在成都大圣慈寺找寻到对应的题材。59 开至 62 开的维摩诘经变，布局上维摩诘大士与文殊菩萨对坐，显然是描摹汉地佛寺壁画，对称地将二者分绘于两壁而成；23 开至 38 开的十六罗汉图，与现存卢楞迦六尊者像风格近似，卢楞迦为吴道子的弟子，五代前蜀张玄也画过罗汉十六尊，声迹赫然，时呼张玄为"张罗汉"。张玄的罗汉脱略"奇怪益甚""诡形殊状"[1]，已经"得其世态之相，故天下知有金水张元（即张玄）罗汉也"[2]。张玄在四川以画罗汉为职业，"荆、湖、淮、浙，令人入蜀纵价收市，将归本道"[3]。他的作品具有商品画性质，并作为供养而大量绘制。而《梵像卷》十六罗汉，已经远非贯休"奇怪益甚"的梵僧品貌，带有浓郁的中土僧相特征，所以《梵像卷》很可能依据张玄的画本而绘制。现今虽然大圣慈寺的壁画已经荡然无存，但是通过文献载录和一些遗存，还是可以窥见南诏大理国的佛教艺术和大圣慈寺乃至四川的紧密关联的。

从四川地区石窟寺出现的造像题材而言，南北朝至初唐时期以配置释迦、弟子、菩萨、力士、五尊或七尊像形式逐渐转变为释迦法会及弥勒、药师、阿弥陀等主题，在初唐时期出现了十一面观音、千手观音、六臂如意轮观音、地藏菩萨等造像；中晚唐时期，密教题材渐据主流，造像手法呈现出多样化的趋势，除了观音、地藏、如意轮、不空羂索、炽盛光、文殊普贤等题材外，毗沙门和释迦分身瑞像以及金刚部的天王和明王、维摩变、千手观音等题材流行；五代北宋时期，密教题材石窟龛像达到极盛，造像主题更加趋于多样复杂，流行最广且具西蜀造像特点的有十一面观音、明王部诸尊像等。大足北山石窟、宝顶山石窟及安岳地区诸窟较为集中。[4] 大圣慈寺的壁画创作和四川各地的石窟石刻造像，深刻地影响着云南，尤其是观

---

① 俞剑华标点、注释：《宣和画谱》卷三、卷七，人民美术出版社，1964 年。
② 俞剑华标点、注释：《宣和画谱》卷三，人民美术出版社，1964 年。
③ 俞剑华标点、注释：《宣和画谱》卷三，人民美术出版社，1964 年。
④ 胡文和：《四川道教佛教石窟艺术》（第四卷），四川人民出版社，1994 年，第 367 – 372 页。

音造像和天王造像，不仅在四川是绘制数量最多的，在云南亦如此。

《新唐书》"艺文志·丙部·道家类"有著录："《七科义状》一卷，云南国使段立之问，僧悟达答。"① 悟达即知玄法师（811—883 年），晚年讲经于成都大圣慈寺，听者万众，广明二年（881年），僖宗入蜀，赐号悟达国师。② 悟达曾居眉州（彭山县）的象耳山念诵《大悲咒》，以教化民众，"玄每恨乡音不堪讲贯，乃于象耳山诵《大悲咒》，梦神僧裁舌换之"③。象耳山就是观音道场，文同《题象耳山寺》"像阁罘罳明海日，经幢璎珞撼天风"④，与悟达同居数年的成都画家李昇也画过题为"象耳山大慈真相"的作品，⑤由此可以窥见从公元 7 世纪中叶兴起的对化变观音的信仰，至公元8 世纪始集中于表现千手观音、十一面观音及不空羂索观音，并逐渐成熟于四川地区，这些必然会对对中土文化渴仰非常的云南产生强烈的示范作用。

（四）大圣慈寺藏川的"十王"信仰弘布与观音、地藏的组合

安宁法华寺石窟是云南第二大石窟，虽受人瞩目但也被人忽视。瞩目是因为此石窟是云南极其鲜见的纯然汉地风格的佛教显宗石窟；因为风化严重漫漶不清，所以格外被人轻视。其中石窟中菩萨装的地藏形象与观音菩萨并列排布非常醒目，造像风格也迥异于以佛教密宗为主的剑川石钟山石窟。

安宁法华寺石窟位于云南昆明辖下安宁市城东约 5 公里的连然

---

① 《新唐书》"艺文志·丙部·道家类"，电子光盘版。

② 《唐语林》卷七，转引自林超民编：《方国瑜文集》（第二辑），云南教育出版社，2001 年，第 535 页。

③ 《宋高僧传》卷六"唐彭州丹景山知玄传"。

④ 曹学佺、刘知新点校：《蜀中名胜记》卷十二，重庆出版社，1984 年。

⑤ 据黄休复：《益州名画录》卷中，"李昇"条，于安澜编：《画史丛书》（第四册），上海人民美术出版社，1963 年。《宣和画谱》卷三，道释三，"李昇"项，于安澜编：《画史丛书》（第四册），上海人民美术出版社，1963 年。

镇小桃花村洛阳山山腰间。法华寺，据清代雍正年间编纂的《安宁州志》卷十二载，该寺为"唐时建，现寺废"，又言"段氏凿罗汉"。此说是据明代景泰年间修纂的《云南志》卷一所言，"阳山（即洛阳山）在安宁州治东十里，段氏于东山壁凿十六罗汉于其上。"①《元史》卷六十一"云南行省"："安宁州，下，唐初置安宁县，隶昆州（昆明）。阁罗凤叛唐后，乌、白蛮迁居。蒙氏（南诏）终，善阐酋孙氏为安宁城主，及袁氏、高氏互有其地。"② 看来大理国的显赫家族高氏也曾经略安宁。"唐天宝初年阁逻凤以其子阳瓜刺史凤伽异兼领安宁，始建法华寺，宋代大理国公主段氏于乾德三年（965 年）重修法华寺并摩崖凿十八罗汉佛像。"③ 安宁法华寺石窟依山凿于四处崖壁上，现存 29 窟，其中 4 窟现为空窟，其余 25 窟大都头部残毁，仅极少数龛保存完好，现存大小造像 25 尊，重修题记二则，游人题记一则，明代杨慎释文摹写的《岣嵝山禹碑》一块。④

云南安宁法华寺石窟的地藏、观音组合像

---

① 此说同于"法华寺在洛阳山，即段氏凿罗汉之所也"。陈文纂修：《景泰云南图经志书》，方国瑜主编，徐文德、木芹、郑志惠纂录校订：《云南史料丛刊》（第六卷），云南大学出版社，2000 年，第 28 页。

② 《元史》卷六十一"云南行省"，电子光盘版，方国瑜主编，徐文德、木芹、郑志惠纂录校订：《云南史料丛刊》（第三卷），云南大学出版社，1998 年，第 71 页。

③ 参照法雨：《云南安宁法华寺石窟》，《敦煌研究》，2003 年第 5 期，第 34 页。按《南诏通记》，先是金叶杨苴所建，被火烧毁，公主段氏延寿更建，段氏即天王杨凌之妻也。

④ 刘长久：《中国西南石窟艺术》，四川人民出版社，1998 年，第 177 页。

安宁法华寺石窟的形制多为圆拱形浅龛，龛内大都雕刻单尊造像。此外，少数外为方形，内为圆拱形的双叠式浅龛，也刻单尊像。除了少数龛高在一米以上，余皆为一米以下的小龛。造像题材没有剑川石钟山石窟的佛教密宗题材，也没有白族特有的本主题材，更没有异域的波斯国人题材，而是云南少见的佛教显宗题材。不仅有 4 号窟刻于东岩正壁的十六罗汉（4 号窟下层的 5 号窟刻了 2 龛罗汉造像）；还有南诏大理鲜见的佛传故事，8 号窟释迦牟尼佛苦行像和 9 号窟善生女献乳糜像、10 号窟释迦牟尼涅槃像，此涅槃像见于昭觉凉山博什瓦黑线刻画的南区 4 号窟上层。

值得注意的是 1 号、2 号窟的地藏、观音组合并列像。2 号窟为圆拱形，窟内正中刻观音菩萨像，高 1.5 米，头戴化佛花冠（冠顶部残损），宝缯垂肩，面部已残毁，通肩袈裟，胸饰璎珞，双手结禅定印，结跏趺坐于莲台上，台前左右各有一莲苞（右莲苞残毁），背有双重火焰纹桃形背光。与地藏菩萨平行并坐，虽损毁严重，但明显属显宗规范，与内地，尤其是四川较为接近，造型风格与大理地区迥异其趣，雍容华贵、仪态万方，应为大理国后期佳作。观音龛旁有一题记："弟子□□□室人□□男永春庄严重修修"，涅槃像左壁有一"敬重修者"题记。据《康熙字典》"备考"，"修"同修。同为"修"，见于《川篇》，专记异字别字，成书当不晚于梅膺祚《字汇》，即明代中期。所以，以"修"代"修"在明代以前曾被民间运用过。[①] 在云南，运用异字别字以大理国时期最甚，至元渐鲜。所以安宁法华寺石窟当开凿于大理国时期。

将观音和地藏菩萨组合造像，最早可能始于南朝。《三宝感应要略录》卷下载："梁朝汉州德阳县善寂寺东廊壁上，张僧繇画观音地藏各一躯，状若僧貌，敛披而坐，时人瞻礼，异光焕发……至垂拱二年，天后闻之，敕令画人摹写，光发如前，于内道场供养。[②]以地藏菩萨和观音菩萨作为组合也见于从唐代、五代到宋代开凿的

---

①　参照段玉明：《大理国史》，云南民族出版社，2003 年，第 382 – 383 页。

②　宋非浊集：《三宝感应要略录》卷下，《大正藏》（第 51 册），第 853 页。

石窟摩崖造像和绘画等作品。龙门石窟保存有相当数量制作于唐前、中期的观音、地藏组合造像，与此记载十分相符。这两尊菩萨，在以阿弥陀佛或药师佛为主尊的三尊像中，作为左右胁侍出现，或者立于佛龛和窟口左右两侧。同时往往以并列形式出现在同一佛龛或者同一画面。以两种不同的菩萨作为一个组合的例子还有文殊菩萨和普贤菩萨。但是，把文殊菩萨和普贤菩萨并列在同一个佛龛或者画面的例子极为罕见。由此看来，大量制作地藏、观音两菩萨的组合造像是有一定原因的。

北宋端拱二年（989年），常谨撰写的《地藏菩萨像灵验记》里收入了三条地藏、观音并列像的灵验故事。《显德寺释道真造地藏像感应记》讲大山府君的"烦恼"，即造这二菩萨像就三恶道都变成空虚，《台州陈健为父母造地藏像感通记》讲述的是由于造二菩萨像的功德（为父母分别造地藏像和观音像），陈健被阎罗王赐予长寿并从冥府返回的故事。根据故事记载，前者发生在隆兴年间，后者为乾德四年（966年）的事情。流行把救济地狱和引导净土的任务付托给地藏、观音。两菩萨的功绩，恐怕应该归功于沙门藏川，他是推广地狱十王信仰与阿弥陀佛净土信仰结合法会的一位先驱人物。宗鉴《释门正统》载：

十殿之名乃诸司分者，乃唐道明和尚，入于冥中，一一具述，因标其号，报应符合，初匪罔世……又有《十王经者》，乃成都府大圣慈寺沙门藏川所撰。[1]

十王信仰所据教典，大致有两个系统，其中一部题为：

《佛说地藏菩萨发心因缘十三经》成都府大圣慈寺沙门 藏川述。

而另一部经典题作《佛说预修十王生七经》，经首题作：

谨启 讽阎罗王预生七往生净土经劫誓劝有缘以五会启经入赞念阿弥陀佛 成都府大圣慈寺沙门 藏传述 佛说阎罗王授记四众

---

[1] 宗鉴：《释门正统》卷四《利生志》，《续藏》二·乙·三·五。

（传）范琼《大悲观音像》

太平兴国八年（983 年）地藏十王图轴

逆修生七往生净土经。①

　　藏川的生平和活动情况，历代的佛教史籍几乎无载，但藏川屡屡出现于流传的数种版本之中，文中著述地点和著者姓名都很明确，经典原文由原典改编为礼忏用的语句而成文，说明成都大圣慈寺确实在当时的佛教文化的传播上发挥着极其重要的作用。藏川作为成都巨刹大圣慈寺的僧人，是信仰法照的五会念佛教的净土教信徒。"往生净土经、誓劝有缘以五会经入赞念阿弥陀佛"②，在四川大量出现的摩崖造像中，地藏、观音并列像里有时伴有七佛造像，反映了在四川地区特别流行这种信仰。能够把五会念佛、十王审判、地藏之冥界救拔等信仰弘布于世，大圣慈寺的藏川应是一位重要人物，而地藏及十王信仰的崇奉热潮势必对地藏的威德、功德力加以考量，地藏、观音这种中国民间流行信仰的组合并列形式日益盛行。

　　在佛教经文里几乎找不到有关观音和地藏组合的记载。把这两尊菩萨结合在一起的做法，可能不是依据特定的经典，而是根据对

──────────

　　①　此经简称为《阎罗王授记经》或《阎罗王经》，收录于《续藏》之中，是依据明成化五年（1469 年）后记的朝鲜刻本。而在朝鲜，此经有附图的高丽版及有图无文字的《预修十王生七经变相》等版本，是明景泰五年（1454 年）和万历三年（1575 年）的刻本。参考王卫明：《大圣慈寺画史丛考》，文化艺术出版社，2005 年，第 219 页。

　　②　《预修十王生七经》，王卫明：《大圣慈寺画史丛考》，文化艺术出版社，2005 年，第 219 页。

这两尊菩萨的信仰方式。① 中晚唐以后，观音、地藏组合造像主要出现于四川地区，广元、夹江、大足等地均有分布。在我国晚期佛教寺院中，观音、地藏像并列一龛、一壁、一室的情况虽不多见，但从一些保存古代建筑规制较为完整的寺院中，观音殿（或以观音为主尊的三大士殿和罗汉殿）与地藏殿往往相对而设，并列于大雄宝殿（或弥陀殿）左右，如山西晋城青莲寺、大同善化寺、平遥双林寺、灵石资寿寺等，② 这说明在晚期佛教信仰中，地藏和观音依然是紧密联系在一起的，只是二者组合的具体形式根据寺院的布局结构特点发生了变化，这种变化并不妨碍信众对观音和地藏所具有的密切联系的理解。

四川的观音、地藏组合像

四川地区（指包括重庆市的四川盆地）唐宋时期的摩崖造像中，有不少的地藏、观音并列像。譬如，根据 1985 年出版的《大足石刻内容总录》的记载，北山佛湾共有 290 个龛，其中以地藏、观音并列像为主题的有 58 号、82 号、117 号、121 号、172 号、187 号、191 号、221 号、241 号、244 号、248 号、249 号、253 号、

---

① 肥田路美：《关于四川地区的地藏、观音并列像》，重庆大足石刻艺术博物馆编：《2005 年重庆大足石刻国际学术研讨会论文集》，文物出版社，2007 年，第 526、530 页。
② 《山西佛教彩塑》中有关于这些寺院建筑格局的记载以及这些寺院的平面布局示意图。

275 号、277 号龛的 15 个龛，[①] 除此以外，因为风化或人为破坏而内容不明的二像并列，大部分也应该是地藏、观音的二菩萨像。这种题材除了大足以外，还分布在广元、巴中、邛崃、蒲江、丹棱、夹江、资中、内江、安岳等地区，不过在数量和图像形式上有一定的差异。大理国引进这种造像形式，应该是把各自都有强大的威力的地藏、观音菩萨并列而期待着加倍的灵验，与民众流行现实性的除灾祈福、护国利益和祈求亡后的地狱救苦的民间信仰有极大关联，而藏川的弘布与大圣慈寺的示范作用无疑使地藏信仰有了更进一步的发展。安宁法华寺地藏、观音并列组合像，不同于敦煌的比丘形皆立像，也相异于中原的地藏比丘形半跏趺坐、观音立像，而是菩萨装皆坐像，应是源于造像和信仰最活跃的四川。晚唐时期此类组合像在敦煌已经不甚流行，而四川仍存在。被称为"放光菩萨"的德阳善寂寺的地藏、观音并列像的灵验传说，必定是在此一信仰在四川地区广泛流行的背景下出现的。云南较之四川更加偏远，承纳这一组合样式的时间则更为长久，比对《梵像卷》，地藏、观音菩萨脚踏莲苞的形象则成了此一时期大理国的标准样式。

四川、大理国观音、地藏像脚踏莲苞的流行样式

---

① 刘长久、胡文和、李永翘：《大足石刻研究》，四川社会科学院出版社，1985 年。

四、祥云水目山禅系的崛起与大理国佛教造像汉系特征

　　南诏国劝丰佑（824—859 年）时期，是佛教在云南广为传布的最主要时期，几乎与汉传佛教禅宗在大理传布同时，以梵僧赞陀崛多为首的密宗阿吒力教也在大理得到了发展，赞陀崛多本人亦被尊为国师。由于密宗阿吒力教的传承方式简易和持守戒律的松弛，更易为当时云南当地民众所接受。因而在整个南诏、大理国的统治范围内，自公元 9 世纪中叶起，至 13 世纪中，密宗阿吒力教在云南后来居上，其地位已然超过了汉传佛教。然而，自 1095 年后理国起，由于大理国权臣高氏大力倡导佛法，汉传佛教禅宗等在大理得到了中兴。禅宗的崛起成为一个象征：即代表大理国精英阶层、掌控实际权力的高氏家族的文化信仰已经同中原暗合同步。尽管高氏一门宗支不一，信仰各别，但是以显贵出家的主流水目山一系已经使密宗在云南的影响呈递减趋势。[①] 大理国权柄实际操在高氏手中，据《南诏野史》记载："高氏相之，政令皆出其门，国人称为高国主，段氏拥虚位而已。"[②] 1080 年，大臣杨义贞杀了大理国王段廉义，夺了王位，自称"广安皇帝"。高升泰起兵灭了杨氏，复立段氏并趁机遍封高氏子孙于"八府、四郡"[③]，大理国重要府郡尽成为高氏的世袭领地。大理高氏一门世执政柄，号令咸出其门，姚安名流赵鹤清先生为姚安光禄"高让公故里"撰写的楹联（姚安军民府旧址、土司衙门的牌坊上）这样称道高氏："九爽七公八宰相；三王一帝五封侯。"[④] 可见高氏这一望族的炽盛，他的倡导必然带来广泛深远的影响。

---

① 段玉明：《大理国史》，云南民族出版社，2003 年，第 394 页。

② 木芹会证：《南诏野史会证》，云南人民出版社，1990 年，第 264 页。

③ 详见林超民：《大理高氏考略》，《云南民族学院学报》，1993 年第 3 期，第 53 - 58 页。

④ 芮增瑞：《有关鹤庆高氏族谱的几个问题》，《大理文化》，2000 年第 6 期，第 61 页。

祥云水目寺塔

祥云水目寺塔壁画

以鹤庆为例，据《高氏历代履历宗谱》载，高升泰遍封子孙时，其长子高泰惠即被封为"鹤庆（蒙统）演习"。其后，高惠珠、高珠寿、高寿长、高长明、高明惠、高惠直、高直信、高信益相继为世袭鹤庆军民都总管。在整个大理国时期和整个元代，高氏完全统治着鹤庆。明代高隆、高赐、高仲、高听、高宝、高伦相继为世袭鹤庆土知府。① 在大理国时期直至明正统八年（1443 年）的 500 多年时间里，高氏家族以玄化寺为中心，大做佛事，大印（写）佛经；提倡火葬；在剑川石宝山和天子庙雕刻佛像；并在境内修复、兴建了众多寺庙。有些寺庙建自南诏末期赞陀崛多开辟鹤庆后不久，有些即为大理国时期兴建，后来又复修或重建，几乎都与高氏家族相关。②

禅宗传入云南始于南诏，但是由于南诏国王奉密宗阿吒力僧赞陀崛多为国师，禅宗并没有得到充分的发展。至大理国时期，经道悟、玄凝等崇圣寺住持的倡导，以及中原地区大量佛教经典的流入，禅宗在云南的发展具备了条件。当时崇圣寺依然是皇家寺院，

---

① 张了：《白族（阿吒力教）在鹤庆》，林超民主编：《南诏大理历史文化国际学术研讨会论文集》，民族出版社，2006 年，第 385 页。

② 如《康熙鹤庆府志》所载元化寺、龙华寺、栖云庵、最胜园、妙口庵、妙明居、一乘庵、万松庵、观音寺、石宝寺、兰若寺、宝相寺、钟山寺、兴教寺、云鹤寺等。可见高氏一门倡导宣扬的佛教信仰，在民众之中具有非凡的影响力。

是密宗阿吒力教的统治中心。而至大理国高氏倡导佛法起，禅宗的传布中心由崇圣寺中分出，转移至祥云水目寺。被誉为水目寺开山祖的普济，是崇圣寺主持道悟的弟子。曾任大理国相国的高寿昌（法号"净妙"）、大理国相国高量成之子高成宗（法号"皎渊"）则是崇圣寺玄凝大师的弟子，他们均为水目寺二祖、三祖。据清代释圆鼎《滇释纪》称，净妙曾"游中州叩黄龙慧南禅师"[1]。黄龙山位于江西修水，宋时临济宗八世慧南，为禅宗临济正宗黄龙派的创始人。因此净妙成为云南禅宗临济宗的第一人。至于皎渊的生平事迹，可参见著名的《渊公碑》。[2] 高氏在水目山建立起来的禅

高量成像

宗道场意味着，他们是继承源于中原禅宗世系的修行道场，而以段氏王室为主导的大理崇圣寺，则是大理国政治与宗教核心的圣地，高氏的身份决定了他们的信仰模式和精英需求。

从元代开始，禅宗的中心由滇西转移至昆明。昆明西郊的筇竹寺主持洪镜雄辩禅师，在元政府的支持下，成为云南佛教的主流派。当时在昆明及附近广建佛寺。除筇竹寺外，尚存的还有元大德十年（1306 年）由雄辩法师的弟子无照玄鉴禅师创建的太华寺。而昆明城区于元延祐七年（1320 年）所建的圆通寺，昆明西山元至治

---

[1] 释圆鼎：《滇释纪》，中华书局，2010 年。

[2] 碑全名为《大理国渊公塔铭并序》，大理国天开十六年（1220 年），楚州赵佑撰，苏难陀智书。原碑已损毁，只存残段。见《新纂云南通志》卷九十，金石考十，收于张方玉主编：《楚雄历代碑刻》，云南民族出版社，2005 年，第 17 页。

三年（1323 年）所建的华亭寺，罗汉山妙定寺、妙应寺，安宁的曹溪寺及晋宁的盘龙寺等这些寺院，大多传承禅宗临济及曹洞二宗，为云南佛教禅宗的主流。[①] 不过，云南大理地区民间在元、明两代依然以信奉阿吒力教为主。

（一）祥云水目山禅系的崛起

楚雄《护法明公德运碑赞》摩崖　　　　姚安《兴宝寺德化铭并序》碑

　　楚雄城 40 里外的紫溪山猢狲箐青莲寺遗址上方一摩崖刻有《护法明公德运碑赞》，曰：

　　公（指高量成）明明（公）地，了了性源，兴修白马，喜建伽蓝，众山兰若，无不周备，所谓溉其根而余其实、种其福而积其基。帝悯其精勤有道，为国济民，皆在斯焉。再敕号曰"护法公"。[②]

　　高量成是高氏第四代相国，淡于仕宦，心存莲教。为相十年即厌闻俗事，退位让职给侄儿贞寿，自己"明月侍座，清风扫门，喜

---

① 参考邱宣冲：《云南佛教概说》，第 5 页，为惠赠资料。

② 该碑刻于大理国龙兴三年，即南宋绍兴二十八年（1158 年），张方玉主编：《楚雄历代碑刻》，云南民族出版社，2005 年，第 3 页。

听法鼓明心，不闻尘嚣聒耳"[1]。高氏门中宁愿为僧而不为相者，还有高皎渊、高妙澄、高阿育等。

姚安《兴宝寺德化铭并序》碑，立于大理国段智兴元亨二年，即南宋淳熙十三年（1186年），记载了当时大理国姚府演习定远将军高明清之孙高踰城光再建兴宝寺的事迹，曰：

盖此寺者，大蒙知军事布燮杨祯之所创也，年钟建极（世隆年号）……卜兹胜地，创此精蓝，岁月已淹，痛哉圮毁。有公子高瑜城光者……日用留心白马，庶接武于汉明。伤德本之未滋，痛斯蓝之煽毁。遂乃侁子来之众，鸠心竟之工。妙启新模，式仍旧贯。喜得上栋下宇，尽合大壮之宜。[2]

兴宝寺在水目山下，故又称水目寺，《滇释纪》亦说：

普济庆光禅师，姚安杨氏子，同净妙禅师开水目山，开堂弘法。时诸王大族咸往皈敬，四众钦崇。后寂东山，建塔水目，段氏赠为普济庆光禅师。[3]

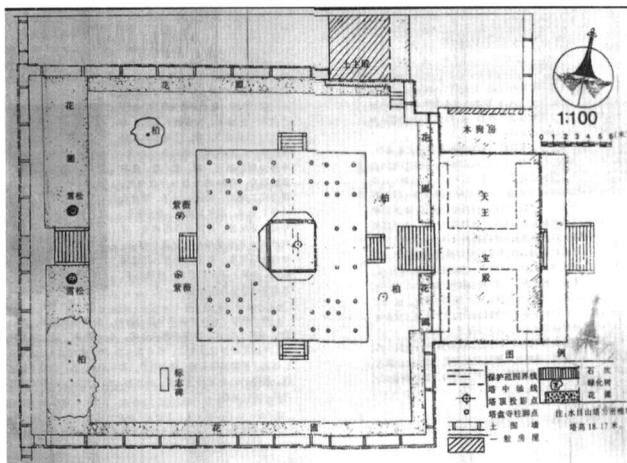

水目寺塔平面图

---

① 张方玉主编：《楚雄历代碑刻》，云南民族出版社，2005年，第4页。

② 《兴宝寺德化铭并序》，张方玉主编：《楚雄历代碑刻》，云南民族出版社，2005年，第9－10页。

③ 释圆鼎：《滇释纪》，中华书局，2010年。

这位净妙禅师又名净妙澄，就是高相国，《姚安县志》卷十四中记载：

净妙澄不详何地人（《滇释纪》曰滇池人），俗信高妙澄，为段氏国公，柄政十余年，有干济才。悟禅理，遂祝发为僧，嗣玄凝尊者。住水目山，寿七十八，端坐而化。①

在水目山还出土一块《大理国渊公塔之碑铭并序》，大理国段智祥天开十六年（1220 年）立，载录了大理国相国高泰明之曾孙、护国公相国高量成之子高成宗（法号皎渊）的事迹：

我渊公随缘白地，诞粹于高氏之族，故相国公高太明之曾孙，政国公明量之孙，护国公量成之子也……英姿卓茂，气韵清远，昂昂若云鹤之处群鸡也，自有不羁之态，视荣贵如幻炎，执身心我人为甚倒，慨然有出世之心，不肯为凡夫。年暨二十，一日辞父兄出家，知其志不可夺，不得已，壮而许之。……号智元，子皎渊，衣钵之外，分寸无余。……利贞皇叔于公世，则渭阳之规□，达磨西来之［旨］，祖祖相传，灯灯起焰，自汉暨于南国，［代］不失人，……帝命礼号塔曰实际，谥曰顿觉禅师。②

《高生福墓志铭》的碑主人高生福，为高智升之子高升祥之后，"仁寿四年"是大理国段智祥年号，即宋理宗端平三年（1236 年），碑曰：

兹居蛮貊，以适时变，而死生契阔，共禄穷人。迢递汉川之头，发如雪变；飘泊夷山之外，生若云浮，尝胆同危，一十有六年矣。嗟夫！道之□□□废，世不得以措手，则剥□□□，既复厥辟，则大事已就。功既成矣，乃随赤松子游焉；留之不得也。享年六十有九，于仁寿四年十月二十三日，奄疾薨于碦碌故第。越翼月，火化山麓，卜宅兆而安厝。天子追册"忠节克明果行义帝"，礼也。③

---

① 云龙总纂：《姚安县志》卷十四，云南人民出版社，1988 年。
② 张方玉主编：《楚雄历代碑刻》，云南民族出版社，2005 年，第 16 – 19 页。
③ 张方玉主编：《楚雄历代碑刻》，云南民族出版社，2005 年，第 22 页。

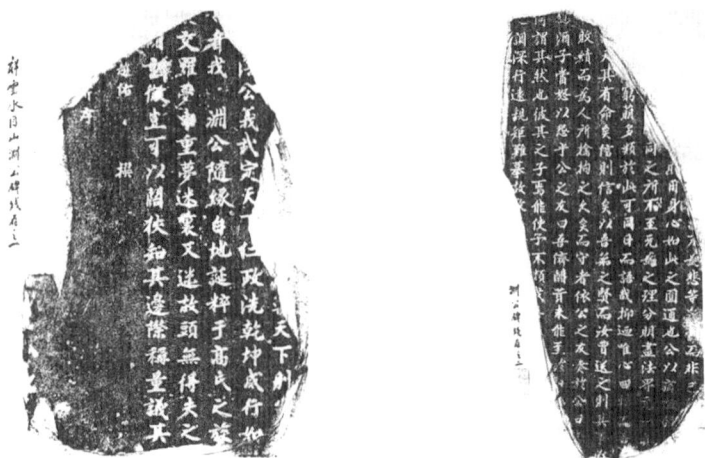

《大理国渊公塔之碑铭并序》

　　据《大理国渊公塔之碑铭并序》："其家谱宗系者，自观音传于施氏，施氏传于道悟国师，道悟传于玄凝，玄凝传于公，公之族子有慧辩，追踪景行，唯嗅檐蔔而尝醍醐者，公器之，因传焉。"[1] 据《水目寺诸祖缘起碑记》《滇释纪》、万历《云南通志》等资料，大理国禅系传承关系大致是：

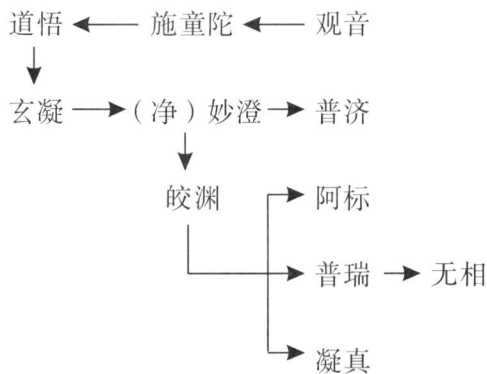

道悟 ← 施童陀 ← 观音
　↓
玄凝 → （净）妙澄 → 普济
　↓
　皎渊 ┬→ 阿标
　　　 ├→ 普瑞 → 无相
　　　 └→ 凝真

大理国禅系传承关系图

　　水目寺历代高僧不绝，最为突出的一个发展时期就是大理国时期。自普济庆光建寺之后，曾任大理国"中国公"的净妙及相国高

―――――――――

① 张方玉主编：《楚雄历代碑刻》，云南民族出版社，2005 年，第 19 页。

量成的儿子高成宗相继出家入寺为僧，被奉为水目寺开山诸祖中的
二祖和三祖，集中反映了大理国高氏倡导佛法的历史。正如《渊公
碑》中所载利贞皇叔对皎渊所说的一段话："达摩西来之说，祖祖
相传，灯灯起焰，自汉暨于南国，代不失人"①，"达摩西来之说"
正是《大理国张胜温画卷》图载的学说。万历《云南通志》卷十三
中，仙释张惟忠曰："得达摩西来之旨，承菏泽之派，为云南五祖
之宗。"② 水目寺三祖，普济、净妙与皎渊，均拜大理崇圣寺主持道
悟或玄凝为师，但又都离崇圣寺而来水目寺，其原因显然是崇圣寺
仍然还是密宗阿吒力教的统治中心。③ 而他们三人的尊师道悟与玄
凝，万历《云南通志》载曰："道悟国师以定慧为禅宗所宗""玄
凝宗师日以写经为课，笔法尝如神助，挥洒须臾便能累纸，坐化之
日计平时手书经藏多至万卷"。④ 道悟与玄凝尽管身在崇圣寺，但实
际均是汉传佛教禅宗的传人。

（二）佛教造像的汉系特征

大理国后期祥云水目山禅系的崛起，也许与佛教造像无直接关
系，但这是一个标志性事件，具有极其重要的象征意义。借此说
明，代表大理国精英阶层、掌控实际权力的高氏家族的文化信仰已
经同中原暗合同步。尽管高氏一门宗支不一，信仰各别，但是以显
贵出家的主流水目山一系已经使密宗，尤其是混杂地方神鬼巫术信
仰的杂密在云南的影响呈递减趋势，宋中原文化的影响已经逐渐显
露出来。

1. 佛传故事开始涌现

南诏晚期至大理早期的佛教艺术遗存中，佛传故事题材非常鲜

---

① 杨世钰主编：《大理丛书　金石篇》（第一册），中国社会科学出版社，1993 年，
第 36 页。

② 李元阳纂，邹应龙修：《云南通志》卷十三，明万历四年刻本。

③ 邱宣充：《祥云水目山与滇西佛教》，林超民主编：《南诏大理历史文化国际学术
研讨会论文集》，民族出版社，2006 年，第 437 页。

④ 李元阳纂，邹应龙修：《云南通志》卷十三，明万历四年刻本。

见，人们对有大威神力的密宗尊像的信仰，如佛母、大黑天神、八
大明王等的崇奉往往超过了对佛陀的认知，护佑的实用心理大大抵
消了对佛陀的情感寄托。但是，后理国晚期，这种明显有汉化显宗
色彩的佛传故事开始频频现身。如安宁法华寺石窟 8 号窟释迦牟尼
佛苦行像、9 号窟善生女献乳糜像、10 号窟释迦佛涅槃像等佛传故
事题材都是南诏时期没有出现过的。《梵像卷》9 开（无题记），是
表现如来降魔、地神作证的佛传故事：居中佛陀作"成道相"结跏
趺坐于须弥座上，背光之后一片幽暗昏昧，群魔作诸种变幻扰闹；
佛前分立七魔女（代表七情）等，地神从地中涌出，为释迦佛的赫
赫功德作证。降服魔军的形象与佛陀所作触地印相契，表达了成道

《梵像卷》、法华寺石窟、剑川沙溪兴教寺的佛传题材造像

的主题。83 开《南无踰城世尊佛》的构图形式与 9 开类似，在火焰
形背光头光后上方，绘有牧女献乳糜的故事，与"踰城"的题记统
一，不仅画面内容丰富，格局也别于降魔，而胁侍弟子、菩萨与世
俗供养的画面构成完全是汉地的流行样式。

2. 罗汉造像发达

《梵像卷》里面除了占据重要地位的禅宗六祖、神会大师以及
云南本土禅宗祖师外，还有十六罗汉造像、维摩大士、文殊请问等
排布其中。随着大理国高氏对汉地显宗尤其是禅宗的提倡，大理各
地十六（十八）罗汉造像应运而生。比如安宁法华寺石窟 4 号窟
（共 16 窟）的十六罗汉，刻于东岩正壁（分上、中、下三层），下
层补刻 2 窟罗汉，为大理后期典型佛教显宗造像，造像粉本当依据
五代前蜀画僧张玄和贯休所画的十六罗汉；位于云南大理白族自治
州大理市挖色乡高兴村东北 2.5 公里的大理挖色石窟，凤鸣台北 30
米龙绕石上共有 18 窟罗汉像，有些依稀可辨，有些已经被掩埋在岩
石中，从造型风格上看较近显宗，惜风化严重；还有晋宁观音洞洞
崖上洞南壁绘有十六罗汉壁画和剑川石宝山宝相寺摩崖上绘有十八
罗汉像等。大理永昌郡城西北 5 里许的大寺山，成化、弘治间掘得
寺碑，上面列了一个古栖贤梵刹在元代所造佛像的清单，十六罗
汉、五百罗汉等造像已经是赫然在列：

大理挖色石窟罗汉龛造像

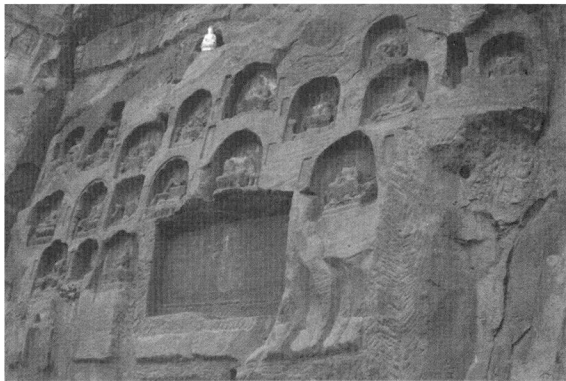

安宁法华寺石窟罗汉龛造像

继修后殿以奉药师佛，作无量寿、观世音各一千，像饰以金，金绘一百八观世音、白莲海会、东方世界主八大佛母、一六天帝、释主者八大明王、十二宫神、摩诃迦罗七转天神，塑装一十六罗汉、镇殿四天王、左右明王；像画五十三参海会、八大菩萨、五百罗汉、十二神王、三界一切灵享；印造《华严经》八十卷、《般若经》六百卷，诸品名经一千余部。泰定甲子岁作浮图一十三级于绀殿（笔者注：指佛寺）之前，高一十五丈有奇。前后殿堂，金碧彩绚。凡寺之供具，一应用度，莫不备焉。[①]

3. 观音的坐姿

石钟山石窟 13 号窟的主像为一观音立像，像左有墨书题记，竖书一行"南无琉璃光佛"的题记，字体与现存大理国写经风格近似。石钟山石窟沙登箐区 2 号窟崖面中心仅有一龛，即阿嵯耶观音造像。观音龛作尖拱形，无龛楣。龛内雕一阿嵯耶观音立像。具有阿嵯耶观音如宽肩细腰，身体呈直筒状；上身袒露，腹部束革带，下身着紧身贴体的裙子，双腿衣纹呈圆弧状的阴线刻；披巾垂于双腿一道，并于腰侧打结，再沿身侧下垂及地等突出特征。观音身后有身光和头光，头光呈桃尖形，外缘为火焰纹，顶端饰一摩尼宝珠。观音像左侧有一墨线勾勒绘制的药师佛，佛头后有圆形头光，头光顶上有一火焰纹。头光之上两侧有云气纹衬托的日轮和月轮。观音龛左侧龛边题记："奉为造像施主药师祥妇观音得（似菩字）雕。"

另外造像题记分别为：

大理圆造像施主药师祥妇/观音姑爱□□□等敬雕。

至正壬寅年九月口日……/救苦观世音……

王□□□……/七年乙酉岁三月廿三日/……/……杨兹古□□□撰。

---

① 张志淳：《南园漫录》"大寺碑"，出自方国瑜主编，徐文德、木芹、郑志惠纂录校订：《云南史料丛刊》（第五卷），云南大学出版社，1998 年，第 157－158 页。

大理国沙退□□□禅妇人□□□□□敬造观音像①

大理国阿嵯耶观音的倚坐像、跏趺坐像

由于造像为善男信女所捐造，其题记则是为了铭记功德，故而题记均有捐造者姓名、时间、捐造因缘及"敬雕""敬造"等字样。且题记无固定模式，随手即题，10 号窟刻于梵僧像左壁，12 号窟刻于弥勒佛须弥座下，13 号窟刻于观音像左右，而文字书法均在中品以下。从题记可知，造像施主药师祥等是"敬造观音像"，并未称作"阿嵯耶观音"或其他，说明此时阿嵯耶观音之名也许不为功德主所知，但也可以看出阿嵯耶观音造像的立像样式已经深入民间。

三窟造像均为因自然岩壁而制的浅造窟，是私人所为，受财力、人力的限制，雕刻工艺比较粗糙简陋，10 号窟《梵僧像》为上乘佳作，12、13 号两窟则显得比较粗劣，反映出不同工匠的不同技艺水平。12、13 号两窟的布局也比较零乱，12 号窟大的三龛并列刻了四座佛像，后面又雕了一小龛观音像，四龛上又浅刻了五小龛粗糙的佛像；13 号窟观音像两旁各刻四座宝塔，宝塔中各刻一门，门内又均供小佛一尊。

---

① 北京大学考古文博学院、云南大学历史系：《剑川石钟山石窟考古报告》，未刊，董增旭惠赠资料。

大理国阿嵯耶观音的跏趺、半跏趺坐像

大理国准提观音坐像（六观音之一）

与上述相反，石钟山石窟石钟寺区1-8号窟工程浩大、雕琢精美，尤其是王者造像，远非个人能够完成，系王室显贵动用国家力量所为。石钟山石窟5号窟左侧，雕一阿嵯耶观音菩萨坐像。其造型特点、手印和手势与阿嵯耶观音立像完全相同，如头束高髻、髻顶系带，发辫垂肩。腰略细。上身袒露，下身着裙，腹部系带，披巾于腰两侧打结，呈圆环形垂于腹下，腿部衣褶呈阿嵯耶观音明显的U字形。双臂戴连珠纹臂钏，上有花饰。双手戴手镯。倚坐于凸字形束腰须弥座上。这说明上层权贵已经开始把阿嵯耶观音的坐姿造像作为流行样式了。

阿嵯耶观音造像不断出现新的造像样式，从立像、背屏式立像到倚坐像、半跏趺坐像、跏趺坐像等，精彩纷呈。如大理崇圣寺三塔出土的结跏趺坐像、倚坐像，还有原为日本新田氏收藏的半跏趺坐像。① 很多学者都把阿嵯耶观音当作男性观音，可是后理国时期阿嵯耶造像却明显呈现女性特征。如果将美国圣地亚哥艺术馆所藏的阿嵯耶造像作为大理国时期的标准造像，同现存的其他造像比较，可以看出大理国时期的造像，面部略显清秀细长，有更加娇美的女性面庞，与前期那种极富民族风格的男性面相特征明显不同，头冠较高，头冠上的阿弥陀佛坐像，尤显工艺之精妙，裙裾略显纤细，整座造像有细腻柔美之感。这些特征都是汉地影响的典型例证。

与观音息息相关的妙善三公主传说对宋代以来的观音信仰影响深远，最早记载于崇宁三年（1104 年）杭州天竺寺僧道育所立的《香山大悲成道传碑》。② 由于这个故事的流行，女相观音的观念日益普遍。安宁曹溪寺是直接受禅宗影响的大理国寺院，由善阐世袭侯高氏所建。寺于明代重修，但大殿斗拱仍为宋元原物。大殿内木雕三圣像，亦为大理国遗物。③ "曹溪" 二字，本来是佛教禅宗寺庙的名称。

安宁曹溪寺三圣像

① 金申编著：《海外及港台藏历代佛像珍品纪年图鉴》，山西人民出版社，2007 年，第 527 页。

② 陆增祥：《八琼室金石补正》卷一百零九，严耕望编：《石刻史料丛书：甲编》（第 42 册），艺文印书馆，1966 年，第 19 – 25 页。

③ 方铁：《大理国时期云南地区经济文化的发展》，《云南民族学院学报》，1997 年第 3 期，第 50 页。

　　寺庙依山而造，面临北支流曹溪，是最为著名的禅宗祖庭。据昆明安宁曹溪寺《重修曹溪寺碑记》载，这个寺命名的来由是："衡六祖之云席，分一勺之法流。"唐仪凤二年（677 年），禅宗六祖慧能住持在广东韶州溪水口的曹溪，发展了禅宗南派，"顿悟成佛"的禅宗教义传至云南，所以才有了安宁的这座寺庙，由于庙前的螳螂川与韶州曹溪颇为相似，亦名曹溪寺。到大理国时期，曾几次加以修葺，清朝康熙三十年（1691 年），又大修过一次。新中国成立后维修时，曾于梁柱上发现宋代的字迹，建筑学家梁思成先生就寺庙的布局及建筑特点加以考察，认为是宋元风格的古寺庙建筑。曹溪寺内大雄宝殿上供奉的木雕三圣像，当为观音三姊妹，因为定义为"西方三圣""南海三圣"（观音、文殊、普贤）或者"华严三圣"都不妥。大理地区，在宋代流行"三圣"供养，如"三圣宫""三圣殿"等，"三圣"也是观音三姊妹。大理圣元寺中就供奉观音三姊妹，可见大理国与宋朝的信仰脉动是非常吻合的。观音造型庄严肃穆，雕造精美，秀发垂肩，头戴宝冠，璎珞垂胸，结跏趺坐于莲花座上，为明显的宋代风格造像。妙善公主的故事在宋代广泛流传后，正觉（1091—1157 年）的《云岩大悲》、南宋祖琇的《隆兴佛教编年通论》（1164 年）、① 金盈之的《新编醉翁谈录》②（13 世纪初）等，都有妙善公主为大悲观音化现的记载，随即水月观音等坐式观音也流行起来。

　　在昆明市博物馆内，有一座大理国时期的石幢。七级八面，由五段砂石组成，高 6.5 米，周雕密教佛、菩萨及天龙八部共 300 尊，大像约 1 米，小像不足 3 厘米，精美绝伦，被推为滇中艺术极品。从明代叶昌炽所收石幢拓片看，明以前全国有石幢 600 多座，然在一幢之上造像之多、内容之丰富、造型之精美，此幢实为空前绝

---

① 杜德桥：《妙善传说——观音菩萨缘起考》，巨流图书公司，1980 年，第 24、第 40 页。

② 金盈之：《新编醉翁谈录》，张钧衡辑：《适园丛书》（第 7 集），江苏广陵古籍刻印社，1986 年，第 5-6 页。

后，无与伦比。

地藏寺经幢剖面图

地藏寺经幢立体图

　　石幢第三层四面四龛，主尊为四大菩萨。虚空藏之右为观音龛。刻技特精，观音为高浮雕，四十只手如孔雀开屏般环列身后，当心两手合十。观音丰肌绰约，神情活淡。造像仅有手掌大，却璎珞历历，眉眼毕现。因观音有一手持羂索，故有人称"不空羂索观音"，应称千手观音（又称大悲观音）。[①] 观音座前为善财、龙女，背后立四天王。观音莲台下还有密集金刚两尊，其他三龛皆无，可见观音在四菩萨中地位最尊。

　　以上古幢佛、菩萨及护法神众共计 300 整，神像纵向排列法是按须弥山规制层层上升，由大海到天宫；横向排列是按密教金刚界四门曼陀罗法设坛。总而言之，昆明古幢实为一尊密教主体曼陀罗（神坛）。造像有的受《仪轨经》的束缚，有的受内地圆教的影响（如地藏），[②] 在佛会图中护法诸神大多站立，而《梵像卷》及昆明地藏寺大理晚期所造经幢上部分护法神像采取坐式，天王勇猛威严气势不减。此种坐姿样式也出现在山西应县释迦塔和敦煌莫高窟藏

----

　　① 密教认为，佛教将众生轮回的三界（欲界、色界、无色界）六道（地狱、饿鬼、畜生、阿修罗、人间、天上）分为二十五种，称为二十五有界。观音的四十只手尽持慈悲，每只手包含二十五界，四十乘二十五正好是一千，故四十手即千手。

　　② 王海涛：《古幢释神》，《云南文物》，1989 年第 6 期，第 27－28 页。

西夏《观音经图解本》，在辽、金、西夏、大理地区流传。此一样式可能与宋初入画院的高益有关，画史记高益"凡画坐神，用意最善"①。《梵像卷》"五秘密会图"，千手观音、如意轮观音、坐式护法神图像以及毗沙门天王像几乎都集中在中原、敦煌、四川或在中原、四川、大理等地流布，显示出发展演变的蛛丝马迹。②

地藏寺经幢上的菩萨坐像

五、权相高氏当国下的大理国历史景深

南诏到大理国的佛教信仰，有一重大转变，就是从王者的信仰，转进名家大姓，③进而成为洱海及周边地区社会运作的动力。段氏王室、高氏相国、董氏祭司（分别代表佛教王权、政治势力、土著巫术）与其他大姓，通过观音信仰，建立世系祖源与王权共同的神圣基础。④三者势力的消长，佛教神圣系统在社会秩序中的运作，都深刻地影响着大理佛教艺术的发展。

从高升智开始，其子孙世居"皇都"大理、"东都"善阐，大

---

① 刘道醇：《圣朝名画评》卷一，"人物门第一"。

② 参考李巳生：《梵像卷探疑》，《新美术》，1999年第3期，第23页。

③ "名家"原是贵族之意，并不是一个明确界定的社会群体，指散布于部落社会中的统治者。几个主要的大姓，如张、段、高、董、赵、杨、王、洪、李，都是名家大姓的代表。

④ 参考连瑞枝：《隐藏的祖先：妙香国的传说和社会》，生活·读书·新知三联书店，2007年，第140页。

理国一级行政区"八府"之中，都有高氏子孙世守，大理国的重要府郡皆变为高氏一门的世袭领地。高氏世重佛学，现存大理国时期的佛教文物大都与高氏有关。① 据考，《梵像卷》卷首"利贞皇帝礼佛图"这一重大宗教仪式中就有两位高氏显贵成员："以一个持花结旌幡着紫袍高冠的大臣为主，我很疑心这就是大理国的宰相高寿昌氏，所谓之'中国公'是"②；而前行引导僧据学者推断为高氏家族中的皎渊。皎渊生于己巳年，③ 出身于名门望族，是当时位高权重的高氏直系后裔，④ 母亲是当朝大理国王的姐姐，叔叔就是当朝大理国王，出家后师从德高望重的高僧、崇圣寺住持玄凝，集万千宠爱于一身，所以罗钰考证张胜温《梵像卷》中"利贞皇帝礼佛图"场景中的前行引导僧为皎渊。⑤

　　对于大理国权臣高氏与国王段氏的关系，高氏与其他名家贵族的关系，高氏父子连名制，高氏家族的婚姻关系，高氏的佛教密宗和显教信仰等，学者都作了有益的探讨，成为考察此一时期大理国佛教艺术的一条重要线索。那么在高氏当国的大理国，历史呈现出

---

　　① 如剑川石宝山石窟、剑川宝相寺和兴教寺、官渡法定寺、永胜灵源寺（寺内崖壁上刻有"唐吴道子笔"的真人大小的观音像）、大理崇圣寺及三塔（高泰明和高量成又曾修崇圣寺塔）、祥云水目寺及水目寺塔、楚雄兴宝寺、宾川鸡足山寺、大理挖色高兴寺、姚安兴宝寺、大理地藏寺经幢和藏于美国纽约大都会博物馆的大理写经《维摩诘经》（相国高泰明曾赠送宋朝使者《维摩诘经》一部）等；大理国时代，高氏颂功碑很多，遗留至今的碑刻和碑毁拓存的碑刻有：楚雄紫溪山《护法明公德运碑赞》（约 1158 年）、楚雄莲花山《高生福墓志铭》（约 1229—1239 年）、姚安兴宝寺《兴宝寺德化铭碑赞》和《襄州阳派郡稽肃灵峰明帝记》（1210 年）、腾冲《白王墓碑》、大理《高公辅政碑》、祥云水目山《大理国渊公塔之碑铭并序》（1220 年）、大理城五华楼《大理国故高姬墓铭碑》（1210 年）等，还有诸如《大理国释氏戒净建绘高兴兰若篆烛碑并序》《大理千寻塔出土刻文金属片》三件等。

　　② 李霖灿：《南诏大理国新资料的综合研究》，"中央研究院"民族学研究所，1967 年，第 24 页。

　　③ 段正兴大宝元年，即南宋高宗绍兴十九年，为 1149 年。20 岁出家，在利贞元年，即宋孝宗乾道八年（1172 年），为 22 岁。

　　④ "故相国公高太明之曾孙，政国公明量之孙，护法公量成之子也。"出自《大理国渊公塔之碑铭序》，张方玉主编：《楚雄历代碑刻》，云南民族出版社，2005 年，第 16 页。

　　⑤ 罗钰：《〈礼佛图〉中僧为皎渊说》，《云南文物》，2001 年第 1 期，第 70-71 页。

《梵像卷》卷首大臣，疑为"中国公"高寿昌　　　《梵像卷》卷首引导僧，疑为皎渊

哪些异于以往的深刻改观呢？

（一）王者出走：在和平的阳光下

高氏一门的崛起与势盛奠定了大理国示好于宋、和平止戈的基本大政态势，改变了大理国的政治格局和宗教版图。诸葛元声《滇史》卷八记载：

> 宋太祖建隆元年（960年），蜀主孟知祥死。孟昶继之，不理国事，日务奢侈，委任非人。大理觇知之，欲乘衅攻蜀。高侯独不可，言："蒙诏强盛时与吐蕃连兵，尚不能侵夺巴蜀，卒以黩武酿内变，宗社不保。今闻周主柴英明，削平僭乱，孟蜀必为所并。吾国第当修辑城堡，练兵养民，以观时变。何必劳师远征，启衅召祸。"思聪从其言，不敢入犯中国。①

可见，高氏在宋初，就针对宋朝力主定下了大理国内守相安不犯的政治基调，此后两邦基本没有征伐与战争，可以说大理国享受了最为长久的和平。对外如此，对内亦然。高氏一门世代为相，一切内外大权尽归高氏，"赏罚政令，皆出其门"②，"诸蛮来贡者，

---

① 诸葛元声撰，刘亚朝校点：《滇史》卷八，德宏民族出版社，1994年。
② 诸葛元声撰，刘亚朝校点：《滇史》卷八，德宏民族出版社，1994年。

皆先谒相国"①，"高氏自升泰篡位后，虽已还国于段，而大权悉在高氏，故国人悉以国主称之"②。大理段氏统治基本有名无实，朝政大权尽控在高氏一门手中，二姓共治是大理国后期的一个突出特征。政治斗争的残酷、血腥无外乎王位的觊觎、政权的更迭。南诏后期，重臣篡位夺取王位，杀戮为主要手段，王嵯巅、劝龙晟、隆舜、舜化贞之子及大长和国的郑隆亶，都死于加害与刀刃之下，郑买嗣篡位南诏，杀蒙氏王族八百余人于五华楼下。可是大理国段思平得国，对前国王却不予杀戮，而是赦罪废为僧，大义宁国王杨干贞即免杀身之祸，这是历史上的首创之举。此后，王位争夺更替，避位为僧的手段，基本承继下来，大理国二十二世主中，有八位③避位为僧（死于重臣刀下的仅段廉义一人而已）。1094 年，高升泰得国而两年后随即归还王位于段氏，都是不可思议地和平更迭完成，宛如一次寻常的权力交接。大理国王者避位为僧，有因为段氏王族内部王位之争而避位，更多是因为高氏得势，实操国柄胁迫段氏而行废立，但基本和平更替完成。

这种长久的和平，为大理国佛教艺术的发展铺设了一个温和宽松的政治背景与心理背景。

（二）"在家僧制"：释儒阶层的形成

大理国开国国主段思平"好佛，岁岁建寺，铸佛万尊"④。此后先后九位（一位存疑）帝王皈依佛门，开创了中国历史上绝无仅有的"帝僧"王国，这种王位更迭能够和平进行的一个重要动因就是

①　蒋氏彬：《南诏源流纪要》，方国瑜主编，徐文德、木芹、郑志惠纂录校订：《云南史料丛刊》（第四卷），云南大学出版社，1998 年，第 749 页。

②　倪蜕辑，李埏校点：《滇云历年传》卷五，云南大学出版社，1992 年。

③　一说九位，胡蔚本、王菘本《南诏野史》《爨古通纪浅述》《滇载记》《南诏源流纪要》《滇考》《滇云历年传》等记载的禅位、避位为僧的记载不一，有的是否为僧，只能存疑，详见段鼎周：《大理国八位国王避位为僧的分析》，《白族学研究》，1997 年第 7 期，第 167 页。

④　木芹会证：《南诏野史会证》，云南人民出版社，1990 年，第 210 页。

大理国佛教的持续繁荣。权臣高氏更是以其在地方上所拥有的雄厚的经济政治资源优势，身体力行地广建佛寺塔庙，以此作为宗教实践的方式之一，居于护持者和供养者的地位，扮演着一位类似中原佛教居士的角色。如大理崇圣寺千寻塔出土的经咒，其中一发愿文便为高氏所奉："为修塔大施主中国公高贞寿高明清高量诚及法界有口……"这说明高氏相国就是主持修塔者。① 明张纮《荡山寺记》记蒙段氏崇佛最为生动：

> 大理为郡，负山面海，由唐以来，蒙段氏据而有之，治六百年。二氏皆白人，西南夷为类，虽杂知文教者，惟白焉。其俗事佛而尚释。段氏有国，用僧为相，或已任而出家。故大理佛法最盛，而僧之拔萃者，亦多收附（指明军收大理）之。初因见其地多浮图，人皆善良，故有征无战，其梵宇缁流，悉获安堵。②

> 大理国佛教鼎沸不衰，洱海、滇池地区"缁徒云集，搭挂兰若，金碧辉映相望。豪族乡绅，财物不以治第施贫，而尽畀为檀林梵宇之费。至于士官，桀骜奸命，一遇缁流，无不膜拜顶礼，舍资如流"③。

> 大理国昭明皇帝段素英为强化佛教治国，诏敕："开科取士，定制以僧道读儒书者应举。"④

> 这样，"段氏据云南共二十二主，三百十六年。段氏有国，亦开科取士，所取悉僧道读儒书者"⑤。基本以僧道为官属，等于以佛法治国。所以，"使民咸知佛法易于治理而不尚军旅"⑥。

南诏大理国于早期国家形态的文化整合之中，将读儒书与选科设士作为其中的重要内容。尽管目前仍不能确知前引南诏开国之初

---

① 姜怀英、邱宣充：《大理崇圣寺三塔》，文物出版社，1998 年，第 86 页。

② 张纮：《荡山寺记》，云南省编辑组：《云南地方志佛教资料琐编》，云南民族出版社，1986 年，第 23 页。

③ 《滇略》卷四"俗略"，方国瑜主编，徐文德，木芹、郑志惠纂录校订：《云南史料丛刊》（第六卷），云南大学出版社，2000 年，第 700 页。

④ 倪蜕辑：李埏校点：《滇云历年传》卷五，云南大学出版社，1992 年。

⑤ 木芹会证：《南诏野史会证》，云南人民出版社，1990 年，第 343 页。

⑥ 《新纂云南通志》卷一百二，方国瑜所撰《佛教》部分。

所"阐三教"① 的确切内容，然而佛教得到了广泛的传播却是毋庸
置疑的，而从史料记载看，南诏大理国时期，其读儒书、设科选士
与佛教的推行是紧密联系在一起的。释儒阶层大都出身于名家大
姓，能够将土著文化与中原儒家思想渗入佛教密宗之中，使佛教教
义以更加适合本土口味的便捷方式播布四方，广泛深入民间。释儒
还通过设科取士直接进入上层统治集团，不仅干预朝政、从事外交
活动等，在文化、艺术等各个领域也施加着影响。曾有记载"凡诸
寺宇皆有得道居之。得道者，非师僧之比也。师僧有妻子，然往往
读儒书，段氏而上有国家者设科选士，皆出此辈"②。甚至于大理国
时期，身为国君者亦有两朝"逊位为僧"的。③ 可见南诏大理时期
治国兴邦之人，不仅与佛门渊源颇深，而且读儒书、从礼仪教化也
是其特征之一。这就使当时宗教的文化渗透与士阶层的形成及儒教
礼仪的提倡有机地结为一体，再一次表明南诏大理时期其治国之道
受中原文化深刻影响。"忠孝""仁爱""礼义"观念同样成为一项
主要准则规范行为。《护法明公德运碑赞》称赞高量成"以礼义为
衣服，以忠信为甲胄"；《兴宝寺德化铭碑》说高城光"凤蕴风云之
气，早实仁义之怀……敬义无失，忠节更坚""输至诚于君兄，循
肌肤于伯父""君臣之义最高，叔侄之份尤重"。④ 昆明地藏寺经幢
第一层界石刻有汉文《造幢记》，款识署："皇都大仏顶寺都知天下
四部众洞明儒释慈济大师段进全述"；《兴宝寺德化铭并序》："皇都
崇圣寺粉团侍郎赏米黄绣披释儒才照僧录阇梨杨才照。"⑤ 从官衔来

---

① 《南诏德化碑》，汪宁生：《云南考古》（增订本），云南人民出版社，1980 年，第
161 页。
② 郭松年撰，王叔武校注：《大理行记校注》，云南省民族研究所编：《大理行记校
注 云南志略辑校》，云南民族出版社，1986 年，第 23 页。
③ 李京：《云南志略》，方国瑜主编，徐文德、木芹、郑志惠纂录校订：《云南史料
丛刊》（第三卷），云南大学出版社，2000 年，第 126 页。
④ 转引自缪坤和：《儒家思想对南诏、大理国社会发展的影响》，《大理文化》，1998
年第 113 期，第 58 页。
⑤ 杨世钰主编：《大理丛书 金石篇》（第十册），中国社会科学出版社，1993 年，
第 6 - 7 页。

看，释儒不仅掌管皇都重要寺院大佛顶寺和崇圣寺，还是统管出家在家男女众的宗教导师和高级僧官，都是隶属于国家宗教行政的官僚，所以有僧名法号，但仍沿用俗名。还可以看出碑刻的"撰碑""书丹""刻工"是工匠的事情，而"述""书""撰"者多为"释儒"身份，洞明释儒奥旨、修行法术、书写汉梵文书等掌握知识文化的释儒阶层的形成与广泛活动，使得大理国佛化、汉化程度愈加深入。

（三）维摩诘大士传达的默契：示好于宋

宋朝鉴于唐代南诏之祸，"大中、咸通间，入成都、犯邕管，召兵东方，天下骚动"，所以"弃越巂诸郡，以大渡河为界"，使大理"欲寇不能，欲臣不得"，① 大理国屡次要求入贡和请求宋朝廷加封而愿为藩属，但终宋之世，四川与大理间交通多遭疆吏拒绝，终于在1115年（北宋徽宗政和五年），宋朝廷答应了大理国请予以加封的要求。1117年（政和七年），封段和誉（段正严）为"金紫光禄大夫、检校司空、云南节度使、上柱国、大理国王。"② 两邦政治上的藩属关系正式建立。自始至终与此事密切相关的黄璘等人同时受到加封。③ 为示郑重，宋遣儒臣钟震、黄渐为册封使，前往大理进行册封，同时颁赐宋行日历一册。诸本《南诏野史》："政和六年，遣儒臣钟震、黄渐赍褒高泰明相国忠贞，封平国公。"④ 根据李霖灿先生在其《南诏大理国新资料的综合研究》中的研究，钟、黄二人此次出使大理费时至少一年半，至政和八年（1118年）底方才

---

① 李心传：《建炎以来系年要录》卷一百五十，中华书局，1956年。
② 《宋史》"大理国传"，方国瑜主编，徐文德、木芹、郑志惠纂录校订：《云南史料丛刊》（第二卷），云南大学出版社，1998年，第476页。
③ 《宋史》"大理国传"，方国瑜主编，徐文德、木芹、郑志惠纂录校订：《云南史料丛刊》（第二卷），云南大学出版社，1998年，第477页。
④ 木芹会证：《南诏野史会证》，云南人民出版社，1990年。钟、黄二人出使大理的时间不在政和六年（1116年）而在政和七年（1117年），此次出使的主要使命是册封段正严，褒奖高泰明。

石钟山石窟、《梵像卷》《法界源流图》中的维摩诘居士像

返宋。辞行之时，高泰明特为造紫地金书《维摩诘经》一册，以表达愿与宋朝世代友好的良好愿望，其跋文曰："大理国相国公高泰明致心为/大宋国奉使钟□、□□造此/《维摩经》壹部赞祝将/命还朝福禄遐蹝登山步险无所惊虞/蒙被/圣泽愿中国遐邦从兹亿万斯年/而永无隔绝也/文治九年戊戌季冬旦日记/佛顶寺主僧尹　运富监造。"[①] 颁赐历法，是宋对其确立宗主国地位的象征，[②] 这是大理与宋臣属关系首次正式确定，因为宋统治者非常在意这种象征的政治意义，故于宋于大理都是一件大事。因此，政和八年宋朝科举考试题目就是："代云南节度使大理国王谢赐历日。"[③] 1136 年（南宋高宗绍兴六年），大理国王段和誉派遣使臣，从今广西西部的邕州（今南宁）向南宋入贡，要求加强政和七年（1117 年）所建立的关

---

① 文治九年即 1118 年。文字内容录自李霖灿：《南诏大理国新资料的综合研究》，"中央研究院"民族学研究所，1967 年，第 3 - 4 页。

② 历法在古代的政治活动中具有十分重要的意义，奉谁家正朔从来就是表明政治态度的大是大非问题。一个政权如果接受了另一个政权所颁行的历法，就意味着臣服于该政权。宋在与南唐、大理、交趾等地方政权的交往中都把颁赐历法作为实行宗主统治的一种重要象征。建隆三年（962 年），宋开始在南唐颁布历法，《十国春秋》卷十六记载："（建隆三年）十一月，遣水部侍郎顾彝入贡与宋。壬午，宋颁建隆四年历。"《续资治通鉴》卷二也载："（建隆三年十一月）壬午，始颁历于南唐。"宋向南唐颁历，是对南唐进行宗主统治的象征。

③ 张志淳：《南园漫录》"辞学指南"，方国瑜主编，徐文德、木芹、郑志惠纂录校订：《云南史料丛刊》（第五卷），云南大学出版社，1998 年，第 162 页。

系。贡品中有驯象①，用以表示对南宋在政治上的臣服。但宋高宗只收下贡品中的马匹，酬给马值，拒绝了驯象。这就表示了不愿意继续政和七年所建立的政治关系。所以两邦之间基本上是大理屡屡示好，宋朝频频婉拒的冷处理，只不过民间依旧维持着经济文化交往。

倪蜕《滇云历年传》卷五论及南宋与大理国关系时说：

段氏自改称后理，向慕中国，志不少衰；而南宋君臣视之蔑如者，以鉴于唐李之祸也。夫士不通经博古，固不足以宏济艰难；然而执经泥古者，岂可以弥纶宇宙乎！以天下大势而论，宋之于滇，犹唐之视蜀也。若使滇不慕宋，犹当来之。奈何持迂儒之陋见，而必阻其向化之心乎。且横山市马，张栻既戒严而塞其道矣；请黎、雅入贡，孟珙又不许而使之道于邕、广。是栻绝于南，珙阻于北。则滇将不得并于元，而宋亦归于无可复之，惟有终于蹈海而已，亦势所必致也。②

大理圎、相圎公和大宋國的不同用法

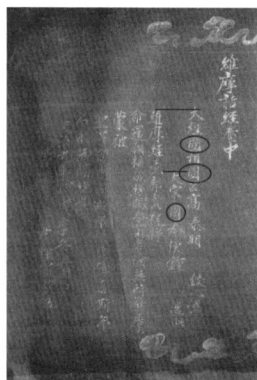

书写时令宋国名有意降低四格

---

① 贡象以表示臣服，是中南半岛的传统习俗。而大理国这种做法，是受中南半岛各国的影响。据《南诏野史》的记载，当时中南半岛的一些国家也曾向大理国贡象。尤中：《"宋挥玉斧"新解》，《思想战线》，1985 年第 6 期，第 44 页。

② 倪蜕辑，李埏校点：《滇云历年传》卷五，云南大学出版社，1992 年，第 184 页。

　　大理国也对宋朝表达了一种审慎的自尊，比如作为两邦之间外交礼物的大理造《维摩诘经》寥寥几行的跋记，凡是大理国、相国公都用"圀"，凡是大宋国、中国都用"國"；在书写时，两国名称并列时，"大宋國"比"大理圀"低了四格，表现了外交中的一种矜持。"圀"字从唐初中原流传到云南滇池地区，到了南诏时期流传到洱海地区，到了大理国时期仍广泛盛行，遍及大理、剑川、姚安等地，在碑刻、绘画、题记、写经中普遍使用。唐初用"圀"字，不分本土外邦，一律用"圀"字，但是到了大理国时期，则明显出现"圀""國"的分野。"圀"字成了大理国的借用词，凡是"大理圀""高相圀""圀师"等皆用"圀"，而在"中國""國谏议大夫"等，则用"國"，泾渭分明、绝不含混，从中可以看出大理国的一些微妙的心态来。①

　　但从各种材料看，南宋时期大理与宋的民间往来相当频繁。《护法明公德运碑赞》的作者在碑中自称："大宋国建武军进士，两战场屋，画虎无成……南国，十有六年。蒙公清照，如族辈人，……命……史记修春秋，褒贬合宜，为万世之信书，而发微言曰：知我者，其惟春秋乎？罪我者，其惟春秋乎？"宋"建武军"即今广西南宁一带。那么，碑文作者明显应是南宋流落大理的失意文人了。他来到大理以后，受到高量成的特别器重，令为史官。②《高兴兰若

----

　　①　还有比如"大理圀高相圀公仲子之孙讳曰量成自幼有大器"，出自楚雄《大理国护法明公德运碑赞摩崖校补》；"大理圀上公高踰城光再建弄栋华府阳派郡兴宝寺德化铭并序"，出自姚安《兴宝寺德化铭》，立碑年代为段智兴元亨二年，即1186年；"仁王护圀般若波罗密多心经"出自保天八年即1136年《仁王护国般若波罗密多心经》；"为修塔大施主中圀公高贞寿、高明清、高量成及法界有□□□，当愿扫洗恒沙戒□障……普现色身俱登塔"，出自《大理崇圣寺三塔》出土写经中铭文；"建圀观世音菩萨""护圀珤（宝）幢""十六大圀王众"，出自《宋时大理国描工张胜温画梵像卷》；"大理圀释氏戒净□绘高兴兰若篆烛碑"，现收藏于大理市文物保护管理所；"归源寺镇圀灵天神法释"出自大理归源寺石刻造像；"大理圀故高姬墓铭""衡鉴君國谏议大夫杨俊昂，谥曰释儒镜圀悟圀师释照明碑"，出自大理《五华楼新出宋、元碑刻》；参考张楠：《"圀"字在云南的流传考释》，云南省大理白族自治州南诏史研究学会编印：《南诏中论丛》（第2集），1986年，第173－175页。

　　②　段玉明：《大理国的周边关系》，《云南社会科学》，1997年第3期，第59页。

碑》的作者署名为"神州杨德亨"。众所周知，"神州"为中原古时的特指，故此杨氏有可能来自宋朝。大理崇圣寺塔发现的一块铜片上刻有"时辛酉岁平国公……再修元重……治亲手作俎成都典校舍师彦贲李珠睐智"等字样，此"亲手作俎"的"成都典校舍师"当然也不可能是大理土著。① 此外，李元阳《云南通志》称，善阐地藏寺亦为宋末四川僧人永照、云晤所建。凡此种种，均见南宋时期大理国与宋的民间往来从未中断。自绍兴初至淳熙末的五十多年间，大理国与南宋在邕州横山寨（在今广西田东县境内）的交易，较之北宋时期的黎州边境更为频繁。如范成大《桂海虞衡志》载：

> 乾道癸巳（九年，1173 年）冬，忽有大理人李观音得、董六斤黑、张般若师等，率以三字为名，凡二十三人，至横山议市马，出一文书，字画略有法。大略所须《文选五臣注》《五经广注》《春秋后语》《三史加注、都大》《本草广注》《五藏论》《大般若十六会序》及《初学记》《张孟押韵》《切韵》《玉篇》《集圣历百家书》之类……②

政和八年（1118 年）前后，宋朝大兴禅宗信仰，高泰明特为造紫地金书《维摩诘经》一册作为两邦重大外交事件的邦交礼物，显得意味深长。除了明确表达愿与宋朝世代友好"从兹亿万斯年而永无隔绝"的良好愿望外，其中亦蕴含了三层意思：高氏一门的精英与宋朝士大夫阶层信仰的同步、吻合，表明大理国虽地处边地，却仍然与大宋的文化脉动相协调；大理释儒阶层发育成熟，这种独特的"在家僧制"与维摩诘大士的居士身份、地位非常默契；这一册礼物不经意间让大理国对宋朝文化的那种渴仰、钦慕而又不甘示弱、自尊自卑混融的微妙心态表露无遗，这种心态可以说是边地邦国对待文化辐射中心源的中土文化的一种典型心态。

《维摩诘经》通过不断的传译而引入中土，几乎从其进入中土

---

① 姜怀英、邱宣充：《大理崇圣寺三塔》，文物出版社，1998 年，第 83 页。

② 范成大著，胡起望、覃光广校注：《桂海虞衡志辑佚校注》，四川民族出版社，1986 年，第 257 页。

维摩诘大士的居士形象

之始，就成为僧众用来劝导世俗人士，特别是上层阶层中文化精英崇奉佛教的利器，这是此经能迅速居于唐宋佛教文化中心且能长期受到欢迎的基本要素。禅宗的哲学基础，认为法身遍一切境，人人具有净心即佛性，也就是《维摩诘经》上所说"随其心净，则佛土净"，因此皈依佛的净心，内心就可洗涤六尘，所谓万法唯心，莫向心外求，勿执着外境，这是慧能无相、无着的无碍思想，契合于《维摩诘经》破我执、法执的无住思想。宋代以后，知识阶层中居士佛教大盛，这是儒、释调和的表现。居士佛教的发展，是佛教势力的推展，同大理国释儒阶层的发育成熟几乎同步。《维摩诘经》所特具的禅风，亦间接影响禅宗，宋代许多文人习禅，出入儒、释之间，一时成了社会风气，这种风气同样在大理国有所呈现。大多数文人不在儒、释间设畛域，而从思维观念、人生诉求和生活做派上作调和。所以，维摩诘大士所独具的魅力和异彩，成为大理国高氏精英连带沟通宋廷士大夫阶层的一条心理纽带，两者彼此会心默契，心照不宣。

六、 小结

南诏大理的佛教艺术研究，长期以来，并没有像敦煌艺术研究那样受到应有的礼遇和关注。其中原因复杂，除了地处边陲、文化岩层相对浅薄以外，云南佛教信仰及其佛教造像艺术的芜杂无序、脉络不清，让人很难一窥究竟，这恐怕是一个非常关键的因素。

南诏大理流行的佛教密宗信仰远不如中土有严格的脉系传承、系统的典章仪轨、渊深的教理教义和高僧大德的清誉宗风，而且往往与本土巫鬼神教结合，由此产生了土著宗教阿吒力教。迄今为止，学术界还没有看到具体描述南诏大理时期阿吒力教教义体系的古代典籍。虽然有不少文献描述到当地佛教，但是对教义都语焉不详。因此，对该教的内涵，仍无法精确地拿捏把握。加上现存的当地佛教著述，如释圆鼎《滇释纪》等，大多成书于元明两代，距南诏大理之时代甚远，不能贸然引以为据，这些往往让人们对云南的佛教信仰和造像面貌一头雾水，难着边际。依据现存各种文献中的记录，当地密教的理论性著述未见流传。有关白族佛教徒所撰的书，只能看到某些仪轨性的佛典或佛经的简单注释，像日僧空海的《十住心论》、藏僧宗喀巴的《菩提道次第广（略）论》这类理论性的经典，在白族佛教地区，迄今仍未发现。大理出土写经大都为仪轨类著述，与东密的《大日经》《金刚顶经》等纯密阶段的佛典，以及藏密的各种解脱法门的密续学说相比较，显得相当肤浅。

因此，就宗教立场来看，阿吒力教重视的是灌顶、息灾、祈福、度亡等现世信仰效用的功利性极强的实践方式。白族的阿吒力教似只有密教外衣的展示而已，并没有吸收到密教的核心内涵。这种仪式化、外观化的密教，缺乏崇高宗教精神来支撑，也没有精深缜密、高妙玄通的思想体系作支柱，因此，往往会演变成巫术式信仰，南诏大理的密教信仰即有此态势。像东晋习凿齿称赞释道安云："师徒数百，斋讲不倦。无变化技术可以惑常人之耳目，无重威大势可以整寻小之参差。而师徒肃肃，自相尊敬。"这种在佛法教理教义上的严整肃穆在南诏大理的记述中是鲜见的。这些使得南诏大理的佛教艺术研究很难产生跨越性的起色，也是笔者行文屡屡见难的原因。

　　佛教艺术的研究需要涉猎几个因素：佛教造像需要的佛典支撑；样式来源、演变趋势；供养人、铸造者；史地等时空条件等。但鉴于上述原因，南诏大理的佛教造像，尤其是占据重要位置的观音造像，很难梳理出一个独立的"造像系统"来。所以本章以南诏大理的观音造像为横贯的中心线索，分别列举几个观音造像的关键形态，诸如梵僧观世音、阿嵯耶观音、大理国的汉式观音等，力求能够在片段和零散、残破之中整合出一个大致的脉络来，难度之大远超己能，迄今仍是遗憾萦怀。

　　唐开元二十六年（738 年）至元宪宗三年（1253 年），以苍洱大地为核心建立的南诏、大理国，国运亨达、位置特殊，基本与唐、宋这两个中国历史上最具声势气度的朝代相始终，对包括今日云南全境、四川西南部、贵州西部及中南半岛、中印半岛北部等广大地域实施了有效统治，统治面积约相当于现今云南省面积的 2.7 倍，在唐、吐蕃、回纥、南诏、渤海、宋、辽、金、西夏、大理的政治格局中，占有重要一席，天宝十年（751 年）爆发的南诏、唐天宝战争，促使唐王朝迅速衰亡。而南诏兴起时，周边唐、吐蕃和骠国都已经是佛教极盛之邦，处于大邦之间的南诏自然从多条渠道输入了佛教，洱海地区"无山不寺，无寺不僧"，"家无贫富皆有佛堂；人不以老壮，手不释数珠；一岁之间斋戒几半"就是佛教大兴的例证，其中佛教造像必然在佛教信仰隆昌的背景下日益活跃。

　　研究线索很多，但囿于篇幅，笔者考虑以最具代表性的观音造像为考察标本。梵僧观音造像是从云南本土的意义上讲的。虚实不论，梵僧造像的初始就和南诏王室密不可分，王室的倡导使得梵僧造像在剑川、西昌等地频频出现，那也是王者造像最集中、战事冲突最前沿的所在。《南诏图传》是把梵僧树立为建国圣源的重要证据，作为一幅"政治宣传画"，必然要凸显梵僧的真身——阿嵯耶观音，二者的一体化关系为南诏的建国罩上神圣光环。梵僧的显贵出身、来源于天竺的正牌地位、阿嵯耶观音的大威德力使得梵僧造像不仅在王室显贵中，而且在元明的民间也被奉为本境的福主。这样梵僧在本土的流衍过程也就被纳入了笔者的研究视线，涉及梵僧的来源、路径、外观、服饰、流布、造型等即成为本书的一个组成部分。

中南半岛这个文化板块是不能被忽视的，在东南亚佛王信仰传统的背景下重新考察阿嵯耶观音造像，使得这一主题的研究变得丰满起来。而对于这一宽肩细腰造型奇特的雕像，学界已经基本达成共识，其来源于东南亚。问题是，与唐关系紧密的南诏国为何忽然流行这一奇特风格的造像呢？目光投射到了南诏晚期的世隆、隆舜两位王者，笔者概括为南诏王在与唐交恶、拒不称臣后，从东南亚借来了一个观音（或者印度教等神祇）样式组合拼装为一个标准像，以此为象征，彰显在精神、文化、信仰上的民族自觉和独立。这些可以在世隆、隆舜的一系列历史活动中得到较为充分的验证。所以阿嵯耶观音造像除了宗教意义外，更多的是王室意志的标举。

南诏以武运兴邦，大理依文昌立国。南诏、大理，一武一文。南诏发动了激烈长久的征伐，而大理国则享受到了悠远和煦的和平。所以南诏国的观音造像研究更多从周边关系入手，尤其和东南亚的关系为考察重点。而大理国一直屡屡示好于宋、渴仰中原文明的瑰丽绚烂，其观音造像则必定要和四川乃至中原发生关联。对于中原文明的输入，大理国实际的当权者相国高氏一门的精英需求和作为起了相当作用。真正的汉系佛教禅宗在大理国的崛起就是一个象征性事件，表明大理国的佛化、汉化程度已经日趋深入。网格状密布"八府四郡"的高氏子弟、世系、臣下起到了巨大的推动作用，王、相的频频出家使得大理国的佛教信仰充满了戏剧化色彩。四川造像艺术，尤其是成都大圣慈寺的壁画等，为大理国的佛教造像起到了明显的示范作用，这种作用是由宋朝对大理国的外交态度决定的。

大理释儒和中原居士异曲同工。虽然在大理国后期观音造像体现了一些本民族的地方色彩，但总体而言，大理国的佛教造像是依附于宋朝中原文化瑰丽绚烂的光耀之下的。本书全景式的研究方式的缺憾显而易见，那就是深化细致不够、细微体味不足，对复杂多样的变化不够敏感。本书的写作只是关于南诏大理佛教艺术研究的一个尝试，力求在全景式扫描的过程中考究相关细节，限于学力、眼界、材料、时间的因素，写作中的遗憾是巨大的。但是研究过程中些微发现的惊喜、恍然大悟后的颔首、屡屡碰壁的焦灼、寻求解答的急切，时时交织伴随着笔者，那是终生难忘的。

附　录

附录1　南诏大理国王室的一些佛教活动

年代	帝王	佛教活动
开元元年 （713 年）	皮罗阁	唐大匠恭韬、徽义建大理崇圣寺并塔，刻石纪年。
开元二年 （714 年）	罗晟	遣其相张建成入朝。元宗厚礼之，赐浮屠像，云南始有佛书。
元和元年 （806 年）	异牟寻	创建觉照、慧光二寺，命大匠尉迟恭烧造砖石。皆勒其名始建双塔，以为浮屠。又创妙应讲寺并一小塔。
元和三年 （808 年）	寻阁功	重修曲靖崇真寺，此寺建于晋代。
龙兴元年 （809 年）	劝龙晟	铸佛三尊送佛顶寺，用金三千两。
大丰元年 （820 年）	劝龙晟	命王嵯颠重修崇圣寺，铸佛 11 400 尊，用铜40 590 斤。
保和四年 （827 年）	劝丰佑	建罗次寺，用银5 000 两，铸佛一堂。
保和十四年 （837 年）	劝丰佑	王母出家，法名"惠海"。建太和慈恩寺，用银 5 000 两，造佛一堂。
839 年	劝丰佑	僧岛造永昌卧佛长一丈六。
时间不详	世隆	师摩矣，乃景庄皇帝之母，随王出征至罗浮白城，建一寺，南壁画一龙。
嵯耶四年 （891 年）	蒙隆舜	以黄金800 两铸文殊、普贤两像，敬于崇圣寺；又用金铸观音像108 尊像，散诸里巷，俾各敬之。
光化二年 （899 年）	舜化贞	铸崇圣寺丈八观音。清平官郑买嗣合十六国铜所铸，蜀人李嘉亭成像。

（续上表）

年代	帝王	佛教活动
安国五年 （907 年）	郑买嗣	建普明寺。
安国七年 （909 年）	郑买嗣	铸佛一万尊送寺祈福，为杀蒙氏八百人故。
930— 937 年	杨干贞	为他父亲杨和丰祈福，铸佛献于崇圣寺。有现藏于云南省博物馆中的有铭文观音像为证。
937 年	段思平	即位，建都大理。公元 944 年，赦三十七部差役，年年建寺，铸佛万尊。
天正元年 （1103 年）	段正淳	使高泰运入宋求经书六十九家经籍，药书六十二本。
天开八年至 二十一年 （1212—1225 年）	段智祥	高阿育为国主，建寺不已。
道隆九年 （1246 年）	段祥兴	遣廉祐入朝，宋诏使同来，致经籍，并赐银百两，文一通，论祭拒元死事高禾。

注：据《南诏野史》《纪古滇说》《僰古通纪浅述》等载录，纪年参照汪宁生：《云南考古》（增订本），云南人民出版社，1980 年，第 311 - 315 页；其中有些纪年各说不一，待考存疑。余者不详。

附录2　大理国国王段氏与相高氏对应表

年代	帝王	丞相
1096—1117 年	段正淳、段正严	高泰明
1117—1119 年	段正严	高泰运
1119—? 年	段正严	高明顺
时间不详	段正严	高顺贞
1141—1150 年	段正严、段正兴	高量成

（续上表）

年代	帝王	丞相
1150—1162 年	段正兴	高贞寿
1162—1174 年	段正严、段智兴	高寿昌
1174 年	段智兴	高贞时
1174—1176 年	段智兴	高寿昌
1176—? 年	段智兴、（段智廉）	高观音政
时间不详	（段智廉）、段智祥	高观音政
1212—1225 年	段智祥	高阿育
1225—1237 年	段智祥	高踰城隆
1237—1253 年	段智祥、段祥兴、段兴智	高泰祥

附录 3 　大理国国王世系表

国名	世次	王名	在位年数	在位时间	谥号	备注
大理国	一	段思平	9	937—945	神圣文武皇帝	
	二	段思英	2	945—946	文经皇帝	废为僧
	三	段思良	6	946—951	慈圣文武皇帝	
	四	段思聪	18	952—969	至道广慈皇帝	
	五	段素顺	17	969—985	应道皇帝	
	六	段素英	25	985—1009	昭明皇帝	
	七	段素廉	14	1009—1022	宣肃皇帝	
	八	段素隆	5	1022—1026	秉义皇帝	避位为僧
	九	段素真	16	1026—1041	圣德皇帝	避位为僧?
	十	段素兴	4	1041—1044	天明皇帝	
	十一	段思廉	32	1044—1075	孝德皇帝	避位为僧
	十二	段廉义	6	1075—1080	上德皇帝	被弑
	十三	段寿辉	2	1080—1081	上明皇帝	避位为僧
	十四	段正明	14	1081—1094	保定皇帝	避位为僧

（续上表）

国名	世次	王名	在位年数	在位时间	谥号	备注
大中国		高升泰	3	1094－1096	富有圣德表正皇帝	
后理国	十五	段正淳	13	1096—1108	文安皇帝	避位为僧
	十六	段正严	40	1108—1147	宣仁皇帝	避位为僧
	十七	段正兴	26	1147—1172	正康皇帝	避位为僧
	十八	段智兴	29	1172—1200	功极皇帝	
	十九	段智廉	6	1200—1205	享天皇帝	
	二十	段智祥	34	1205—1238	神宗皇帝	避位为僧？
	二十一	段祥兴	14	1238—1251	孝义皇帝	
	二十二	段兴智	3	1251—1253	天定皇帝	被俘

注：本表依据胡蔚本、王菘本的《南诏野史》、《爨古通记浅述》、《滇载记》、《南诏源流纪要》、《滇考》、《滇云历年传》等，因各书所载不一，"避位""禅位"的说法统一为"避位"，存疑者暂收入。

附录4　大理国与宋朝王朝关系简表

大理国国王	入宋时间	宋朝的态度
段思廉	神宗熙宁元年（1068年）遣使入贡。	以远人向化不深，欲拒，然非旧典，故大理使者不领于鸿胪，别为礼遣。
段廉义	神宗熙宁九年（1076年）遣使贡金装碧玕山、毡罽、刀剑、犀皮甲鞍辔。	循熙宁元年故事。
段正淳	徽宗崇宁二年（1103年）遣高泰运入朝。	求经籍得六十九家经籍，药书六十二本以归。
段正严（和誉）	徽宗政和五年（1115年），遣使入广南求内附。	观察使黄璘奏闻，许之。

（续上表）

大理国国王	入宋时间	宋朝的态度
段正严	徽宗政和六年（1116 年）遣进奉使、天驷爽、彦贲李紫琮；副使、垣绰李伯祥，贡马 380 匹，及麝香、牛黄、细毡、碧玕山诸物及乐人一队。	宋赏赐不赀，政和七年，遣使册段和誉为金紫光禄大夫、检校司空、云南节度使、上柱国、大理国王。
段正严	徽宗宣和元年（1119 年），大理国相高泰运赂木夹于边将骆鲁瞻以求入贡（段文已证其为唐人唐事）。	皆因中原多故，不许，唯于黎、嶲境内彝民私相贸易，有司不禁。
段正严	高宗绍兴三年（1133 年）遣使诣广西，求入贡及售马。	
段正严	高宗绍兴六年（1136 年）遣使诣广西略安抚司，请奏贡象马。	诏护送行在所，优礼答之。
段智兴	孝宗乾道九年（1171 年）遣李观音得等至横山寨，求市马，并购经籍。	邕守犒来者，厚以遣归。
段智廉	宁宗嘉泰二年（1202 年）遣使入临安取大藏经 465 部，置五华楼。	优答之。
段祥兴	理宗淳祐元年（1241 年）请道黎雅入贡。	黎守阎师古为言于安抚使孟珙，却之，使道邕广。
段祥兴	理宗淳祐六年（1246 年）遣廉祐入朝。	诏使同来，致经籍，并赐银百两，文一通，论祭拒元死事高禾。

注：参考自《资治通鉴》、《宋史》"大理国传"、《宋会要辑稿》等。

图版说明与目录

第12页，《南诏图传》"文字卷"部分，出自李霖灿《南诏大理国新资料的综合研究》。

第18页，《南诏图传》中人物关系、情节展开示意图，由著者作图。

第20页，南诏时期的云南，出自查尔斯·巴克斯著《南诏国与唐代的西南边疆》。

第21页，石钟山石窟沙登箐区5号、狮子关区10号窟的梵僧造像，出自杨郁生《白族美术史》。

第23页，四川凉山博什瓦黑石刻梵僧造像，出自刘弘、唐亮《四川凉山的南诏大理崖画——昭觉博什瓦黑崖画和西昌罗卜惹崖画》。

第25页，卷发异域人像对比图，左两图出自《梵像卷》，右图出自《中国美术全集》。

第26页，四川凉山博什瓦黑石刻王者出巡图，出自刘弘、唐亮《四川凉山的南诏大理崖画——昭觉博什瓦黑崖画和西昌罗卜惹崖画》。

第27页，剑川石宝山宝相寺摩崖西段壁画梵僧像，出自王海涛主编《云南历代壁画艺术》。

第28页，"卫国圣母与梵僧观音"石雕造像及部分石刻铭文，由著者提供。

第29页，左两图，本主梵僧像，出自张锡禄《大理白族佛教密宗》；右一图，甲马的梵僧形象，出自杨郁生著《云南甲马》。

第30页，左一图，甲马造像，出自杨郁生著《云南甲马》。右两图，白族村社的梵僧本主形象，由著者提供。

第31页，左图，男性本主"观音老祖"。右图，明代阿吒力僧与其妻在为赵氏作荐亡法事。两图皆出自张锡禄《大理白族佛教密宗》。

第32页，上三图，奉为白族村社本主包罗万象的神祇团队，皆出自杨郁生著《云南甲马》。下左图，大理挖色董氏法师在追荐亡人法会上念经，出自张锡禄《大理白族佛教密宗》。下右图，洱源阿吒力僧杨畅奎，出自张锡禄《大理白族佛教密宗》。

第36页，左图，梵僧的赤莲冠。右图，梵僧为"顺梵俗"改"缠头"。两图均出自《南诏图传》。

第 37 页，石钟山石窟和《梵像卷》中的莲冠形象，出自李昆声主编《南诏大理国雕刻绘画艺术》和《梵像卷》。

第 38 页，依次为《南诏图传》《梵像卷》、石钟山石窟的梵僧造像，缠头造型始终如一，依次出自《南诏图传》《梵像卷》和李昆声主编《南诏大理国雕刻绘画艺术》。

第 40 页，印度婆罗门、西域番僧、《法界源流图》中梵僧的须髯对比，左两图出自《世界美术大全集》，右图出自《法界源流图》。

第 42 页，从左依次为《南诏图传》老人铸圣像、《南诏图传》峺鼓和摆放、《梵像卷》的峺鼓和摆放。

第 43 页，左图，鸣峺鼓集村人，出自《南诏图传》。右图《南诏图传》中圣像和峺鼓的摆放，出自《南诏图传》。

第 45 页，《南诏图传》《梵像卷》中的象马等七宝供奉，上左图出自《南诏图传》，余均出自《梵像卷》。

第 47 页，《南诏图传》《梵像卷》中两蛇缠绕之中鱼螺的不同位置，左图出自《南诏图传》，右图出自《梵像卷》。

第 49 页，《万宝全书》中天竺国等国的信息，出自周芜、周路编《日本藏中国古版画珍品》。

第 54 页，四川各地毗沙门天王造像，出自刘长久主编《中国石窟雕塑全集》《中国美术全集》。

第 56 页，上三图，剑川、禄劝的毗沙门天王造像，出自李昆声主编《南诏大理国雕刻绘画艺术》。下图，剑川金华山的毗沙门天王造像，出自杨郁生《白族美术史》。

第 57 页，石钟山石窟“天启”“圣德”题记，出自杨郁生《白族美术史》。

第 58 页，左图，石钟山石窟 1 号窟龛外左面线刻图。右图，石钟山石窟 11 号窟“波斯国人”线描图，两图均出自杨郁生《白族美术史》。

第 59 页，上左图，石钟山石窟 5 号窟仿木结构龛楣的联珠纹，出自李昆声主编《南诏大理国雕刻绘画艺术》；上右图，石钟山石窟 7 号窟的藏文题记，出自《南天瑰宝》。下图，左右相向的柱础力士，出自李昆声主编《南诏大理国雕刻绘画艺术》。

第 60 页，与石钟山石窟“波斯国人”相近的《梵像卷》“狮奴”形象，左三图出自《梵像卷》；右一图，出自杨郁生《白族美术史》。

第 64 页，《南诏图传》中王者礼拜阿嵯耶观音的场景。

第 66 页，样式高度统一的阿嵯耶观音造像，依次出自刘长久主编《中国石窟雕塑全集》、《大理市博物馆藏品精粹》。

第 68 页，阿嵯耶观音和东南亚观音造像对比，出自 *Art and Architecture of Cambodia*、*Arts of Southeast Asia* 等。

第 70 页，印度蛇神造型背光及其从印度、东南亚到大理国再到元明白族村社本主的流衍。

第 71 页，东南亚观音造像。

第 72 页，圆筒型高冠和发辫对比，出自《世界美术大全集》等。

第 73 页，上三图，阿嵯耶观音的臂饰与腹饰对比。下三图，阿嵯耶观音造像和东南亚佛陀造像相似的眉际线。

第 75 页，东南亚观音、印度教神祇造像，出自《世界美术大全集》等。

第 76 页，上三图，大理崇圣寺塔出土水晶佛像和泰北水晶佛像的对比，出自 *Buddhist Sculpture of Northern Thailand*。下三图，泰国北部佛陀袈裟及左肩垂下的法衣衣角，出自 *Buddhist Sculpture of Northern Thailand*。

第 77 页，左图，崇圣寺塔出土的梵文封泥，出自姜怀英、邱宣充《大理崇圣寺三塔》。右图，堕罗钵底式的法轮，出自吴虚领著《东南亚美术》。

第 82 页，上二图，南诏王隆舜独特的民族装束，出自《梵像卷》。下三图，云南甲马中南诏王世隆与隆舜的形象，出自杨郁生著《云南甲马》。

第 88 页，南诏极盛时期及其接壤诸国，出自向达校注《蛮书校注》。

第 90 页，胡跪礼佛的南诏王隆舜及其"摩诃罗嵯"榜题，出自《梵像卷》。

第 95 页，造像样式雷同，但面目各异的阿嵯耶观音造像，出自金申编著《海外及港台藏历代佛像珍品纪年图鉴》。

第 96 页，样式高度统一但面目、身高各异的阿嵯耶观音造像，出自《收藏》，2007 年第 8 期。

第 98 页，南诏势力所及范围和重点控制范围，由著者作图。

第 109 页，左图，吴哥巴戎寺四面观音像。右图，吴哥班迭喀蒂寺的山庙型建筑。两图均出自《世界遗产·柬埔寨吴哥古迹：周萨神庙》。

第 112 页，左图，仅存的崇圣寺雨铜观音，出自徐嘉瑞《大理古代文化史稿》。右图，仿制的崇圣寺隆舜建极大钟。

第 118 页，南诏大理王者身后持净瓶的侍者，出自《南诏图传》《梵像卷》。

第 119 页，大理国段政兴时阿嵯耶观音造像及其背后题铭，出自李霖灿《南诏大理国新资料的综合研究》。

第 120 页，左图，崇圣寺出土的阿嵯耶观音，出自姜怀英、邱宣充《大理崇圣寺三塔》。中图，有"易长真身"题记的观音像，出自姜怀英、邱宣充《大理崇圣寺三塔》。右图，《梵像卷》中的易长观世音菩萨，出自《梵像卷》。

第 124 页，剑川石钟山石窟 9 号窟王者家室造像及上方题记，出自杨郁生著《白族美术史》。

第 125 页，剑川木坪明代雕刻南诏王本主家室造像，出自徐嘉瑞《大理古代文化史稿》。

第 126 页，石钟山石窟 9 号窟侍立巫教男女毕摩（祭司），出自李昆声主编《南诏大理国雕刻绘画艺术》。

第 127 页，龙门石窟宾阳中洞帝后礼佛浮雕，出自金申编著《海外及港台藏历代佛像珍品纪年图鉴》。

第 129 页，石钟山石窟 1 号、2 号王者窟，出自杨郁生《白族美术史》。

第 137 页，左图，《三才图会·衣服图会》中的十二章，出自孙机《中国古舆服论丛》。右图，《梵像卷》利贞皇帝冕服上的十二章，出自《梵像卷》。

第 139 页，上左图，《梵像卷》南诏王室世系。上右图，敦煌十一面观音绢画。两图均出自《敦煌石窟全集》。下图，十一面观音上方的雷公、雨神等，出自《梵像卷》。

第 141 页，巍宝山全景图，出自《巍宝山志》。

第 142 页，左两图，别致的蜗牛状髻对比，出自李静杰《石佛选粹》。中图，龙于图山南诏遗址出土的佛像，出自李昆声主编《南诏大理国雕刻绘画艺术》。右图，朝鲜半岛公元 8 世纪出土的佛像，出自《艺术史研究》（第 7 辑）。

第 144 页，自左依次为杨枝观音像、施无畏印观音像、七尊造像，均出自李昆声主编《南诏大理国雕刻绘画艺术》。

第 145 页，杨枝观音的流行，出自《大理市博物馆藏品精粹》等。

第 146 页 魏晋时期流行的莲瓣状头光，出自《中国美术全集》，李静杰《石佛选粹》，刘弘、唐亮《四川凉山的南诏大理崖画——昭觉博什瓦黑崖画和西昌罗卜惹崖画》。

第 148 页，左图，巍山双圈河遗址的位置图。右图，双圈河出土多尊造像。两图皆出自《云南巍山双圈河大理国早期建筑遗址发掘报告内容提要》。

第 149 页，上四图，出土造像与大理崇圣寺三塔易长观世音的造型相似，出自《云南巍山双圈河大理国早期建筑遗址发掘报告内容提要》和姜怀英、邱宣充《大理崇圣寺三塔》。下一图，"明应二年三月"有字瓦，出自《云南巍山双圈河大理国早期建筑遗址发掘报告内容提要》。

第 151 页，《梵像卷》和《法界源流图》中的八难观音。

第 152 页，四川安岳毗卢洞八难观音变相浮雕，由著者提供。

第 153 页，上图，数珠手观音造像，出自《梵像卷》，李昆声主编《南诏大理国雕刻绘画艺术》，郭相颖、李书敏主编《中国大足石刻精粹》。下图，依次为印度罗密斯代罗窟、云冈石窟 6 号窟、龙门石窟宾阳中洞、成都万佛寺梁代造像的平顶冠，出自李巳生《成都万佛寺梁代造像艺术特色的形成》。

第 154 页，四川各地的数珠手观音造像，出自刘长久主编《安岳石窟艺术》，郭相颖、李书敏主编《中国大足石刻精粹》。

第 155 页，左图，带"成都"字样八棱素地铭文镜，出自姜怀英、邱宣充《大理崇圣寺三塔》。右图，做过嶲州西泸县县令的南诏清平官郑回，出自李昆声主编《南诏大理国雕刻绘画艺术》。

第 162 页，云南安宁法华寺石窟的地藏、观音组合像，出自李昆声主编《南诏大理国雕刻绘画艺术》。

第 165 页，左图，（传）范琼《大悲观音像》，出自"国立故宫博物院"《故宫书画图录》；右图，太平兴国八年（983 年）地藏十王图轴，由法国吉美国立东洋美术馆藏。

第 166 页，四川的观音、地藏组合像，出自刘长久主编《中国石窟雕塑全集》。

第 167 页，四川、大理国观音、地藏像脚踏莲苞的流行样式，出自《中国美术全集》《梵像卷》《南天瑰宝》。

第 169 页，左图，祥云水目寺塔，由杨伟林赠；右图，祥云水目寺塔壁画，出自王海涛主编《云南历代壁画艺术》。

第 170 页，高量成像，出自《高奣映研究文集》。

第 171 页，左图，楚雄《护法明公德运碑赞》摩崖。右图，姚安《兴宝寺德化铭并序》碑。两图均出自《大理丛书　金石篇》。

第 172 页，水目寺塔平面图，出自邱宣充主编《水目山志》。

第 174 页，《大理国渊公塔之碑铭并序》，出自《大理丛书　金石篇》。

第 176 页，《梵像卷》、法华寺石窟、剑川沙溪兴教寺的佛传题材造像，出自《梵像卷》、李昆声主编《南诏大理国雕刻绘画艺术》、王海涛主编《云南历代壁画艺术》。

　　第 177 页，左图，大理挖色石窟罗汉龛造像，出自李昆声主编《南诏大理国雕刻绘画艺术》。右图，安宁法华寺石窟罗汉龛造像，由著者提供。

　　第 179 页，大理国阿嵯耶观音的倚坐像、跏趺坐像，出自傅云仙《阿嵯耶观音》。

　　第 180 页，上三图，大理国阿嵯耶观音的跏趺、半跏趺坐像，出自金申编著《海外及港台藏历代佛像珍品纪年图鉴》。下两图，大理国准提观音坐像（六观音之一），出自金申编著《海外及港台藏历代佛像珍品纪年图鉴》。

　　第 181 页，安宁曹溪寺三圣像，出自杨郁生《白族美术史》。

　　第 183 页，左图，地藏寺经幢剖面图。右图，地藏寺经幢立体图。两图皆出自 Arts of the Sung and Yuan。

　　第 184 页，地藏寺经幢上的菩萨坐像，出自 Arts of the Sung and Yuan。

　　第 186 页，左图，《梵像卷》卷首大臣，疑为"中国公"高寿昌。右图，《梵像卷》卷首引导僧，疑为皎渊。两图皆出自《梵像卷》。

　　第 191 页，石钟山石窟、《梵像卷》《法界源流图》中的维摩诘居士像。

　　第 192 页，左图，大理囻、相园公和大宋國的不同用法。右图，书写时令宋国名有意降低四格。两图皆出自李霖灿《南诏大理国新资料的综合研究》。

　　第 195 页，维摩诘大士的居士形象，出自李霖灿《南诏大理国新资料的综合研究》。

参考文献

一、古代文献

［1］司马迁：《史记》，中华书局，1979 年。

［2］班超撰：《汉书》，中华书局，1979 年。

［3］常璩著，刘琳校注：《华阳国志校注》，巴蜀书社，1984 年。

［4］郦道元撰，戴震校：《水经注》，世界书局，1988 年。

［5］慧皎撰：《高僧传》，中华书局，1992 年。

［6］义净著，王邦维校注：《大唐西域求法高僧传校注》，中华书局，1988 年。

［7］刘昫撰：《新校本旧唐书》，中华书局，1979 年。

［8］欧阳修、宋祁同撰：《新校本新唐书》，中华书局，1979 年。

［9］司马光撰：《资治通鉴》，中华书局，1976 年。

［10］周去非著，杨武泉校注：《岭外代答校注》，中华书局，1999 年。

［11］王饮若等编：《宋本册府元龟》，中华书局，1989 年。

［12］张天复、张道宗、董越：《皇舆考·纪古滇说原集·朝鲜杂志》，正中书局，1981 年。

［13］云南省民族研究所编：《大理行记校注·云南志略辑校》，云南民族出版社，1986 年。

［14］永瑢、纪昀等纂修：《景印文渊阁四库全书》（第494、第569册），台湾商务印书馆有限公司，1986 年。

［15］《续修四库全书》编纂委员会编：《续修四库全书》（第681册），上海古籍出版社，1996 年。

［16］刘文征撰，古永继点校：《滇志》，云南教育出版社，1991 年。

［17］沈德符：《万历野获篇》，中华书局，1997 年。

［18］李元阳：《大理府志》，大理州文化局翻印本，1983。

［19］诸葛元声撰，刘亚朝校点：《滇史》，德宏民族出版社，1994 年。

［20］蒋旭：《康熙蒙化府志》，德宏民族出版社，1998 年。

［21］寂裕：《白国因由》，大理白族自治州文化局，1998 年。

［22］候允钦纂修：《邓川州志》，成文出版社，1968 年。

［23］杜洁祥主编：《中国佛寺史志汇刊》（第三辑）（第1、2册），丹青

图书公司，1985 年。

[24] 高奣映：《鸡足山志》，云南省图书馆藏，计算机打字版本。

[25] 师范纂：《滇系》，成文出版社，1968 年。

[26] 檀萃辑，宋文熙、李东平校注：《滇海虞衡志校注》，云南人民出版社，1990 年。

[27] 倪蜕辑，李埏校点：《滇云历年传》，云南大学出版社，1992 年。

[28] 北京图书馆古籍出版编辑组：《北京图书馆古籍珍本丛刊》（第 44 册），书目文献出版社，2003 年。

[29] 陈鼎：《滇游记》，艺文印书馆，1966 年。

[30] 巍山彝族回族自治县地方志办公室：《蒙化志稿》，德宏民族出版社，1996 年。

[31] 释圆鼎：《滇释纪》，中华书局，2010 年。

[32] 木芹会证：《南诏野史会证》，云南人民出版社，1990 年。

[33] 周宗麟：《大理县志稿》，大理图书馆翻印。

[34] 方广锠主编：《藏外佛教文献》（第六、第七辑），宗教文化出版社，2000 年。

[35] 杨世钰主编：《大理丛书 金石篇》（第十册），中国社会科学出版社，1991 年。

[36] 北京图书馆金石组编：《北京图书馆藏中国历代石刻拓本汇编》，中州古籍出版社，1989 年。

[37] 尤中校注：《僰古通纪浅述校注》，云南人民出版社，1989 年。

[38] 徐霞客著，朱惠荣校注：《徐霞客游记校注》，云南人民出版社，1985 年。

[39] 玄奘著，芮传明译注：《大唐西域记》，贵州人民出版社，1995 年。

[40] 袁任远、赵鸿昌： 《唐文云南史料辑抄》，云南人民出版社，1989 年。

二、相关研究著作

[1] 方国瑜：《中国西南历史地理考释》（上、下二册），商务印书馆，1990 年。

[2] 方国瑜主编，徐文德、木芹、郑志惠纂录校订：《云南史料丛刊》（第一至第十三卷），云南大学出版社，1998、2000、2001 年。

[3] 方国瑜：《滇史论丛》，上海人民出版社，1982 年。

［4］方国瑜：《云南史料目录概说》，中华书局，1984 年。

［5］方国瑜、林超民：《〈马可波罗行纪〉云南史地丛考》，云南民族出版社，1994 年。

［6］林超民编：《方国瑜文集》，云南教育出版社，1994 年。

［7］王叔武辑著：《云南古佚书钞》，云南人民出版社，1979 年。

［8］王吉林：《唐代南诏与李唐关系之研究》，黎明文化事业股份有限公司，1976 年。

［9］方龄贵、王云选录，方龄贵考释：《大理五华楼新出宋元碑选录并考释》，云南大学出版社，2000 年。

［10］石钟健：《滇西考古报告》，云南省立龙渊中学中国边疆问题研究会油印本，1944 年。

［11］石钟健：《大理喜州访碑记》，云南省立龙渊中学中国边疆问题研究会油印本，1944 年。

［12］石钟健：《石钟健民族研究论文集》，云南民族出版社，1996 年。

［13］古正美：《贵霜佛教政治传统与大乘佛教》，允晨文化实业股份有限公司，1993 年。

［14］向达：《唐代长安与西域文明》，生活·读书·新知三联书店，1957 年。

［15］汪宁生：《云南考古》（增订本），云南人民出版社，1980 年。

［16］宋伯胤：《剑川石窟》，文物出版社，1958 年。

［17］陈兆复：《剑川石窟》，云南人民出版社，1980 年。

［18］林旅芝：《南诏大理国史》（上、下册），自行出版，1984 年。

［19］周一良：《唐代密宗》，上海远东出版社，1996 年。

［20］李家瑞等编著：《大理白族自治州历文物调查资料》，云南人民出版社，1958 年。

［21］李朝真、张锡禄：《大理古塔》，云南人民出版社，1985 年。

［22］李昆声主编：《南诏大理国雕刻绘画艺术》，云南美术出版社，1999 年。

［23］李昆声：《云南艺术史》，云南教育出版社，1995 年。

［24］李东红：《白族佛教密宗阿吒力教派研究》，云南民族出版社，2000 年。

［25］李东红、杨利美：《苍洱五百年》，云南人民出版社，2004 年。

［26］李正清：《大理喜洲文化史考》，云南民族出版社，1999 年。

［27］李公：《南诏史稿》，民族出版社，2006 年。

［28］李霖灿：《南诏大理国新资料的综合研究》，"中央研究院"民族学研究所，1967 年。

［29］范义田：《云南古代民族之史的分析》，商务印书馆，1944 年。

［30］段鼎周：《白子国探源》，云南民族出版社，1998 年。

［31］侯冲：《白族心史——〈白古通记〉研究》，云南民族出版社，2002 年。

［32］侯冲：《云南与巴蜀佛教研究论稿》，宗教文化出版社，2006 年。

［33］姜怀英、邱宣充：《大理崇圣寺三塔》，文物出版社，1998 年。

［34］徐嘉瑞：《大理古代文化史稿》，中华书局，1978 年。

［35］郭武：《道教与云南文化：道教在云南的传播、演变及影响》，云南大学出版社，2000 年。

［36］张旭：《大理白族史探索》，云南人民出版社，1990 年。

［37］张锡禄：《南诏与白族文化》，华夏出版社，1992 年。

［38］张锡禄：《大理白族佛教密宗》，云南民族出版社，2000 年。

［39］陆韧：《云南对外交通史》，云南民族出版社，1997 年。

［40］夏光南：《元代云南史地丛考》，中华书局，1968 年。

［41］陈垣：《明季滇黔佛教考》，中华书局，1962 年。

［42］陈正祥：《真腊风土记研究》，香港中文大学出版社，1975 年。

［43］杨学政主编：《云南宗教史》，云南人民出版社，1999 年。

［44］杨政业：《大理宗教文化论文集》，云南民族出版社，1998 年。

［45］杨政业：《白族本主文化》，云南人民出版社，1994 年。

［46］段玉明：《大理国史》，云南民族出版社，2003 年。

［47］杨仲录、张福三、张楠主编：《南诏文化论》，云南人民出版社，1991 年。

［48］云南省编辑组编：《云南地方志佛教资料琐编》，云南民族出版社，1986 年。

［49］云南省编辑组编：《白族社会历史调查》，云南人民出版社，1988 年。

［50］云南省编辑组编：《云南民族民俗和宗教调查》，云南人民出版社，1988 年。

［51］云南省文物管理委员会编：《南诏大理文物》，文物出版社，1992 年。

［52］蓝吉富等：《云南大理佛教论文集》，佛光出版社，1991 年。

［53］杨郁生：《白族美术史》，云南民族出版社，2005 年。

［54］连瑞枝：《隐藏的祖先：妙香国的传说和社会》，生活·读书·新知三联书店，2007 年。

［55］吕建福：《中国密教史》，中国社会科学出版社，1995 年。

［56］王海涛：《云南佛教史》，云南美术出版社，2001 年。

［57］傅云仙：《阿嵯耶观音》，云南美术出版社，2006 年。

［58］金申主编：《海外及港台藏历代佛像珍品纪年图鉴》，山西人民出版社，2007 年。

［59］云南省剑川县文化体育局：《南天瑰宝》，云南美术出版社，1998 年。

［60］邱宣充主编：《水目山志》，云南科技出版社，2003 年。

［61］李静杰：《石佛选粹》，中国世界语出版社，1995 年。

［62］刘长久：《中国西南石窟艺术》，四川人民出版社，1998 年。

［63］胡文和：《四川道教佛教石窟艺术》，四川人民出版社，1994 年。

［64］国家文物局主编：《中国文物地图集》（云南分册），云南科技出版社，2001 年。

［65］杨延福：《剑川石宝山考释》，云南民族出版社，1999 年。

［66］杨延福：《南诏大理白族史论集》，云南民族出版社，2004 年。

［67］云南省博物馆编：《云南铁器时代文化论》，云南人民出版社，1992 年。

［68］杨政业主编：《20 世纪大理考古文集》，云南民族出版社，2003 年。

［69］廖德广：《南诏国史探究》，云南民族出版社，2006 年。

［70］云南大理白族自治州南诏史研究学会编印：《南诏史论丛》，1986 年。

［71］刘小兵：《滇文化史》，云南人民出版社，1991 年。

［72］孙太初：《云南古代石刻丛考》，文物出版社，1983 年。

［73］张方玉主编：《楚雄历代碑刻》，云南民族出版社，2005 年。

［74］李伟卿：《云南民族美术史论丛》，云南人民出版社，1995 年。

［75］林超民主编：《南诏大理历史文化国际学术讨论会论文集》，民族

出版社，2006年。

［76］《中华民国建国八十年中国艺术文物讨论会论文集·书画》（上、下），"国立故宫博物院"，1992年。

［77］释恒清主编：《佛教思想的传承与发展——印顺导师九秩华诞祝寿文集》，东大图书公司，1995年。

［78］尤中主编，王文光副主编：《中国民族史研究》（第一辑），云南大学出版社，1997年。

［79］赵寅松主编：《白族文化研究》，民族出版社，2002年。

三、中文论文与期刊

［1］段鼎周：《大理国八位国王避位为僧的分析》，《白族学研究》，1997年第7期。

［2］古正美：《东南亚的"天王传统"与后赵时代的"天王传统"》，《佛学研究》，1998年第7期。

［3］古正美：《南诏、大理的佛教建国信仰》，张春继惠赠论资料。

［4］古正美：《武则天的〈华严经〉佛王传统与佛王形象》，《国学研究》，2000年第7期。

［5］古正美：《从南天乌荼王进献的〈华严经〉说起——南天及南海的〈华严经〉佛王传统与密教观音佛王传统》，《佛学研究中心学报》，2000年第5期。

［6］方铁：《大理国时期云南地区经济文化的发展》，《云南民族学院学报》，1997年第3期。

［7］王云：《南诏大理国年号考》，《白族学研究》，1996年第6期。

［8］尹明举、李东红：《略论白族的形成》，《白族学研究》，1993年第3期。

［9］石钟健：《论白族之白文》，《中国民族问题研究集刊》，1957年第3期。

［10］林超民：《试论汉唐间西南地区的昆明》，《民族研究》，1986年第6期。

［11］林超民：《大理高氏考略》，《云南民族学院学报》，1993年第3期。

［12］汪宁生：《南诏中兴二年画卷考释》，《中国历史博物馆馆刊》，1980年第2期。

［13］李玉珉：《张胜温梵像卷之观音研究》，《东吴大学中国艺术集》，

1987 年第 15 期。

［14］李玉珉：《张胜温〈梵像卷〉药师琉璃光佛会与十二大愿初探》，《故宫文物月刊》，1989 年总第 80 期。

［15］李玉珉：《南诏大理大黑天图像研究》，《故宫学术月刊》，1995 年第 2 期。

［16］李东红：《大理地区男性观音造像的演变——兼论佛教密宗的白族化过程》，《思想战线》，1992 年第 6 期。

［17］李东红：《阿吒力教的文化特征》，《思想战线》，1996 年第 3 期。

［18］李缵绪：《白族本主文化简论》，《大理文化研究》，1996 年第 10 期。

［19］李惠铨、王军：《〈南诏图传·文字卷〉初探》，《云南社会科学》，1984 年第 6 期。

［20］李惠铨：《〈南诏图传·画卷〉新释二则》，《思想战线》，1985 年第 4 期。

［21］李绍明：《凉山博什瓦黑南诏大理石刻中"梵僧"画像考》，《思想战线》，1988 年第 2 期。

［22］李宗放：《南诏大理国白族文化的历史见证——凉山昭觉博什瓦黑石刻的族属为白族考》，《大理文化》，2003 年第 6 期。

［23］段玉明：《大理国的周边关系》，《云南社会科学》，1997 年第 3 期。

［24］段玉明：《大理国职官制度考略》，《大陆杂志》，1994 年第 5 期。

［25］侯冲：《大黑天神与白姐圣妃新资料研究》，《大理文化》，1994 年第 2 期。

［26］侯冲：《云南阿吒力教辨识》，《世界宗教研究》，1995 年第 4 期。

［27］徐嘉瑞：《南诏初期宗教考》（上），《东方杂志》，1994 年第 41 期。

［28］徐嘉瑞：《南诏初期宗教考》（下），《东方杂志》，1996 年第 42 期。

［29］马曜：《古代白族诸王国及其文化》，《白族学研究》，1995 年第 5 期。

［30］康乐：《转轮王观念与中国中古的佛教政治》，《中央研究院历史语言研究所集刊》，1996 年第 1 期。

［31］凌纯声：《唐代云南的乌蛮与白蛮考》，《人类学集刊》，1938 年第

1 期。

　　[32] 张锡禄：《苍洱地区居址环境的历史变迁》，《云南民族学院学报》，1997 年第 4 期。

　　[33] 云南省博物馆巍山考古队，黄德荣执笔：《巍山（山龙）（山于）山南诏遗址 1991—1993 年度发掘综述》，《云南文物》，1993 年第 6 期。

　　[34] 杨政业：《大黑天神（伽蓝）本主：从佛教密宗护法神到白族本主神的嬗变》，《大理文化》，1991 年第 2 期。

　　[35] 杨政业：《"卫国圣母与梵僧观音"石雕造像辨》，《大理文化》，1993 年第 4 期。

　　[36] 杨晓东：《张胜温〈梵像卷〉述考》，《白族学研究》，1997 年第 7 期。

　　[37] 杨晓东：《南诏图传述考》，《白族学研究》，1996 年总第 10 期。

　　[38] 黄承宗：《西昌发现一方大理时期刻石》，《文物》，1987 年第 4 期。

　　[39] 刘淑芬：《〈佛顶尊胜陀罗尼经〉与唐代尊胜经幢的建立——经幢研究之一》，《中央研究院历史语言研究所集刊》，1996 年第 3 期。

　　[40] 董国胜：《北汤天法藏寺经藏的来龙去脉》，《大理文化》，1987 年第 4 期。

　　[41] 葛季芳：《从千寻塔文物看大理国与中原文化的联系》，《云南社会科学》，1981 年第 1 期。

　　[42] 吴棠：《云南佛教源流及影响》，《大理文化》，1982 年第 1 期。

　　[43] 张楠：《云南的密宗文物》，《大理文化》，1985 年第 5 期。

　　[44] 林荃：《南诏大理国石窟艺术及衣冠制度》，"剑川石钟山石窟国际学术讨论会"论文。

　　[45] 田怀清：《宋、元、明时期的白族人名与佛教》，《白族学研究》，2000 年总第 10 期。

　　[46] 王海涛：《古幢释神》，《云南文物》，1989 年第 6 期。

　　[47] 王立政：《剑川石钟寺第一窟考略》，《考古》，1983 年第 6 期。

　　[48] 陆家瑞：《剑川石窟之历史地理背景考述》，《白族学研究》，2003 年总第 7 期。

　　[49] 陈秀清：《当代白族的本主信仰》，台湾政治大学民族学系硕士论文，1999 年。

四、刊物及档案资料

［1］《云南文物》。

［2］《大理文化》。

［3］《白族学研究》。

［4］《故宫文物月刊》。

［5］《艺术史研究》。

［6］《中国西南文化研究》（第一至第四辑）。

［7］《云南社会科学》。

［8］《思想战线》。

［9］《云南民族学院学报》。

［10］《云南文史丛刊》。

［11］《敦煌研究》。

［12］《白族文化研究》。

［13］《文物》。

［14］《中央研究院历史语言研究所集》。

［15］云南省博物馆相关档案资料。

五、译作及外文书刊

［1］杨庆堃著，范丽珠等译：《中国社会中的宗教：宗教的现代社会功能及其历史因素之研究》，上海人民出版社，2006 年。

［2］伯希和著，冯承钧译：《交广印度两道考》，中华书局，1962 年。

［3］列维·斯特劳斯著，李幼蒸译：《野性的思维》，联经出版社，1989 年。

［4］查尔斯·巴克斯著，林超民译：《南诏国与唐代的西南边疆》，云南人民出版社，1988 年。

［5］哈维著，姚译注：《缅甸史》，商务印书馆，1942 年。

［6］许光著，王芃、徐德隆译：《祖荫下：中国乡村的亲属、人格与社会流动》，南天书局，2001 年。

［7］冯承钧译，A. J. H. Charignon 注，党宝海新注：《马可波罗行记》，河北人民出版社，1999 年。

［8］韦伯著，简惠美等译：《中国的宗教：儒教与道教》，远流出版社，1989 年。

［9］戴维斯著，李安泰、和少英、邓立木等译：《云南：联结印度和扬子

江的链环》，云南教育出版社，2000 年。

[10] 约翰·马可瑞著，谭岳山译：《论神会大师像：梵像与政治在南诏大理国》，《云南社会科学》，1991 年第 3 期。

[11] FIONA KERLOGUE. *Arts of southeast Asia*. London：Thames & Hudson，2004.

[12] HELEN IBBITSON JESSUP. *Art and architecture of Cambodia*. London：Thames & Hudson，2004.

[13] MAXWELL KHEARN & JUDITH G SMITH. *Arts of the Sung and Yuan*. New York：the Metropolitan Museum of art，1996.

[14] CAROL STRATTON：*Buddhist sculpture of northern Thailand*. Chicago：Serindia Publications，2004.

后　记

　　这是一个让我略感心虚的课题，直至搁笔仍没有轻松的感觉，很多遗憾萦怀。

　　云南，彩云之南，不仅路途遥遥，而且相关资料匮乏、零散，收集整理颇费周章，很多问题在学界仍是悬疑，是尚待深入研究的。课题涉及云南宗教（尤其是佛教密宗）、地域文化（中原、吐蕃、本土、东南亚等）、民族、语言、考古发掘、地理交通、历史、艺术等，对笔者来说，是一个陌生的界域。

　　是业师金维诺先生的鼓励使我坚守了下来。金先生宽仁、稳健的长者气度、学识雅量，总让我有"咏而归"般如沐春风之感。先生言语不多，但言必有中，意见往往中肯精当。他总是因人而异，热情鼓励弟子们迈向未知。先生对此书的出版亦十分关注，并适时提出指导性意见，我也聆听过罗世平老师、郑岩老师、贺西林老师、薛永年老师、易英老师、尹吉男老师、王云老师等的授教，老师们的才学、识见、人格常常让我有"相见恨晚"的慨叹。

　　几下云南，当地学者专家给予了大力关照，在此深表谢意：云南大学人文学院考古研究中心主任、云南省博物馆原馆长李昆声教授，他的介绍信让我一路畅达；云南省文物局局长张文康；云南省文物局文物鉴定站站长陈浩副研究员；云南省画院副院长李忠翔先生，热情地为我导游；云南省博物馆副馆长李黎副研究员；云南大学科研处副处长李东红博士；大理白族自治州博物馆馆长谢道辛研究员，慷慨地赠予资料；大理白族自治州博物馆田怀清研究员，悉心解答我的问题；大理白族自治州博物馆杨伟林副研究员；大理市博物馆馆长段进明副研究员；云南大学民族研究院宗教文化研究所傅云仙女士；剑川文化体育局局长苏金川先生和剑川文化体育局副局长李鹤仙先生，热情安排接待考察事宜；剑川文化馆原馆长杨郁生先生；剑川文化馆张绍华先生；剑川石宝山石窟文管所所长董增旭副研究员，热情留我在剑川石钟山石窟考察多日，并派人不辞辛劳到深山陪送；白族文化研究所赵寅松研究员；白族学学会杨崇彬先生，特意为我到库房查找资料；云南省文物局文物处处长邱宣充研究员、云南省博物馆王海涛研究员等，接受了我的访谈邀请。他们很多人都抽出宝贵时间解答我的问题并惠赠自己的大作及相关资料。

深圳大学艺术与设计学院院长齐凤阁教授，一直关心课题进展，并提出了宝贵的建议；特别感谢四川美术学院张春继学友，不仅热情地鼓励我坚持这个选题，还慷慨地惠赠借予我大量的书籍、论文及调查资料，并充当了白语翻译；感谢法国学者 Claudine Bautze‒Picron 和台北"故宫博物院"罗文和副研究员，屡次为我传递扫描资料；大连大学机械学院刘靖宇不厌其烦地帮助作图、改图，使本书增色很多；中央美术学院人文学院的学友武湛还热情地承当了一些日文图录的翻译工作。资料室的陈焕彩、鲁立嘉老师屡屡打开方便之门，感谢非常。东北师范大学美术学院的潘宏艳等老师给予了很多便利，使我能够心无旁骛地完成课题。感谢素未谋面的云南省社科院侯冲研究员，他的才学、卓识给了我很多有益的启迪。

和学友韩刚、徐涛、李明、邢莉莉、黄晓峰等的讨论交流，让我受益良多。

家人，尤其是妻子的全身心的支持（全书校对亦由妻子完成），使我能够无后顾之忧地顺利完成课题，每每念及我可爱的、未满两岁的孩子和辛劳的妻子，心中常愧疚不已。囿于学识，本书中还有许多问题尚待深入研究，今后我会继续深入关注此项课题。